Hartmut Wilhelm

Die Normandie

**mit Wohnwagen
oder
Wohnmobil**

Erlebnis Tag für Tag.
Hier steht, was Sie sonst nirgends finden.

für
Josef Epple

Südbuchverlag Hartmut Ernst Wilhelm

Bibliografische Information der Deutschen Bibliothek:

Wilhelm der Bastard, erfolgreich „der Eroberer“.

Die Deutsche Bibliothek verzeichnet diese Publikation in der Deutschen Nationalbibliografie.

Detaillierte bibliografische Daten sind im Internet über http://dnb.ddb.de abrufbar.

Die Deutsche Bibliothek lists this publication in the Deutsche Nationalbibliografie; detailed bibliografic data are available in the Internet http://dnb.ddb.de.

Die Deutsche Bibliothek a répertorié cette publication dans la Deutsche Nationalbibliografie; les données bibliographiques détaillées peuvent être consultées sur Internet à l'adresse http://dnb.ddb.de.

"Majestät, für ons dät's des Wasser ja scho no, aber onser Viech sauft dui Brüeh nemme." sagte Anton Fischer, Schultes (Bürgermeister) von Justingen (Schwäbische Alb) 1870 zu König Karl I. von Württemberg, Schwiegersohn des russischen Zaren, als er um Wasserleitung und besseres Wasser bat.

(Hochdeutsch: "Majestät, für uns würde das Wasser schon noch genügen, aber unser Vieh säuft diese Brühe nicht mehr.")

Titelbild:

Salzschafe, Heiliger-Michael-Berg (Mont-St.-Michel)

Zweite Auflage 2006

Satz und Bild: Hartmut Wilhelm, D-74348 Lauffen a. N.

Umschlag: C-Design D-09110 Chemnitz

Lektorat: Hermann Wilhelm jun.

Fotos: Südbuch-Archiv

Tel.: 07133-5869, Fax: – 14715, www.suedbuch.de

ISBN 3-934127-04-5

Die Normannen kommen..

gewiss nicht. Doch vor 1200 Jahren war dies der Schreckensruf an allen Küsten Europas, an den Ufern der großen Flüsse des Kontinents nicht minder.

Diese Nordmannen, Dänen, Norweger, inzwischen zu Franzosen gewandelt, sind längst friedlich und freuen sich auf jeden Besucher, der Geld bringt.

Liebe Leserin,
lieber Leser,

Ein Drittel des Einkommens erbringen Sie, die Besucher.

Augenweide Normandie: 500 km teils wilde Küsten, Meeresbrandung mit dem Tempo schneller Pferde, moderne Städte, Wanderwege, Flüsse und Täler.

Dazu eine vielfältige Gastronomie, nicht allein Cidre, Calvados und Camenbert.

Die jüngste Geschichte, die Invasion 1944, hinterließ zahlreiche Soldatenfriedhöfe. Junggefallene deutsche, britische, US-amerikanische, kanadische, polnische Soldaten ruhen dort in normannischer Erde. Wir sollten auch daran denken in der Normandie.

Die Invasion 1944 erfuhr in den letzten Jahrzehnten eine gewaltige, touristische Verwertung. Unzählige Museen, Gedenksteine, vielfältiges Kriegsgerät möblieren die heutige Normandie. Mittlerweile mutieren auch Westwallbunker zum geschützten Kulturerbe.

Das Klima kann rauh sein. Vergessen Sie den Schal nicht.

Auf ein Wiedersehen im Calvados, an der Alabasterküste, auf dem Mont-St.-Michel, in der normannischen Schweiz.

Der Weg ist das Ziel, ohne Ziel kein Weg, das Alltägliche wird zum Paradies.

Viele Führer, viele Fehler. Ich hoffe, dieser Reiseführer fällt nicht darunter.

Eine gute Zeit wünscht Ihnen
Ihr Südbuch-Verlag

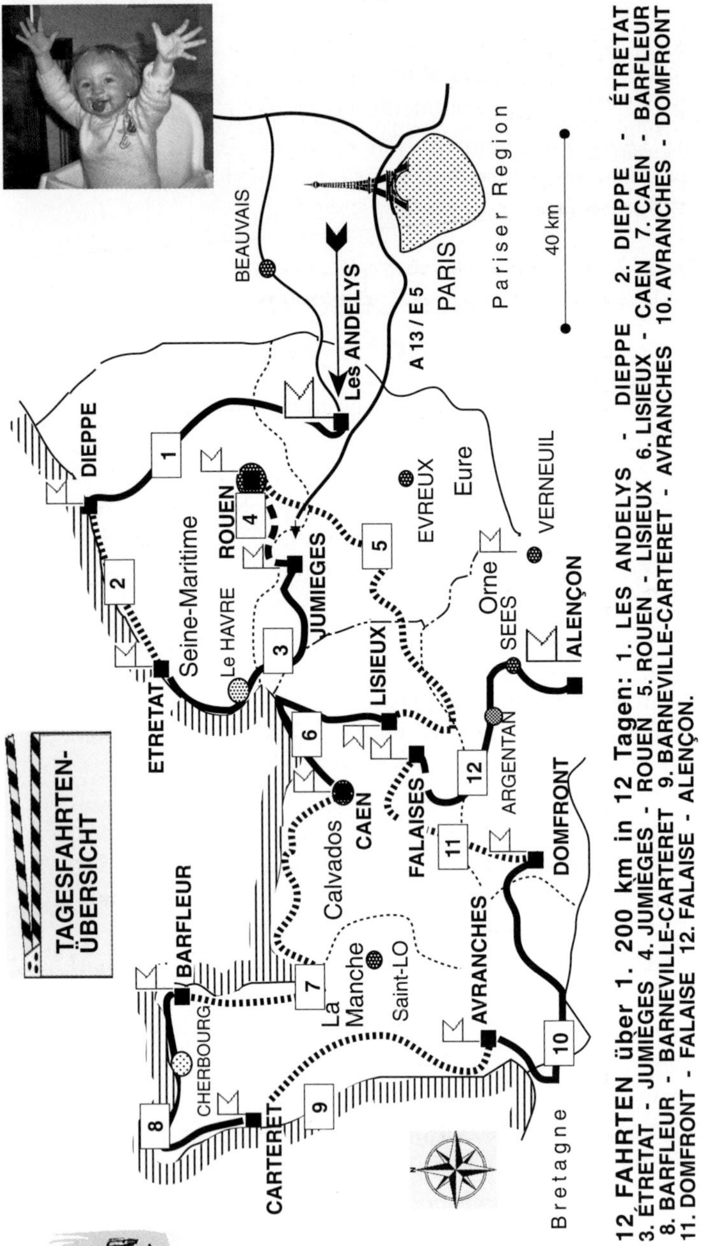
TAGESFAHRTEN-
ÜBERSICHT
DIEPPE
Les ANDELYS
BEAUVAIS
A 13 / E 5
PARIS
Pariser Region
40 km
ROUEN
EVREUX
Eure
VERNEUIL
Seine-Maritime
Le HAVRE
JUMIEGES
ETRETAT
LISIEUX
Orne
SEES
ALENÇON
ARGENTAN
CAEN
Calvados
FALAISES
DOMFRONT
BARFLEUR
CHERBOURG
La Manche
Saint-LO
AVRANCHES
CARTERET
Bretagne
1
2
3
4
5
6
7
8
9
10
11
12
12 FAHRTEN über 1. 200 km in 12 Tagen: 1. LES ANDELYS - DIEPPE 2. DIEPPE - ÉTRETAT
3. ÉTRETAT - JUMIÈGES 4. JUMIÈGES - ROUEN 5. ROUEN - LISIEUX 6. LISIEUX - CAEN 7. CAEN - BARFLEUR
8. BARFLEUR - BARNEVILLE-CARTERET 9. BARNEVILLE-CARTERET - AVRANCHES 10. AVRANCHES - DOMFRONT
11. DOMFRONT - FALAISE 12. FALAISE - ALENÇON.

Vorspiele

Zwölf Tagesfahrten durch die Normandie

Besser einmal sehen als zehnmal hören:

In finstrer Nacht allein und fern

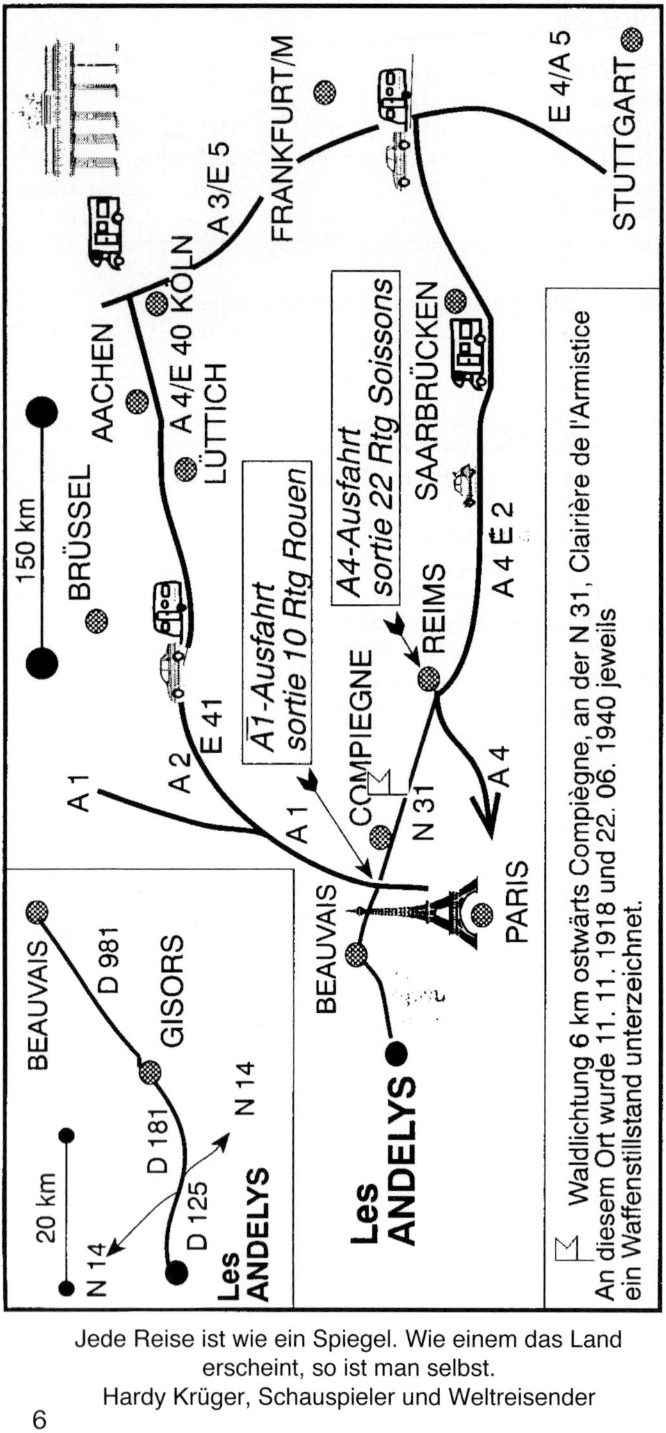

Jede Reise ist wie ein Spiegel. Wie einem das Land erscheint, so ist man selbst.
Hardy Krüger, Schauspieler und Weltreisender

Compiègne, Waffenstillstands-Waldlichtung (zwischen Soissons und Compiègne), Clairière de l'armistice: Nachbau des Salonwagens 2419 D mit Originalmöbeln, in dem am 11. November 1918, in Kraft tretend 11 Uhr, und am 22. Juni 1940 Waffenstillstand geschlossen wurde.

Monument in Cocherel, östl. Normandie: Aristide Briand, 1862-1932, frz Ministerpräsident und Außenminister, betrieb mit dem deutschen Außenminister Gustav Stresemann eine Politik der Versöhnung.

Vor Nachtfahrten wird gewarnt. Nachts gibt es nur 20% des Tagesverkehrs, aber 47% der Verkehrstoten und 32% der Verletzten haben ihre Ursachen in nächtlichen Unfällen.

Übrigens, **Radarfallen warten immer zahlreicher auf Temposünder**.

Grab von Briand in Cocherel bei Evreux, Normandie

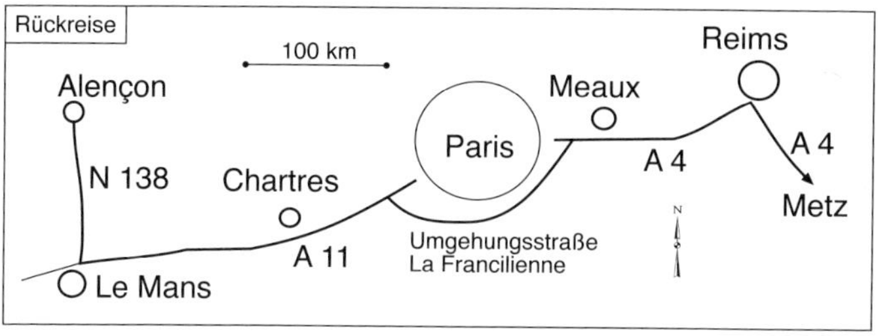

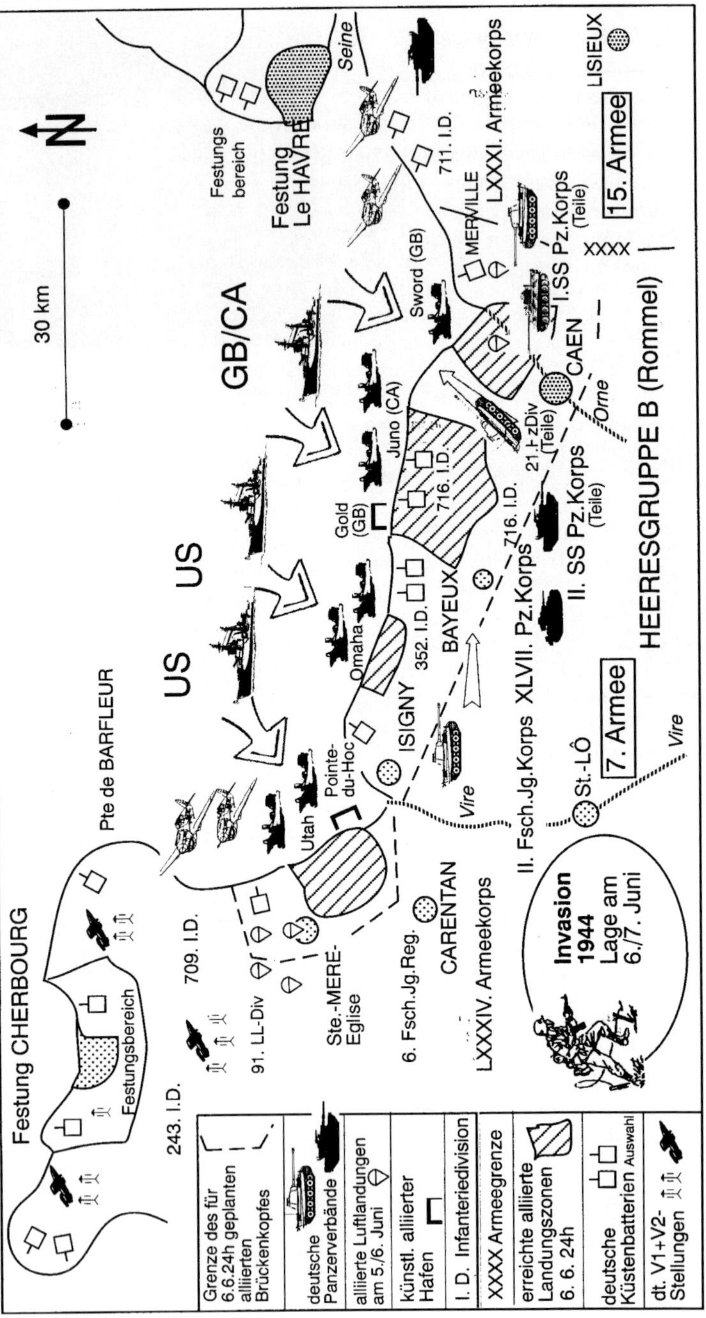
Festung CHERBOURG
Festungsbereich
243. I.D.
709. I.D.
91. LL-Div
Pte de BARFLEUR
Utah
Ste.-MERE-
Eglise
6. Fsch.Jg.Reg.
CARENTAN
LXXXIV. Armeekorps
Invasion
1944
Lage am
6./7. Juni
II. Fsch.Jg.Korps
St.-LÔ
7. Armee
Vire
Vire
Pointe-
du-Hoc
ISIGNY
Omaha
US
US
352. I.D.
BAYEUX
XLVII. Pz.Korps
Gold
(GB)
716. I.D.
716. I.D.
Juno (CA)
II. SS Pz.Korps
(Teile)
HEERESGRUPPE B (Rommel)
21. PzDiv
(Teile)
CAEN
Orne
GB/CA
Sword (GB)
I.SS Pz.Korps
(Teile)
MERVILLE
711. I.D.
LXXXI. Armeekorps
XXXX
15. Armee
LISIEUX
Festung
Le HAVRE
Festungs
bereich
Seine
30 km
N
Grenze des für 6.6.24h geplanten alliierten Brückenkopfes
deutsche Panzerverbände
alliierte Luftlandungen am 5./6. Juni
künstl. alliierter Hafen
I. D. Infanteriedivision
XXXX Armeegrenze
erreichte alliierte Landungszonen 6. 6. 24h
deutsche Küstenbatterien Auswahl
dt. V1+V2-Stellungen

Zeittafel Invasion Juni - August 1944

I) Vorgeschichte bis zur Landung:
ab Juni 1941: Stalin fordert massiv eine zweite Front.
ab Aug. 1942: Bau des Atlantikwalls durch über 2 Mio Arbeitskräfte.
ab 1942: brit. Kommando-Unternehmen an der Kanalküste.
ab Aug. 1943: Alliierte Stäbe planen für Overlord (Landung in Frankreich). Durchführung für Mai 1944 geplant.
Nov 1943: Dt. Führung erkennt die Möglichkeit neben einer Landung am Pas de Calais auch bzw oder einer in der Normandie.
Nov 1943: Konferenz von Teheran. Churchill (Britischer Premier-Minister) schlägt Landung auf dem Balkan vor. Roosevelt (US-Präsident) und Stalin (Sowjetischer Diktator) lehnen ab. Stalin droht mit Separatfrieden mit Deutschland, falls die zweite Front nicht im Frühjahr 44 kommt. Beschluss der zweiten Front in Frankreich / Normandie.

II) Landung: 6. Juni - 12. Juni: 326.000 alliierte Soldaten landen. 5.400 Flugzeuge stehen auf provisorischen Flugplätzen im Bereich der Brückenköpfe, 104.000 t Kriegsmaterial werden angelandet.

III) Erweiterung des Landungsbereiches und Ausbruch
12. Juni - 16. Juli: US-Eroberung der Halbinsel Contentin.
26. Juni Cherbourg fällt. Hafen erst Ende August nutzbar. Im 200-km-Umkreis des Landungsbereichs totale alliierte Luftherrschaft. US-Truppen kommen nur mühsam voran.
15. Juli: Rommel verlangt von Hitler, die Kämpfe zu beenden.
17. Juli: Verwundung Rommels bei Vimoutiers.
17. Juli - 30. Juli: US-Durchbruch bei Avranches nach 5000-Tonnen-Bombardement auf einen Streifen von 7 km x 3 km.
25. Juli: US-Durchbruch bei St.-Lô.

6. Juni - 19. Juli: Kampf um Caen: Die deutsche Führung konzentriert die Panzerwaffe im Raum Caen.
Vier große britische Offensiven scheitern.
7. Juli: Massive alliierte Bombardierung und Zerstörung von Caen.
19. Juli: Fall von Caen.

6. Aug. - 10. Aug.: Dt. Gegenangriff bei Mortain zur Abriegelung der bei Avranches durchgebrochenen US-Truppen wird von US-Luftwaffe zerschlagen.
18. - 20. Aug.: Dt. Truppen geraten im Raum Falaise in die Gefahr, eingekesselt zu werden. Ausbruch mit Masse und Rückzug über die Seine Rtg. Reichsgrenze. 80.000 von 130.000 Mann konnten sich der Einkesselung entziehen.

IV) Ende: 240.000 deutsche Soldaten geraten während der Kämpfe in Gefangenschaft. Ca 50.000 dt Gefallene, ca 30.000 alliierte Gefallene. Danach steht kein starker dt. Kampfverband mehr in Frankreich.

Wo landen?

Im politischen Gerangel um den Ort der Invasion, der von Stalin geforderten zweiten Front, zeigte der US-Präsident Roosevelt, wer im Bündnis USA/Großbritannien das Sagen hat und bestimmte die Normandie zur Landungszone. Churchill wollte die Landung auf dem Balkan oder in Italien. So hätten die Alliierten den sowjetischen Vormarsch nach Mitteleuropa von Südeuropa her merklich einschränken können. Doch Churchills Großbritannien war nur Juniorpartner und ohne die USA keineswegs invasionsfähig.

Dt. Jagdpanzer Hetzer vor dem Museum in Bayeux

Stalin war's zufrieden. Die deutsche Führung verfügte bis zum Invasionstag über keine letztlich schlüssigen Informationen über den Landungsbereich. Sogar Dänemark hielt das Oberkommando der Wehrmacht für möglich. Insgesamt standen 2.000 km Küstenfront und Atlantikwall vom Nordkap bis zur Biscaya zur Debatte.

Eine alliierte Invasion musste nicht nur abgewehrt, sondern ein nachhaltiger Abwehrsieg erzielt werden, um weitere Landungsversuche zu verhindern. Das war, wenn überhaupt, angesichts der Kräfteverhältnisse deutscherseits eine Chance, den Krieg ohne Kapitulation zu beenden. So wurde 1942 der Bau des „Atlantikwalls" befohlen. Bunkerbefestigungen sollten hauptsächlich die Häfen sichern. Denn eine erfolgreiche Ausweitung des Landungsbereiches benötigt viel Nachschub. Der kann nur über feste Hafenanlagen herangebracht werden. Die Bauarbeiten dümpelten vor sich hin, die dennoch für die betroffenen Küstengebiete höchst willkommene Arbeitsbeschaffung bedeuteten. Der deutsche Feldmarschall von Rundstedt bezeichnete die Bunkerlinie jedoch als bloßen Propagandawall.

Im Frühjahr 1944 erhielt Rommel den Oberbefehl über die Heeresgruppe B, die mit 2 Armeen in der Normandie stand. Gleichzeitig wurde er Beauftragter für den Atlantikwall. Die Hinweise auf eine Landung in Frankreich verdichteten sich. Anfang 1944 hatten die Alliierten über Nord-Frankreich bereits die Luftherrschaft erkämpft und begannen, die Normandie zu insularisieren. Das heißt, alle Zufahrten, Straßen, Schienenwege zur Normandie wurden bombardiert. Das geschah auch im Raum am Pas de Calais.

Ouistreham: Top-Museum "Der Große Bunker/Le Grand Bunker" mit Acht-Acht-Flak u. -Panzerknacker.

Auf deutscher Seite scheinen Rommel und Hitler auf die Normandie / Bretagne getippt zu haben. Wobei Rommel und sein Chef des Generalstabes der Rommel-Heeresgruppe B, Hans Speidel, Anfang Juni 44 eher eine Landung zwischen Dieppe und Dünkirchen vermuteten.

Der Kommandostab der deutschen Luftflotte 3 in Frankreich schloss Mai 44 aufgrund der alliierten Bombardierungsziele auf eine Landung zwischen Cherbourg und Le Havre. Diese Lage-Beurteilung erfuhr - durch Entschlüsselung der Funksprüche - der Gegner auf der angelsächsischen Insel und bewirkte erhebliche Nervosität bei der Führung der Invasionstruppe.

Die strategische Frage für die deutsche Führung war jedoch nicht nur, wo die alliierte Landung stattfindet, sondern wieviele Landungen geplant sind. So traute man den Alliierten durchaus zwei oder drei massive Landeoperationen zu.

Abwehr ohne strategische Chance

Die Deutschen gingen von dem äußerst hohen Nachschubbedarf alliierter Truppen aus. Ohne massiven Nachschub scheitert selbst eine geglückte Landung sehr rasch. Die Wehrmacht verfügte zur Invasionsabwehr für einen Küstenabschnitt von den Niederlanden bis zur Bretagne einen auf die Häfen konzentrierten Atlantikwall und schlagkräftige, den Alliierten in Material, Erfahrung und Führung überlegene, in 6 Divisionen gegliederte Panzerkräfte mit ca 1.300 Panzern, 13 motorisierte Infanteriedivisionen und 2 Fallschirmjägerdivisionen. 33 unbewegliche, "bodenständige" Divisionen saßen in den Bunkern. Rund 13.000 Mann davon waren sogenannte Osttruppen, Soldaten aus den Völkern der Sowjetunion. Im späteren Landungsbereich Normandie standen anfangs lediglich 6 Divisionen der 7. deutschen Armee mit ca 600 Panzern. Zum Vergleich: 600 Panzer verloren die Briten vor Caen an einem Tag.

Frankreich 1940:
Dt. Panzer (III) im Vormarsch

Die Alliierten verfügten über 700. 000 Mann in 23 vollmotorisierten Infanteriedivisionen, 10 Panzerdivisionen und 4 Luftlandedivisionen und 1.5 Mio in Unterstützungstruppen. Wobei in den ersten zehn Tagen der Invasion 10 alliierte Divisionen mit 150.000 Mann zum Einsatz kommen konnten, der Rest innerhalb von mehreren Wochen. Die für die Feindaufklärung zuständige Abteilung "Fremde Heere West" des Oberkommandos der Wehrmacht soll wider besseres Wissen ohne entsprechende Nachrichtenlage weitere 30 alliierte Divisionen gemeldet haben. Warum, ist unklar. Vermutungen reichen in den politischen Widerstand.

Die deutsche Luftwaffe fehlte fast völlig. Ihr Flugzeugbestand entsprach anfangs knapp 8 Prozent (900 : 12.000) der alliierten Luftmacht. Im Verlauf der Invasion kamen ca 1.000 dt. Maschinen dazu. Noch ungünstiger stand es um das Kräfteverhältnis (Zahlenvergleich 1:60) der Kriegsmarine zur 6.000 Schiffe starken brit. und US-amerikanischen Invasionsflotte.

Die deutschen Führungsstäbe entwickelten sehr gegensätzliche Abwehrstrategien. Rommel vertrat eine küstenunmittelbare Verteidigung. Dazu ließ er den ganzen Strand höllisch befestigen. Den Landesoldaten harrten Minen und vielfältige Sperren. Rommel wollte in Küstennähe Panzerdivisionen "perlenschnurartig" aufreihen, um eine Landung am Strand zu zerschlagen.

Eine zweite Strategie sah vor, den Gegner landen zu lassen, dann die Feindkräfte mit hochmobilen, starken Panzertruppen aus dem Raum Paris heraus außerhalb der Reichweite - ca 35 km - der alliierten Schiffsartillerie zu zerschlagen. Hitler entschied sich für eine Mittellinie, Küstenverteidigung und operative Panzerkräfte. 75% der deutschen mobilen Verbände standen im Westen zur Abwehr der Invasion.

Lageeinschätzung Rommel: "Wenn ich die Invasion durchführen müsste, wäre ich in 14 Tagen am Rhein".

Die deutschen Soldaten standen in der Normandie vor einer unlösbaren Aufgabe.

Zu einer anderen Zeit wurde Bismarck mal gefragt, was er tun werde, wenn die britische Armee in Deutschland landen würde. Kanzler Bismarck, Sieger in drei Kriegen, meinte nur, dass er die Eindringlinge verhaften lassen würde.

Überraschung: Zwei künstliche Häfen

Zunächst nutzten die Alliierten zur Überraschung der deutschen Führung zwei künstlichen Häfen: Mulberry A am Omaha-Abschnitt und Mulberry B vor Arromanches. Da wurden 500.000 t Beton in Kastenform, sogenannte Phönix-Senkkästen von je 60 m Länge und ca 1.600 bis 5.000 t schwer, über den Kanal geschleppt, alte Frachtschiffe am Strand als Wellenbrecher auf Grund gesetzt. Die versenkten Betonklötze bildeten einen Hafen.

Frankreich 1940:
Aufgegebene französische Panzer

Allerdings beeinträchtigten Stürme die Leistungsfähigkeit der künstlichen Häfen erheblich. Stürme beendeten die Funktionsfähigkeit von Mulberry A bereits nach 3 Tagen. Mulberry B arbeitete bis zum 19. November 44.

Wann landen?

Der genaue Zeitpunkt der Landung hing vom Wetter ab. Zunächst setzte man den 5. Juni 1944 fest. Dann verschlechterte sich das Wetter. Das gigantische Unternehmen wurde um 24h verschoben. Die angelsächsischen Soldaten waren seit Tagen eingeschifft. Eine solche gewaltige Anzahl kann man nicht ewig in den kleinen Landungsboten lassen. Eine nächste wetterbedingte Möglickeit war erst nach Wochen wieder gegeben. So entschied sich der deutschstämmige, texanische Farmersohn, spätere US-Präsident und 1944 Oberbefehlshaber des Unternehmens "Overlord" Dwight D.(=David) Eisenhower für den 6. Juni und hatte mit dem Wetter einigermaßen Glück. Die deutsche Führung erwartete zwar eine baldige Landung, analysierte die Wetterlage nicht viel anders, hielt jedoch eine Invasion an diesen Tagen für nicht möglich. Rommel fuhr am 5. Juni nach Hause in den Urlaub.

Durch dt. Sturmgeschütze abgeschossene US-Panzer

Panzer, Sturmgeschütze, Fallschirmjäger, Grenadiere

Die deutsche Führung erfuhr von der Abfahrt der Landungsflotte Richtung Normandie, rechnete jedoch noch mit einer zweiten möglichen Landung am Pas de Calais.

Insgesamt verlief die Landung längst nicht nach Plan. Am Omaha-Beach gerieten die gelandeten US-Amerikaner in größte Schwierigkeiten. Am ersten Landungstag sind hier allein über 3.000 Amerikaner, an allen

Villers-Bocage, 23 km s-w Caen: Am 13. Juni 1944 schoss auf diesem Boulevard eine einzige deutsche Tiger-Besatzung 25 britische Panzerfahrzeuge ab. Eine ganze britische Panzerbrigade wurde zum Rückzug gezwungen.

Stränden über 8.000 alliierte Soldaten gefallen. Die US-Führung überlegte bereits, die Omaha-Einheiten wieder zurückzuholen.

Caen sollte in den ersten 24 Stunden erobert werden. Die Kanadier kamen erst nach 6 Wochen in die Stadt. Der Briten-Marschall Montgomery verlor beispielsweise bei einem einzigen mit Luftwaffe massiv vorbereiteten Großangriff auf Caen 450 von 900 eingesetzten Panzern. Noch Anfang August stoppten 39 deutsche Panzer im Verbund mit Infanterie, Flak und Artillerie einen von 5 britisch-kanadischen Divisonen mit 600 Panzern vorgetragenen Angriff auf Falaise. Wie überhaupt die Alliierten 30% ihrer in der Normandie eingesetzten Panzer verloren haben. Das entspricht wohl dem Dreifachen der Zahl aller eingesetzten deutschen Panzer und Sturmgeschütze (1.300).

Dt. Sturmgeschütz

Zweite alliierte Kanal-Landung? Deutsche Panzerreserve gegen Hitler?

Die Alliierten beherrschten mit knapp 12.000 Flugzeugen den Luftraum und behinderten erheblich deutsche Bewegungen. Heranführung von Verstärkung und Nachschub blieb Stückwerk. Die deutschen Fronttruppen mussten praktisch unsichtbar bleiben. Dennoch kam die Invasion nur langsam voran. Sie blieb in einem sich ständig erweiternden Landungsraum eingeschnürt. Eisenhower erwog eine zweite Landung in der Bretagne. Die alliierte Luftwaffe bombardierte alles, sogar Traktoren der Bauern. Alles übrige besorgte die Artillerie. Die beschoss, was irgendwie nach Feind aussah. So wurden Ruinen und die zahllosen, normannischen Hecken zu wirkungsvollen Abwehrstellungen.

Über Wochen vermutete die deutsche Führung eine zweite Landung am Pas de Calais und hielt zwei Heeres-Panzerdivisonen der 7. Armee in Reserve. So stand die 116. Panzerdivision im Raum Abbéville - Dieppe bis

US-Landungsboot, Utah-Strand

Mitte Juli in Reserve. Wehrmachtskreise mit und um den späteren Oberbefehlshaber der NATO-Landstreitkräfte Europa-Mitte, General Dr. Speidel, 1944 Generalstabchef unter Rommel, wollten wohl intakte Panzerkräfte behalten, vermutlich mit Billigung Rommels. Im Falle eines gelungenen Attentats auf Hitler am 20. Juli war ein Zusammenprall von SS und Wehrmacht zu befürchten. Anstelle der Heeres-Panzer der 7. Armee kamen dann Einheiten der Waffen-SS im Raum Caen zum Einsatz, so vor allem die 12. Panzerdivision "Hitlerjugend".

ehem. dt. 15,2 cm Marinegeschütz, Longues-sur-Mer

Erst Anfang August konnten die US-Truppen bei Avranches nach einem 5.000 t-Bombardement eines Streifens von 7 x 3 km die deutsche Front durchbrechen. Der deutsche, mit 4 Panzerdivisionen vorgetragene Gegenangriff auf Mortain mit dem Ziel, die Front wieder zu schließen, startete um Mitternacht 6./7. August 1944. In der Morgendämmerung konnten noch 300 Jagdflieger diesen Angriff unterstützen. Er blieb aber in den massiven US-Luftangriffen liegen. Der zerbombte Panzerangriff von Mortain leitete das Ende der deutschen Normandiefront ein.

Die alles beherrschende alliierte Luftüberlegenheit entschied den Erfolg der Invasion. Sonst wäre sie wohl gescheitert. Die Wehrmacht hatte größte Schwierigkeiten, Verstärkungskräfte und Nachschub heranzuführen. Eisenbahnlinien und Straßenbrücken waren zerstört oder lagen ständig unter Beschuss bzw Bombardement. So benötigte beispielsweise die 17. deutsche Panzerdivision 10 Tage, um aus dem Raum Bordeaux an die Invasionsfront zu gelangen. Die 11. Panzerdivison konnte aus dem Raum ostwärts Warschau im Eisenbahntransport in 7 Tagen Straßburg erreichen. Bis zu ihrem Einsatz bei Caen dauerte es noch weitere 23 Tage. Der Transportweg führte über Lyon (!) und durch das französische Zentralmassiv.

Ca 130. 000 Mann gerieten in Gefahr, im Raum Falaise eingekesselt zu werden. Unter Zurücklassung von unersetzlichem, schweren Material entzogen sich 80.000 Mann der Einschließung. Insgesamt fielen 50.000 deutsche und 20.000 alliierte Soldaten in den Normandie-Kämpfen. Über 10.000 Zivilisten starben.

Zur gleichen Zeit konnten im Osten sowjetische Angriffe mit der Vernichtung des III. russischen Panzerkorps erst südlich von Warschau gestoppt werden. In Italien standen die Amerikaner auf der Linie Florenz - Pisa.

Rommel-Fernschreiben an Hitler

Der Kampf um die Normandie war erst nach über 10 Wochen zugunsten der Alliierten entschieden. Ein Zeugnis, welche beeindruckende militärische Leistung die deutschen Soldaten in der Normandie erbracht haben. 1940 kam der Blitzfeldzug in Frankreich bereits nach 6 Wochen zu Ende. Der Ausgang der Invasion ersparte Deutschland sehr wahrscheinlich den Abwurf von US-Atombomben.

Am 15. Juli 1944, zwei Tage vor seiner schweren Verwundung nördlich Vimoutiers, sandte Rommel ein Fernschreiben an das Oberkommando der Wehrmacht: „Die Truppe kämpft allerorts heldenmütig, jedoch der ungleiche Kampf neigt sich dem Ende entgegen. Ich muss Sie (Hitler) bitten, die Folgerungen aus dieser Lage unverzüglich zu ziehen."

Danebrog bei La Madeleine am Utahstrand. Denkmal für 800 dänische Seeleute, die an der Invasion teilnahmen. Nach Roskilde (Dk) 1.480 km.

Die verwüstete Normandie

Die Invasionskämpfe ruinierten die einst blühende Normandie. Städte und Dörfer waren bis zu 80% zerstört. In der Nachkriegs-Normandie gab es so gut wie keine Autos, kaum Vieh, wenig bezahlte Arbeit. Alles war Mangelware, Düngemittel, Kleidung, Wohnung. Für die Rückkehrer aus der Kriegsgefangenschaft wurde öffentlich um Kleidung gebeten. 80.000 Menschen lebten obdachlos. Zwanzig Jahre waren nötig zu Wiederaufbau und wirtschaftlicher Blüte.

US, go home!

Die Franzosen hatten nicht nur Gefühle gegenüber den Deutschen. Angesichts der rücksichtslosen alliierten Flächenbombardements, die vor allem die Zivilbevölkerung trafen, empfanden viele Franzosen Bitternis, zuweilen Hass. Noch im September 44 entgingen im besetzten Le Havre abgesprungene alliierte Bomber-Piloten nur knapp der Lynchjustiz.

Die Cherburger Presse / La Presse Cherbourgeoise klagt am 17. Oktober 1944: „...Szenen von Rohheit und Bestialität suchen heute unser Land heim. Es wird geplündert, vergewaltigt, gemordet. Keine Sicherheit, weder auf den Straßen noch in den Häusern. Niemals mussten wir eine solche Flut von Verbrechen erleben..." Gemeint war das Treiben von US-Soldaten im Raum Cherbourg. Dagegen sei, so dieselbe Zeitung Ende Mai 1945, das Verhältnis der Wehrmacht gegenüber der französischen Zivilbevölkerung nicht nur korrekt, sondern zuweilen freundschaftlich gewesen. Der Wunsch nach Abzug der US-Truppen wurde laut.

Befreiungsbräute

Die jungen US-Soldaten, die nach den Kampfhandlungen die Dörfer und Kleinstädte überschwemmten, machten mächtig Eindruck auf die Entbehrung gewohnte weibliche französische Jugend. Die US-Jungs sahen schmuck aus in ihren Uniformen und waren Sendboten aus einem Land, wo Milch und Honig fließt. Allein 1946 heirateten 6.000 Französinnen ihren persönlichen Befreier. Im neuen Zuhause merkten sie jedoch rasch, dass der Held oft aus der tiefsten US-Wildnis kam. Dagegen wirkte jedes Dorf in Frankreich geradezu überzivilisiert.

Kulturschock folgte auf Kulturschock. Pampa pur, Wohnen bei den Schwiegereltern, der Befreier fand den Rückweg ins Zivile häufig nur mit Alkohol, so berichtet ein französische Untersuchung aus dem Jahre 2004.

Ein zerfetztes Land

Wir zitieren einen aktiven Zeitzeugen, Hans Speidel, während der Invasion Chef des Generalstabes der Heeresgruppe B (Rommel), Ende 1944 bis 1945 in Gestapo-Haft infolge der Ereignisse um das Hitlerattentat vom 20. Juli 44, später

Bundeswehrgeneral und 1957-1963 Befehlshaber der NATO-Landstreitkräfte Europa Mitte.

Speidel schreibt im Deutschland von 1949:

„Die deutschen Divisionen haben in ihrer Leistung und Haltung der Seeckt'schen (Chef der Reichswehr 1920) Forderung entsprochen, einen eiskalten Mut zum Ausharren im Unglück zu haben. Dass ein solcher Mut bis zur Opferung für ein Phantom missbraucht wurde, ist die Tragik jedes anständigen, deutschen Soldaten und der deutschen Geschichte, die furchtbares Schicksal geworden ist. ...

Von Millionen deutscher Soldaten sind Hunderttausende bis heute in Gefangenschaft, Hunderttausende starben in nie durchdringbarem Dunkel; ihre (militärische) Führer, soweit sie nicht im Felde gefallen sind, endeten durch den Strang oder im Tode von eigener Hand, andere liegen im Gefängnis oder hausen friedlos als Bettler im Land. Die Heimkehrenden finden ein zerfetztes Vaterland, dessen Reste bis zum Rande gefüllt sind mit vielen Millionen Flüchtlingen und Vertriebenen.. ."

Wiederbewaffnung, Preis der Souveränität

Ein zerfetztes Land! Nur wenige Jahre nach Kriegsende fordern die USA eine westdeutsche Panzerarmee im NATO-Bündnis zur Sicherung der freien Welt. Da haben US-Erfahrungen aus der Normandie eine wesentliche Rolle gespielt. Als Gegenleistung erhält die Bundesrepublik eine weitgehende Souveränität.

Bereits 12 Jahre nach Kriegsende überholt die neue Bundesrepublik wirtschaftlich Großbritannien.

Sieg für Deutschland

„Die Alliierten siegten für Deutschland", so erklärte Bundeskanzler Gerhard Schröder am 6. Juni 2004 in Caen vor der Weltöffentlichkeit.

Geschichte der Geschichte

Die 10-jährige Wiederkehr der Landung wurde öffentlich nicht gewürdigt. Das änderte sich. Die 50-jährige Wiederkehr der Invasion feierten die Staatschefs der USA, von Großbritannien und Frankreich 1994 ohne einen Vertreter der Bundesrepublik Deutschland. Der Präsident der Französischen Republik, François Mitterand, hatte seinen Freund, den Bundeskanzler Helmut Kohl, nicht eingeladen. 2004 war das anders. Präsident Jacques Chirac lud den deutschen Kanzler zu den 60-er Feiern ein. Man lebt mittlerweile gemeinsam im EU-Bundesstaat. Auch sonst übertrafen die 60er Feiern alles bisher Dagewesene. Der Staatschef Russlands, Wladimir Putin, saß in der ersten Reihe. Polnische Soldaten paradierten bei den offiziellen Feiern. Bislang wurde ihr Invasionsbeitrag im Westen wie im Osten verschwiegen, geschweige denn gewürdigt.

Retro-Treff 60 plus

Nur 25 km ostwärts Falaise, am Mont Ormel, wo die polnische Division im August 1944 in der Zange deutscher Truppen ausblutete, 90% Verluste hatte, versammelten sich August 2004 zu der Gedenkfeier 40.000 Menschen aus Polen und Frankreich, darunter 3.000 polnische Veteranen und eine Ehrenkompanie der polnischen Armee.

Inzwischen ist die Invasion mit Rundstrecken, zahllosen Museen ein wichtiger Teil der normannischen Touristik. Die Wehrmacht wird häufig respektvoll behandelt. Hitler wird in frz. Veröffentlichungen wieder zunehmend als Folge des Versailler Friedensvertrages von 1919 gesehen.

Dänin aus Kopenhagen,
Tiger und Mann.

Diese Verluste der Bevölkerung an Leib und Leben, die Zerstörungen der Städte und Dörfer durch die Alliierten, Sieger-Arroganz und -Ignoranz, finden heute in den französischen Kommentaren und Darstellungen immer stärkere Beachtung. Drastisch formuliert Roger Biot, pensionierter Redakteur der regionalen Tageszeitung Paris Normandie, im Jahre 2002: "Die Hölle kam von den Stränden/Les plages, d'où vint l'enfer" (in: Fameux Normands, Normands Fameux, Paris Normandie 2002, S. 8).

Doch wer schreibt die Geschichte? Jede Generation neu. Und das i-Tüpfel zum "i" der historischen Wahrheit hat noch keiner gefunden.

Germanen übernehmen Gallien

Während der Völkerwanderung im 5. Jahrhundert eroberten die germanischen Franken das Gebiet um die Mündung der Seinc. Das Fränkische Reich erreichte unter Karl dem Großen um 800 eine Vormachtstellung in Mittel-, Westeuropa und südl. der Alpen. Schließlich enstanden bis um 900 das Ostfränkische Reich zwischen Maas und Elbe, das Westfränkische Reich zwischen Maas und Atlantik. Beide Reiche waren politisch recht labile Gebilde ohne eine starke zentrale Gewalt.

Dänen im Invasionsrausch

Gott ist mit den Dänen und denen, denen Dänen nahestehen. Das war nicht immer so. Im 9./10. Jh. fuhren Nordgermanen, Dänen oder Wikinger auch Waräger aus den felsigen, unwirtlichen Fjorden Norwegens, vom meerumspülten Dänemark auf ihren Hochsee tüchtigen Drachenbooten an die Küsten Europas, die Flüsse hoch, plünderten, schändeten, legten Feuer. Schließlich blieben die dänischen Raubeine ab 896 an der Seine-Mündung sitzen, schlafften ab.

Der westfränkische König Karl der Einfältige legalisierte die Dänenbesatzung und gab 911 das Gebiet den Normannen als Lehen. Das heißt, der König blieb offiziell König über das Gebiet, aber die Wikinger hatten das Sagen. Das ist die Geburtsstunde der politischen Normandie.

Ausflug der Männergruppe

Erbfeind Albion

Normannenherzog Wilhelm der Bastard, Heldenname Wilhelm der Eroberer, setzte 1066 mit Heer und Flotte nach England über, besiegte den halblegalen, angelsächsischen König Harold IV. bei Hastings und bestieg den englischen Thron. Der Hundertjährige Krieg zwischen dem normannisch geführten England und Frankreich (1339-1453) klärte schließlich die Lage. Die Normandie wurde französisch. England behielt Kanalinseln wie Jersey. Die englisch-französischen Feindseligkeiten zu Wasser, zu Lande, am Kanal, in Amerika, Indien, Afrika, mit Ludwig XIV., Napoleon I., blieben bis Anfang des 20. Jh. munter am Leben.

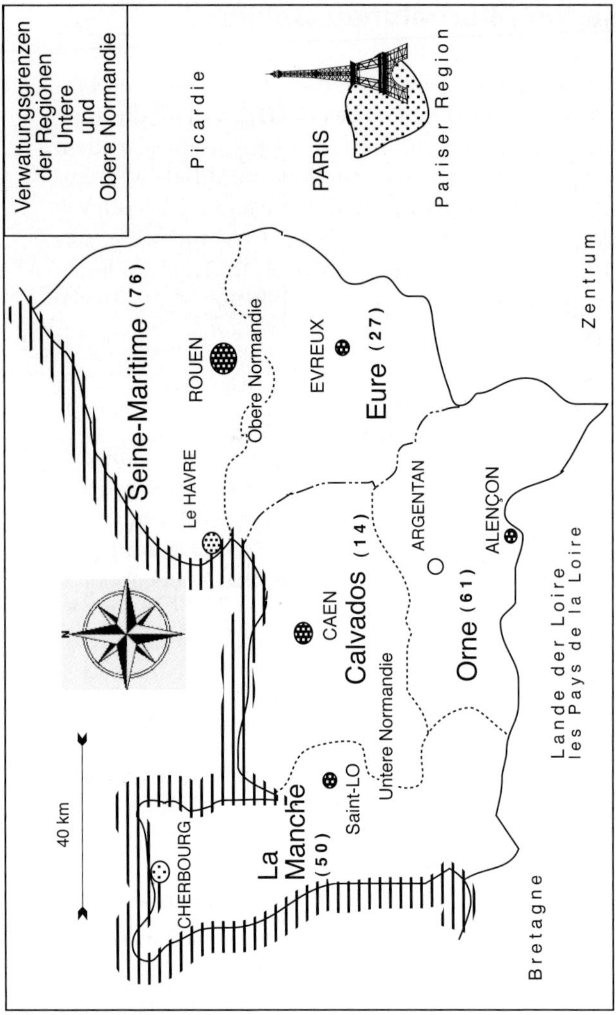

Unsere Normandie setzt sich heute aus zwei Regionen zusammen: Die Obere (östliche)/ Haute-Normandie und die Untere (westliche) Normandie/Basse Normandie. Die Normandie ist etwas kleiner als Baden-Württemberg.

Der westliche Teil zählt 1,7 Millionen Einwohner, umfasst mit den Départements Eure (27) und Seine-Maritime (76) 12. 318

qkm. Das sind knapp 140 Menschen pro km^2. Die Hauptstadt der Region ist Rouen. Weitere bekannte Städte sind Dieppe, Evreux und Le Havre.

Im östlichen Teil wohnen 1,4 Millionen Menschen auf 17.600 km^2. Die Einwohnerdichte beträgt nur 79 Menschen pro km2. Caen ist der Verwaltungssitz. Drei Départements gehören zur Basse Normandie: Calvados (14), Manche (50) und Orne (61).

Seit 1792 Symbolfigur Frankreichs: Marianne, Madame la France

Die östliche Normandie liegt gerade eine Autostunde von Paris entfernt und ist stärker industrialisiert. Rouen und Le Havre (Erdölhafen) bilden die Hafenstädte für die Pariser Region. Ungefähr 40 % der Arbeitnehmer sind im industriellen Bereich beschäftigt. Eine wichtige wirtschaftliche Rolle hat die Kernenergie erreicht. Die auch für Mitteleuropa wichtige Wiederaufbereitungsanlage liegt am Cap de La Hague bei Cherbourg. Weitere 10 % finden in der Lebensmittelindustrie ihre Arbeitsstelle. Die Übrigen verteilen sich auf Landwirtschaft und Dienstleistungsgewerbe.

Die westliche Normandie ist mit den Sorten Pont-l'Evêque, Livarot und Camembert in allen guten Käseangeboten vertreten. Neben Schafs- , Pferde- und Rinderzucht betreiben die normannischen Bauern in der Gegend von Alençon, Falaise, Caen Weizen- und Zuckerrübenanbau. Wichtig: Die Apfelsäfte Cidre und Calvados.

Der Fischfang hat seine Häfen in Cherbourg, Fécamp und Cabourg. Doch bleibt der wirtschaftliche Ertrag weit hinter den finanziellen Freuden des Tourismus zurück.

Touristische Schwerpunkte sind in erster Linie die Küsten. Das Hinterland gewinnt durch die Einrichtung von Naturparks zwischen Le Havre und Rouen, auf der Halbinsel Cotentin und bei Alençon immer mehr Freunde.

Die Land- und Küstenbesucher kommen hauptsächlich aus den nahen Großräumen Paris, London, aber auch aus dem meeressüchtigen Mitteleuropa.

Die **Gezeiten** (frz. les marées) sind regelmäßige Schwankungen der Meeresoberfläche. Sie bewegen sich in einer Periode von 12-13 Stunden. "Ebbe" (marée descendante, reflux, jusant) bezeichnet das Fallen, "Flut" (marée montante, flot, flux) das Steigen des Wassers. Ebbe und Flut dauern jeweils ungefähr 6 Stunden. Zwischen den beiden Bewegungsrichtungen macht das Wasser eine kleine Pause von etwa 5 Minuten. Der Höchststand heißt Hochwasser (marée haute, maximum du flot), das Gegenteil Niedrigwasser (marée basse, fin du jusant).

Der augenblickliche Stand von Ebbe oder Flut wird mit einem Gezeitenkoeffizienten zwischen 20 und 120 angezeigt. Bei 20 ist Niedrigwasser, bei 120 Hochwasser.

Für die Wasserbewegungen sind die **Anziehungskräfte des Mondes und der Sonne** verantwortlich. Während der Springzeit, das heißt, wenn die beiden übereinander (ein bis zwei Tage nach Vollmond oder Neumond) in einer Linie zur Erde stehen, summieren sich ihre Anziehungskräfte und verursachen eine Springflut. Falls die beiden Himmelskörper im rechten Winkel zur Erde stehen, reichen die teils sich aufhebenden Kräfte noch zur Nippflut (7 bis 8 Tage nach der Springzeit). Wind und Wassertiefe beeinflussen ebenfalls die Wasserbewegungen. So sind die Gezeiten von Ort zu Ort verschieden und verschieben sich täglich.

Die einzelnen Fremdenverkehrsgemeinden teilen die jeweilige Ebbe und Flut mit **Gezeitentabellen** in Prospekten und Anschlägen am Strand etc mit. Die Höhenunterschiede von Hoch- und Niedrigwasser betragen beim Mont-Saint-Michel 15-16 m, sonst an der Normandieküste weniger. Die Gezeitenströme können vor St.-Malo/Bretagne eine Geschwindigkeit bis zu 20 km/h erreichen. Insgesamt sind die Gezeitenunterschiede und die Gezeitenströme an den normannisch-bretonischen Küsten stärker als von den übrigen in Europa, vielleicht mit Ausnahme von Norwegen.

Also: Vorsicht bei Wattwanderungen.

Ein Kraftwerk, das die Gezeiten zur Energiegewinnung nutzt, steht an der Mündung der Rance bei St.-Malo. Bei Murmansk/Russland und in der Fundybai in Kanada wurden weitere Gezeitenkraftwerke als Versuchsbetriebe gebaut.

Aktuelle Info: www.meteoconsult.fr, Suchwort: marées

Die schönste Versuchung seit es Äpfel gibt

Der normannische Apfelschnaps **Cidre** ist ein leichter, alkoholisch angehauchter Most. Cidre stammt aus dem Mittelalter und soll aus dem Vorderen Orient über Spanien in die Normandie gekommen sein. Er steht dem Durstigen süß (doux) oder trocken und etwas herb (brut) zu Gebote. Der **Pommeau** (frz. la pomme - der Apfel) ist ein weiteres Apfelprodukt. Zwei Drittel Apfelsaft plus ein Drittel Calvados, das sind seine Bestandteile. Nach einer zweijährigen Reife in Fässern, kommt er in die Flaschen.

Der Birnenmost tritt weniger häufig in Erscheinung. Dieses Getränk braucht mehr Zeit, da die Birnbäume erst nach ca 25 Jahren und länger zur Hochform aufwachsen. Die Früchte der Apfelbäume sind schon in der Hälfte der Zeit trinkreif. Der Poiré (frz. la poire - die Birne), ein Apéritif, ist saftiger und leichter als seine Apfelvettern.

Als 1588 Sturm und britischer Seemannsmut die spanische Armada zerstückelten, strandete an der normannischen Küste das spanische Kriegsschiff "El Salvador/der Retter". Das wurde im Französischen zu "**Calvados**", und die Ecke hatte ihren Namen. Das Getränk gab's da schon länger. Bereits die alten Römer bemerkten die Apfelbäume.

Der Calva, so die heute gebräuchliche, doch bei Kennern verpönte Kurzfassung, ist ein Sohn des Cidre. Aus dessen erster Pressung herausdestilliert, verbringt er ein Jahr im Fass. Ein elfjähriger Calvados steht in seiner Blüte. Drei Sterne bedeuten, dass der Verdauungstrunk mindestens zwei Jahre im Fass war, "vieux" oder "réservé" drei Jahre, "Vieille Réserve" oder V.S.O.P. mindestens vier, "Hors d'Age" bis zu 20 Jahre. Die Réserve Ancestrale/Ahnenreserve, ein Uraltgewässerelexier, ist Überkult.

Jede Ecke in der Normandie hat ihren eigenen Calvados. Vom Pays de Bray im Osten führt die Säuferspur zum Pays de la Risle bei Pont-Audemer in das **Calvadosherz Pays d'Auge** um Lisieux, nach Westen in das Département Calvados und in den Norden der Halbinsel Contentin. Dazwischen gibt es noch allerlei Calvados-Stützpunkte.

Jährlich finden seit 1997 Europa-Meisterschaften im Calvados-Cocktail-Mischen statt. Unlängst gewann der Däne Hugo Nerud Larsen mit seiner Kreation "Herz der Normandie". Heute werden 50% der Calva-Produktion ins Ausland bis nach China verkauft.

Tagesfahrt eins

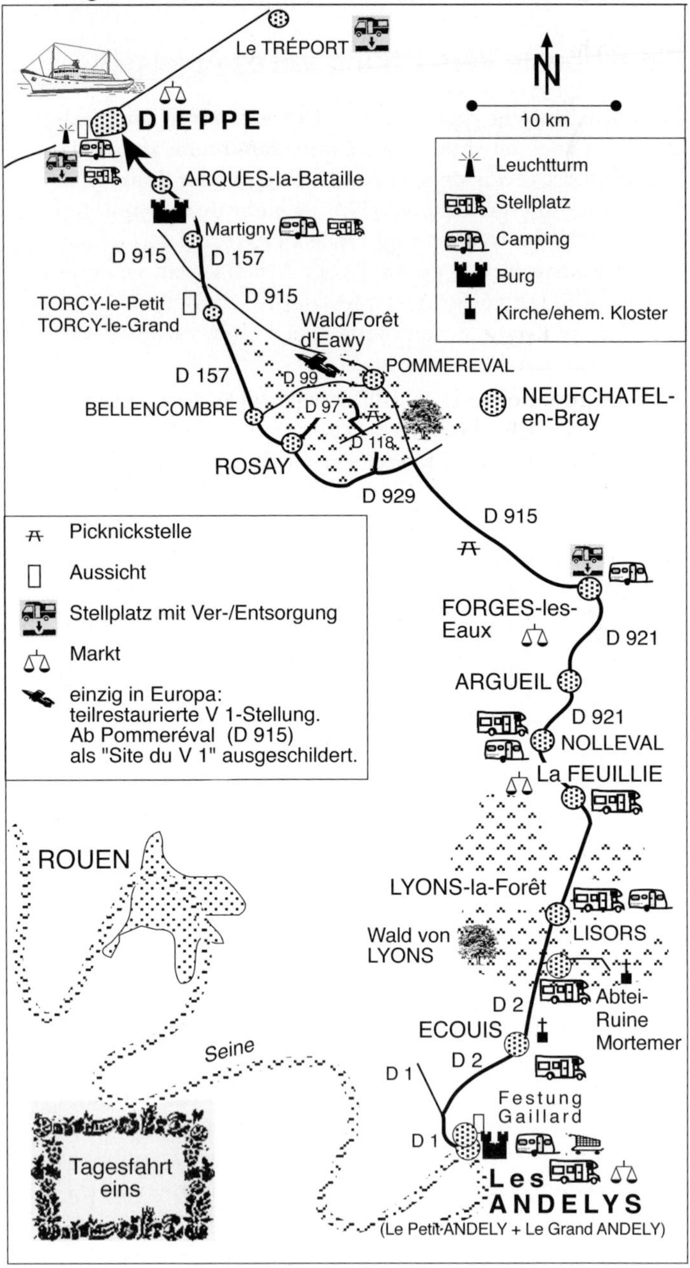

Strecke: **Les Andelys** * Ecouis * Lyons-la-Forêt * Forges-les-Eaux * D 915 * D 929 (Wald/ Forêt d'Eawy) * Maucomble * D 918 * D 97 * Rosay * Torcy-le-P. * Arques-la-Bataille * **Dieppe**. 120 km.

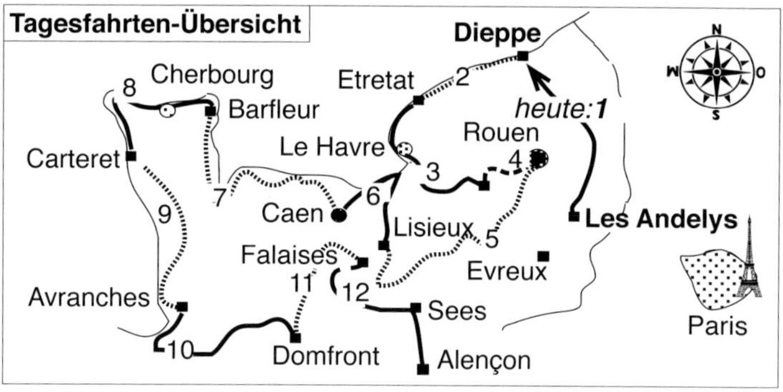

Besichtigen: Seine-Ufer. Lyons-la-Forêt (1h). Wandern im Wald / Forêt d'Eawy (2h). 3 km n-w Pommeréval, nahe der D99 / 30 km südl. Dieppe: V1-Abschussbasis, kostenlos zugänglich (30'). Aussichtspunkt Torcy-le-Petit, Dieppe (3h): Innenstadt / Strand, château / musée tgl außer Di 10-12h, 14-17h, So 10-12h, 14-18h, Juni-Sept, tgl. 10-12h, 14-18h. Meeres-Museum L'Estran im ostwärtigen Bereich der Cité de la Mer, zwischen Strandboulevard und Hafenzufahrt: tgl 10-12h, 14-18h.

Picknick: a) D 915, 11 km nach Forges-les-Eaux, b) 1 km nördlich Maucomble Waldkreuzung

Camping: a) Dieppe Stadtrand Rtg Rouen. b) Dieppe Stadtrand Rtg Pourville. c) Pourville-sur-Mer.

Stellplätze: a) Dieppe, ostw. Seite der Strandstraße, am Fährhafen / car-ferry; b) westl. Ende der Strandstraße; c) Panorama, Rtg Pourville / panorama / château-musée.

Abwasser: Dieppe Stellplatz Fährhafen / car-ferry.

Einkauf: Les Andelys: Supermarkt Intermarché. Dieppe: Einkaufszentrum (centre commercial, Abkürzung: centre cial) Mammouth, Rtg Rouen, N 27, Stadtrand.

Märkte: Les Andelys: Sa; Flohmarkt 1. Wo-ende Sept; Forges-les-Eaux: Do-morgen; Lyons-la-Forêt: Do+Sa; Dieppe: Sa.

Info: office de tourisme: F 27702 Les Andelys, Tel / Fax 0033 (0)2 32 54 41 93, e-mail: otsi.andelys @wanadoo.fr; F 76440 Forges-les-Eaux, Tel: (0)2 35 90 52 10, Fax (0)2 35 90 34 80; F 27480 Lyons-la-Forêt, Tel (0)2 32 49 31 65, Fax (0) 32 48 10 60, e-mail: otsi-pays-lyons-andelle@wanadoo.fr; F 76024 Dieppe, Tel: (0)2 32 14 40 60, Fax (0)2 32 14 40 61, www.dieppetourisme.com

August trifft Löwenherz

Les Andelys setzt sich aus zwei Teilorten zusammen, dem kleinen Andely im Westen an der Seine und dem großen im Osten, le Petit und le Grand Andely. Die Schokoladenseite der 8.000 Einwohner zählenden Kleinstadt liegt an der Seine. Die fließt hier breit und träge an den majestätischen Kreidefelsen vorbei. Eine schmucke, moderne Hängebrükke zeigt die südliche Stadtgrenze an. Dort findet sich auf der Seine-Insel ein Campingplatz. Jenseits der Hängebrükke in Richtung des Dorfes Tosny geht nach 100 m links ein Weg, rue du moulin, zum Flussufer. Dort bietet sich ein prächtiger Blick auf die Festung des Richard Löwenherz,

Les Andelys: Château-Gaillard und das schönste Seine-Panorama

auf Château Gaillard. Die Seine und die Festung Château Gaillard, das sind die Schmuckstücke in Les Andelys.

Der aus Film und Fernsehen bekannte Haudegen Richard Löwenherz, König der Briten und Angelsachsen, Gönner Robin Hoods, zeitweise Gefangener des Deutschen Kaisers Heinrichs VI., Herzog der Normandie, endlich Intimfeind des Königs von Frankreich Philippe II. Auguste, ließ 1196/97 innerhalb eines starken Jahres Château Gaillard, die kühne Burg, auf die Felsen bauen. Ein 20 m breiter Graben trennt die Burg vom höher gelegenen Plateau, der Achillesferse der Verteidigung. Das ganze Baumassiv richtet sich daher gegen Angriffe von oben. Auf der Seine sperrten eingerammte Baumstämme den Schiffsverkehr. "Wie schön ist meine ein Jahr alte Tochter", und "was für eine kühne Festung", soll Richard im Blick auf die Normannentrutze ausgerufen haben und verdrängte so den ursprünglichen Burgnamen Andeli-Felsen/Roche d'Andeli. Die Bauern der Umgebung teilten Richards Freude kaum. Sie mussten schuften und zahlen.

Noch weniger Begeisterung konnte der französische König Philipp II. August aufbringen. Zwar brauchte er selbst keine Steine zu schleppen, doch das militärisch hochmoderne Trutzwerk versperrte ihm den Vormarsch in die Normandie und den Weg zum Meer. Der eigentliche, völkerrechtliche Herr der Normandie war der französische König. Richard, als normannischer Herzog, hatte Vasallenstatus. Die Herren kannten sich gut. Sie zogen bereits gemeinsam als Kreuzritter nach Palästina. Freund, Feind, in der Politik ist das sehr wechselhaft. Sie trafen sich in Andely. Richard zeigte seinem Königskollegen und Feudalherrn die Festung über der Seine. Château Gaillard grüßt Paris. Philipp war so beeindruckt, dass er sich entschloss, das sperrige Ärgernis bei Gelegenheit zu beseitigen.

Tod am Fluss, Sieg in der Latrine, Frauenmord

Les Andelys: Blick von Château-Gaillard auf die Seine-Brücke

1199 fiel Richard unter den Mauern von Châlus westlich Orléans. Bereits 1203 schritt Philipp zur massiven Belagerung. Tausend Einwohner aus La Coulture, des heutigen Le Petit Andely, flohen in die Burg. Château Gaillard blieb für acht Monate uneinnehmbar. Frauen, Kinder, Alte und verwundete Krieger mussten die Festung verlassen. Es gab zu wenig zu essen. Doch die französischen Truppen sperrten den Durchmarsch in die Freiheit. So starben viele am Flussufer an Hunger und Kälte.

Und das Schicksal von Château Gaillard? Wie so oft entschied der Zufall. Bogis, ein junger, französischer Kriegsmann, bemerkte ein Loch in den mächtigen Festungsmauern. Tag und Nacht blieb es offen. So machte sich eines Nachts ein mutiger Stoßtrupp auf, in das Loch einzusteigen. Die Gallier rochen Exkremente. Sie fanden sich in der Normannen-Latrine. Die Eindringlinge kämpften gegen Gestank und Normannen und konnten das Tor öffnen. Château Gaillard fiel. Die Normandie kehrte zurück unter die französische Krone. Für zwei lange Jahre muss Margarete von Burgund 1314 in die Kerker von Château Gaillard. Sie war die Frau des jähzornigen Ludwigs X., König von Frankreich, und soll ihren Gatten betrogen haben. Der Böse will eine andere Frau heiraten und lässt sie 1316 erwürgen. Seit Ende des 16. Jh. blieb das Gemäuer unbewohnt, verfiel, diente als Steinbruch.

Les Andelys: Blumenritter

Die Festung gibt sich heute zugänglicher als einst. Der ausgeschilderte Fußweg führt 500 m von der Hängebrücke ortseinwärts nach rechts oben. Unser Aufstieg ist kurz und schweißtreibend. Für Fußfaule: Ein ausgeschilderter Fahrweg führt über eine große Schleife zu einem großzügigen Burg-Parkplatz. Der jahrhundertelang als Steinbruch genutzte Militärbau entpuppt sich als recht respektable Ruine, trägt seit 1862 den Grad eines historischen, also geschützten Denkmals und ertrug seither mehrere Restaurationswellen.

Der gewaltige Bergfried mit seinen 8 m Innendurchmesser und die 5 m dicken Mauern werden nicht die letzten Kriegsbauten unserer Reise sein. Wo früher Waffenknechte den Zugang verwehrten, steht heute eine Kasse. Die Aussicht auf das weitgeschwungene Tal der Seine, auf ihre

Kreidefelsen und auf die Landschaft des Vexin begeistert. Der vielbesungene Fluss entspringt in Burgund und fließt über 776 km zur Kanalküste, durchquert die Normandie in weiten, prachtvollen Mäandern und erreicht dabei eine beachtliche Breite von 200-300 Metern.

Oberhalb der Festung, am Waldausläufer, liegt der optimale Fotostandpunkt für ein Panoramabild mit Seine, Kreidefelsen, Tallandschaft, dazu die Festungsruine als Vordergrund. Der uneingeweihte Bildbetrachter mag später glauben, der Knipser hätte im Hubschrauber gesessen.

König kassiert, Minister hängt am Galgen

Wir verlassen die Kreidefelsen auf der Hauptstraße in Klein-Andely Rtg Groß-Andely und biegen nach links Rtg Gournay / Rouen auf die D 1 ab. Ein kleines Tal beherbergt dieses kurvige, hügelige Sträßchen, das solides Verstauen im Wohnwagen verlangt. Sonst greift die Schwerkraft. Die Doppeltürme von Ecouis ragen bereits ins Blickfeld. Sie gehören zu der Kollegiatkirche Notre Dame aus dem 14. Jahrhundert. Kollegiatkirche heißt Eigenständigkeit. Weder ein Bischof noch ein Klosterabt hatten das Sagen. Das große Geld für die drei-jährige Bauzeit kam von Enguerrand de Marigny, bis 1315 Finanzchef des französischen Königs Philipp, Beiname: der Schöne. Marigny wurde Opfer von Intrigen, endete am Galgen und liegt in der Kirche begraben. Sein Bruder amtierte als Erzbischof von Rouen. Also alles vernetzt.

Ecouis: Kollegial-Kathedrale

Das knapp 800 Einwohner zählende Ecouis hält nicht lange auf. Unser nächstes Nahziel ist Lyons-la-Forêt über die D 2. Die bevölkern Radfahrer und Lauffreudige. Am Waldesrand liegen schwarz-weiß gefleckte Kühe herum. Durch einen Tunnel. Anschließend führt eine Abzweigung auf die D 12/D 715 zur Abtei-Ruine Mortemer. Die Abtei liegt in einem regenverhangenen, waldumsäumten Tal.

Das ist auch das Beeindruckendste. Auf dem Abtei-Gelände tummeln sich von Pfingsten bis Ende August rund 100 Historiendarsteller. Da spazieren echt gewandet mittelalterliche Adelsdamen herum, Gaukler und Marktweiber. Eine Boutique unter Bäumen bietet vor allem für Kinder teure Mittelalter-Mode an, die von Großeltern für Dreikäsehoch-Enkel gekauft wird. Am Fassstand wollen Mönche Geld für Alkohol.

Abtei Mortemer: Schattenfrau will ans Licht

Friedliche Wikinger, Widerspruch in sich, buhlen um Kundschaft. Im nahen See führen junge Adelsdarsteller mit viel Megaphontechnik Prinzenstechen auf. Die Mannschaften rudern auf zwei Booten gegen einander. Zwei Wackere versuchen, mit Lanzen den Gegner in den See zu werfen. Dabei regiert das Drehbuch. Der Park kostet beträchtlich Eintritt, ist 13h30-18h täglich geöffnet. Die Abtei stammt aus dem 12. und 13. Jahrhundert, hatte da ihre große Zeit und kümmert seit Ende des 17. Jh. vor sich hin. Auf dem Gelände steht noch ein Taubenturm. Ein Mini-Zug holpert durch das Areal. Wer den kleinen Nachwuchs nicht teuer beschäftigen will, kann die Abtei vermeiden.

Taubenhaus bei Fry/Nolleval an der D 921

Kleinod im Buchenwald

Inmitten des von vielen Wanderwegen durchzogenen wohl größten und gewiss schönsten europäischen Buchenwaldes erreichen wir Lyons-la-Forêt/ Lyons-am-Wald. Eine Markthalle aus dem 18. Jh. bannt sofort den Blick. Nach allen Seiten offen, gestützt von kräftigen Eichenstämmen, prägt die mehrfache Filmkulisse den

Alle Blicke gelten dem Fotografen. Wer hat das schon?
Grüßen, es könnten Bekannte dabei sein.
Ulnd wer ist die Leitkuh?
Ansonsten: Die glückliche Kuh erwählt den Stier.

Ortskern. Im Dachgeschoss der Halle bietet eine plaudernde Malerin ihre Werke an. Prachtvoll restaurierte Fach-

Lyons-la-Forêt, nach dem gallischen Gott Lug benannt:
Markthalle auf Eichenstämmen

werkhäuser rahmen den Marktplatz ein. Und der Touristen, teils mit Schicki-Micki-Flair, gibt es viele zur Sommerkernzeit in der als einem der schönsten Orte Frankreichs beschriebenen 850-Seelen-Gemeinde. Diesen Titel trägt Lyons-la-Forêt zu Recht. Hier mag die historisch gewachsene Normandie im Kleinen versammelt sein. Das kann diese ruhmreiche Provinz nur noch selten bieten, da die alte Normandie im Feuersturm der Invasion unterging. Um die Ortsmitte herum verläuft sich die Bausubstanz ins Gewöhnliche.

Weiter Rtg Forges-les-Eaux am Lyonser Vier-Sterne-Camping vorbei. Seitlich -ostwärts- in den Wäldern ruht das Schloss Fleury-la-Forêt. Die D 921 schlängelt durch den Wald. La Feuillie präsentiert einen Kirchturm von 52 m Höhe, der von der Spitze bis zum Boden mit Schiefer gedeckt ist. Die Ortschaft besteht aus Nachkriegsbauten. Die Vorgänger fielen der Invasion 1944 zum Opfer.

Kur- und Badeort

Im Eawy-Wald, 3 km n-w von Pommeréval:
V 1-Stellung (außer Betrieb)

Mannshohe Hecken und reichlich Waldstücke prägen die Landschaft. 20 km weiter kommen wir zu dem Badeort Forges-les-Eaux, ursprünglich ein Schmiedeort mit Anfängen aus der Römerzeit, auf der D 921. Forges hat ein Freibad und ist ein Kurort mit mehreren, schönen Parks. Bei den Heilquellen strebten im 17. Jahrhundert Ludwig XIII., seine auch sonst suchende Königin, und der machtbewusste Kardinal Richelieu nach Linderung von irdischer Pein.

Die Heilwässerchen des Ortes sollen der französischen Königin, Anna von Österreich, eine folgenreiche Schwangerschaft beschert haben und das nach 20-jähriger Kinderlosigkeit. Das Produkt hieß Ludwig XIV., der Mann des Versailler Schlosses, der verbrannten Pfalz, der Annektion des Elsass, Vater vieler Kriege, Herr mannigfaltiger Mätressen und bankrotter Staatsfinanzen. Allerdings rühmt sich der auvergnatische Badeort Vic-sur-Cère ebenso, mit seinen Wässerchen Anna von Österreich befruchtet zu haben. Rtg Dieppe auf der D 915. Beidseitig der Straße stehen teils zu schmucken Ferienhäusern umgewandelte Bauernhöfe .

In einigen Normandie-Siedlungen sind bis über 60% der Behausungen Zweitwohnungen. Wem in Paris die Decke auf den Kopf fällt, fährt in die Normandie, falls er außer der Decke auf dem Kopf noch kräftig Geld hat. Wir überqueren wiederholt die Bahn. Bei Gleisübergängen in Frankreich ist es ratsam, langsam zu fahren. Die Achsen danken, das Wohnwagengehäuse auch. 11 km nach Forges ist an der linken/westlichen Straßenseite der nennenswerte Picknickplatz (aire de) Mainnemare eingerichtet, kein Wasser. Uns zieht es weiter. Im Anschluss an den Picknickplatz öffnet sich der Blick auf eine weite Tallandschaft.

La Feuillie – 52 m Schiefer

Die D 915 kreuzt bei dem Weiler Les Hayons die N 28/E 44/E 402, eine Straße aus dem Verkehrshochadel. Ungeduldige können auf der schnellen D 915 weiter Rtg Dieppe fahren. Wir biegen jedoch in die N 28 nach links Rtg St.-Saëns. Rtg St.-Saëns führt nach 1 km auf die D 929. Unter uns die Autobahn, und nach ein paar Metern erscheint Maucomble, ein kleines Nest. Aber wichtig. Denn hier biegen wir rechts ab in die D 118, Rtg Ventes-St.-Rémy.

Eawy-Wald

Die Strecke hat Wohnwagenbreite und taucht in den Wald ein. Nach einer Straßenkreuzung mitten im Wald entdekken wir rechter Hand einige kleine Bänke und Tische mit Papierkörben. Wir nutzen die Stätte zu einem Waldvesper und zu einem kleineren Spaziergang. Der Arzt hat ja größere Bewegungen untersagt. Oder war es nur das Horoskop, das warnte? Zurück auf der Straße müssen wir bei einer Kreuzung zwischen Les Ventes-St.-Rémy und Pommerval wählen. Richtung Pommerval, D 118. Wir durchstreifen - im Auto - Wald und kleinere Wiesen, auch Ferienhaus-Ausläufer von Les-Ventes.

Burgreste in Arques-la-Bataille

Die Straße wird etwas breiter. Das ist die D 12. Diese verfolgen wir 2 km bis ins Tal. Bei der D 97 nach links Rtg Rosay. Die D 97 führt an einem Camping auf dem Bauernhof - der Bauer bietet Ziegenkäse zum Verkauf an - vorbei und verläuft inzwischen in einem reizvollen Tal. Weiter nach Rosay, D 1. Diese stößt auf die D 154. Wir biegen nach rechts Rtg Bellencombre/Dieppe, D 154, links steht ein Kriegerdenkmal. Weiter nach Dieppe, D 154, längs der Varenne. Der kleine Fluss zieht im Zickzacklauf zum Kanal, vornehmer: im Mäanderlauf. Vor dem Dorf la Frenaye sehen wir große Fischteiche. Davor kann man rasten. Die Kühe tragen schwarz-weiß oder dunkelbraun. Das Tal der Varenne ist breit mit einer sanft ansteigenden Hügellandschaft. Torcy-le-Petit taucht auf und direkt danach führt nach links Rtg Bois-Robert, die D 107, zum Panorama vallée de la Varenne, Tal der Varenne. Die Erwartungen werden erfüllt. Wir genießen einen prächtigen Blick auf die Weite der Landschaft.

Vor uns das Meer

Weiter über die D 154 nach Dieppe. In Arques (2.800 Einwohner) grüßt die mehrfach umgebaute Burgruine aus dem 11. Jahrhundert. Der Beiname "La Bataille" berichtet

Dieppe: Schloss am Berg

von einer Schlacht. Der Protestanten-/Hugenotten-Chef und spätere französische König Heinrich IV. schlug 1589 hier die Katholiken. Die Rechtgläubigen mussten ihm anschließend Paris öffnen, ihn als König anerkennen. Als Gegenleistung nahm er den katholischen Glauben an. Eine Pyramide von 1827 will an dieses Gemetzel erinnern. Wir durchqueren Arques-la-Bataille. Arques heisst auch der Fluss, der verstärkt durch die Varenne, die Béthune und die Eulne durch Dieppe in den Ärmelkanal fließt.

Wir fahren direkt in das Hafengelände und an den 1.800 m langen Strandbereich von Dieppe am Boulevard de Verdun. Dieser ist breit angelegt. Hotels, ein geheiztes Schwimmbad mit Meereswasser und viele Parkplätze markieren das Gelände. An der Westseite, auf dem Berg, beherrscht das Schloss mit Teilen aus dem 16. bis 19 Jh. das ganze Panorama.

Heute beherbergen die Mauern ein Museum. Furchtbar überlaufen ist es nicht. Zur Sommerzeit führt ein Zugang vom Strand aus zum Tor. Sonst siehe Ausschilderung. Öffnung: 10h-12h, 14h-18h, geschlossen: dienstags 1. Okt. - 15. Juni, 1. Jan, 1. Mai, 1. Nov, 25. Dez. Sehenswert sind Schiffsmodelle aus dem 18. und 19. Jahrhundert, Karten und Navigationsinstrumente aus dem 16. und 17. Jahrhundert. Sonst finden sich Gemälde und eine Elfenbeinsammlung. Die Elfenbeinschnitzerei der Kunsthandwerker von Dieppe hatte im 17. Jahrhundert einen europaweiten Ruf.

Weiter stadteinwärts steht ein mächtiges Tor mit zwei

Dieppe: Fährhafen

Türmen, die Reste von einst fünf machtvollen Zugängen zur Stadt. Gegenüber bietet ein kleiner Rundturm zwischen Parkplatz und Ufer Wasser und WC. Nebenan finden wir auch das Verkehrsbüro. Der restliche Boulevard-Bereich umfasst einst repräsentative Nachkriegsbauten, Unmengen von tagsüber besetzten Parkplätzen und endlich eine breite, selbst im Sommer windige Strandpromenade.

Nacktbaden unter ärztlicher Aufsicht

Dieppe: Heißes Strandleben am Sommer-Sonntag

Davor erstreckt sich das mittlerweile wenig mondäne Seebad. Da dieses Gewässer mit zwei Autostunden - wenn ohne Stau - vor allen anderen Küstentreifen Paris am nächsten liegt, füllen Bewohner aus dem Seine-Becken den Diepper Strand bei fast jedem Sommerwetter. Die Besserverdienenden nutzten seit dem 16. Jh. die Diepper Meereswellen als Heilbäder. Im 18. Jahrhundert wurde einer Hofdame der Königin ein Bad im Meer in völlig entkleidetem Zustand verordnet, bei ärztlicher Aufsicht versteht sich. Die Dame will nicht allein ihre eigene Schamröte, so wird berichtet, sondern den rauschenden Stolz der Wellen verspürt haben, soviel blanke Schönheit zu umfassen. Besonders im 19. Jh. reiste die gelangweilte Oberschicht zur Auffrischung nach Dieppe. Am ostwärtigen Küstenende liegt der Fährhafen/car-ferry. Das Stadtzentrum schließt sich landeinwärts unmittelbar an den Strand- und Hafenbereich an.

Die Luftherrschaft über der recht großen Fußgängerzone von Dieppe haben die Seemöwen. Geschäfte und Cafés um die historische Grand(e) Rue sind auf britische Gäste eingestellt. Also am Rande von Gallien endlich eine Möglichkeit, ohne Französisch-Kenntnisse durchzukommen. In den engen Straßen quirlt das Publikum. Wenn es gerade mal nicht regnet, macht die Ecke richtig Spaß. Dieppe zählt 35.000 Einwohner. Sie leben von den Touristen und dem Hafen (Passagier-, Fischerei-, Handelshafen).

Man kann 6 mal täglich ab 04h00 nach Großbritannien ablegen. Es werden Tagesfahrten, Fahrten von 2 bis 5 Tagen angeboten. Alte Fischer-Viertel und moderne Hafeneinrichtungen stoßen aufeinander. Die Stadt wirkt als Anhängsel des Hafens und des ausgedehnten Strandes.

Frankreichs Tor zur Welt – Ziel britischer Kanonen

Der Hafen von Dieppe bedeutete für Frankreich bereits im 16. Jahrhundert Anschluss an die Weltmeere und vor allem Verbindung zur Neuen Welt in Amerika. Daran erinnert die Partnerschaft mit dem franko-kanadischen Quebec. Wagemutige Gallier liefen hier aus zu Entdeckungen fremder Länder und zu Kaperfahrten gegen die damals überreichen Portugiesen und plünderten deren Stützpunkte an der afrikanischen Küste. Die Kapitäne des Diepper Reeders und Freibeuters Ango sollen mehr als 300 portugiesische Schiffe aufgebracht haben. Der so erworbene Reichtum floss in die Stadt. Der prachtvolle Landsitz von Ango, Manoir d'Ango, inzwischen Kulturgut, steht in Varengeville. Freibeuter, das waren schlicht freiberufliche Piraten, denen der französische König eine Lizenz zum Schiffe berauben und versenken gegen Beute-Anteil ausstellte. Bedingung: Keine Aktionen gegen Frankreichs Flotte.

Die zweite Front im Weltkrieg zwo: Dieppe 1942, Unternehmen "Jubilee"

Die lukrativen Gegner, das waren für die normannischen und bretonischen Freibeuter im 16./17. Jh. Spanier und Portuguiesen, dann mit großer Verve alle seefahrenden Engländer. Folge: Albions Flotte schoss 1694 Dieppe in Grund und Boden. Korsaren im Bunde mit der englischen Krone jagten Franzosen, Spanier und Portugiesen. Und alles nannte sich christliche Seefahrt..

Die moderne Bügelfachkraft, zumal männlich, kennt "Jubilee" als Sprühstärke mit Frischeduft. Doch das war schon mal anders. Im Jahre 1942, während die Deutsche Wehrmacht höchst bedrohlich für das Sowjetreich auf Stalingrad und zum Kaukasus vorstieß, drängte Stalin die Westmächte, auf dem europäischen Kontinent eine zweite Front gegen Deutschland zu eröffnen. Allerdings waren die Amerikaner und die Briten noch nicht in der Lage, eine großangelegte Landung durchzuführen. So unternahmen die Briten eine begrenzte Aktion, taktischer Name: "Jubilee / Jubiläum". Für was oder für wen Jubiläum verrät die Geschichte nicht.

Dieppe: Hoffnung am Strand

Notlösung Brückenkopf

Insgesamt landeten in den Morgenstunden des Mittwoch, 19. August 1942, zwei Brigaden in der Stärke von 6.086 in der Mehrzahl kanadische Soldaten an acht verschiedenen Punkten an dem 20 km breiten Küstenabschnitt zwischen Berneval im Osten bis Ste Marguerite im Westen mit Dieppe als Schwerpunkt.

Zum Vergleich: Die Invasionsküste im Juni 1944 maß ca 80 km in der Breite.

Die taktische Absicht sah vermutlich vor, einen zeitweiligen Brückenkopf zu errichten, dabei die deutsche Abwehr zu testen, ferner die Erbeutung deutscher Radartechnik, Zerstörung von Küstenbatterien und des Diepper Flugplatzes.

Da die im Raum Amiens stationierte 10. deutsche Panzerdivision innerhalb von 8 Stunden in die Landungskämpfe entscheidend eingreifen konnte, musste das Unternehmen zu diesem Zeitpunkt beendet und die gelandete Truppe wieder auf dem Rückmarsch über den Kanal sein.

Falls möglich sollte dauerhaft ein Brückenkopf errichtet werden. Dafür spricht, dass der Hafen von Dieppe Mittelpunkt der Operation war, dort 30 schwere Panzer gelandet wurden, um den Hafen in Besitz zu bekommen. Soweit der taktische Plan der Briten.

Dieppe: Schloss

Stalin getäuscht?

Politisch wollten die Briten sicherlich Stalin beruhigen. Der Sowjetherrscher fürchtete, die Westmächte warteten in aller Ruhe ab, bis die damaligen Militärgiganten NS-Deutschland und Sowjetrussland sich gegenseitig erschöpft hätten. Militärisch verfolgte die britische Führung an der Kanalküste bislang die Politik der Nadelstiche. Kleinere englische Kommandounternehmen zwangen die Deutschen, erhebliche Mittel und Kräfte für den Objektschutz bereitzustellen. Die Briten hatten im Februar 1942 bei einem Kommandounternehmen bei

Dieppe: Strandzone

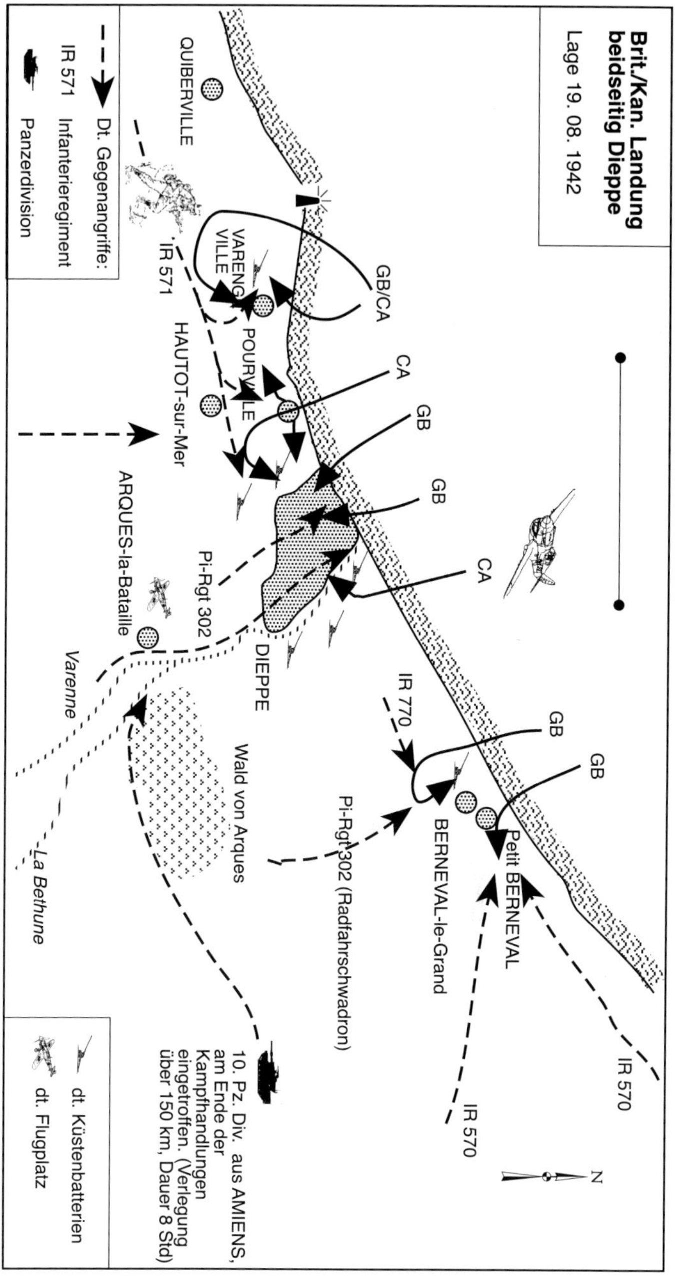

Bruneval, westlich Dieppe, deutsche Radargeräte mitgenommen. Dabei zeigten diese Apparate, dass die deutsche Entwicklung den Engländern voraus war.

In der Nacht zum 19. August 1942 wurden die anglokanadischen Soldaten in ihren Unterkünften alarmiert und ohne Einweisung unter Vorgabe eines Manövers direkt zu den Häfen transportiert. Um 03h00 traf die Landungsflotte auf einen deutschen Marineverband von Küstenmotorschiffen, der gerade von Boulogne nach Dieppe unterwegs war. Durch eine Leuchtrakete verschaffte sich der deutsche Verbandsführer, ein Oberleutnant, Klarheit. Die englische Landungsflotte war entdeckt. Das sich anschließende Seegefecht brachte beiden Seiten erhebliche Verluste.

Dieppe: Stadttor

Während ein britisches Kommando von 245 Mann die Batterie bei Varengeville zerstören konnte, endeten die Landungsoperationen auf der Promenade von Dieppe, am Strand von Pourville und ostwärts von Dieppe bei Puys sowie bei Berneval nicht zuletzt durch den erfolgreichen Einsatz der Luftwaffe in einem Desaster für die Anglokanadier. Schon um 9 Uhr erhielten die Kommandosoldaten den Befehl, sich wieder einzuschiffen. Die Royal Air Force konnte die Landungstruppen nur verlustreich unterstützen.

Kampf bis zum letzten Kanadier

Um 14h45 meldete die Einsatzleitung der deutschen Verbände den Abschluss der erfolgreichen Abwehr der Landung. Ab 16 Uhr hatten die Diepper Läden wieder geöffnet. Der Alltag kehrte zurück. Von den 6.000 Kanadiern waren 1.100 gefallen und 3.400 in deutsche Gefangenschaft geraten. Die britische Luftwaffe verlor über 106 Maschinen, die deutsche 48 Flugzeuge.

Der deutsche Propagandasender in Paris verkündete: "Die Briten kämpften bis zum letzten Kanadier". Insgesamt verstärkten die wenig erfolgreichen britischen Kommandoaktionen indirekt die deutsche Abwehr.

Bedeutsam für den Fortgang des Krieges waren die jeweiligen Schlussfolgerungen aus dem Unternehmen "Jubilee". Angesichts der materialintensiven Kriegsführung der Anglo-Amerikaner rechnete die deutsche militärische Führung damit, dass eine weitere alliierte Landung ohne zügige Inbesitznahme von leistungsfähigen Häfen nicht gelingen könnte. So stützte sich der entstehende Atlantikwall vor allem auf die massive Befestigung der Hafenanlagen. Die Briten hingegen gaben dem Versuch, stark verteidigte Großhäfen wie Cherbourg oder Le Havre intakt in die Hände zu bekommen, keine Chancen mehr. Sie entwickelten deshalb transportable Häfen. Reste davon liegen heute noch vor Arromanches.

Abtei Mortemer: Designer-Mittelalter. Im Hintergrund das Banner von Richard Löwenherz.

Stalin: Wer ist der Gegner?

Irritation und Mißsstrauen erzeugte das Dieppe-Abenteuer bei Stalin. Der Sowjetdiktator soll den gescheiterten Landungsversuch als ein politisches Zeichen der Westmäche an Hitler gedeutet haben, dass mit einer zweiten Front nicht ernsthaft zu rechnen sei. Eine Ansicht, die noch heute in der offizösen russischen Kriegsliteratur vertreten wird.

In der anglo-kanadischen Literatur ist über den britische Geheimdienst sogar zu lesen, er habe den Deutschen das Diepper Landeunternehmen signalisiert. US-Präsident Franklin D. Roosevelt und vor allem der brit. Premierminister Winston Churchill fürchteten bei einer deutschen Niederlage die sowjetrussische Vorherrschaft auf dem europäischen Kontinent. Noch 1943 berieten Roosevelt und Churchill über einen Frontwechsel (!) zugunsten des Deutschen Reiches. Großbritannien hat keine stetigen Freunde, nur stetige Interessen, so die traditionelle britische Politik. Die Angelsachsen wollten die Sowjets so weit wie möglich im Osten aufhalten.

1992 und 2002 beging die Diepper Stadtverwaltung die 50/60-jährige Wiederkehr des Landedatums.

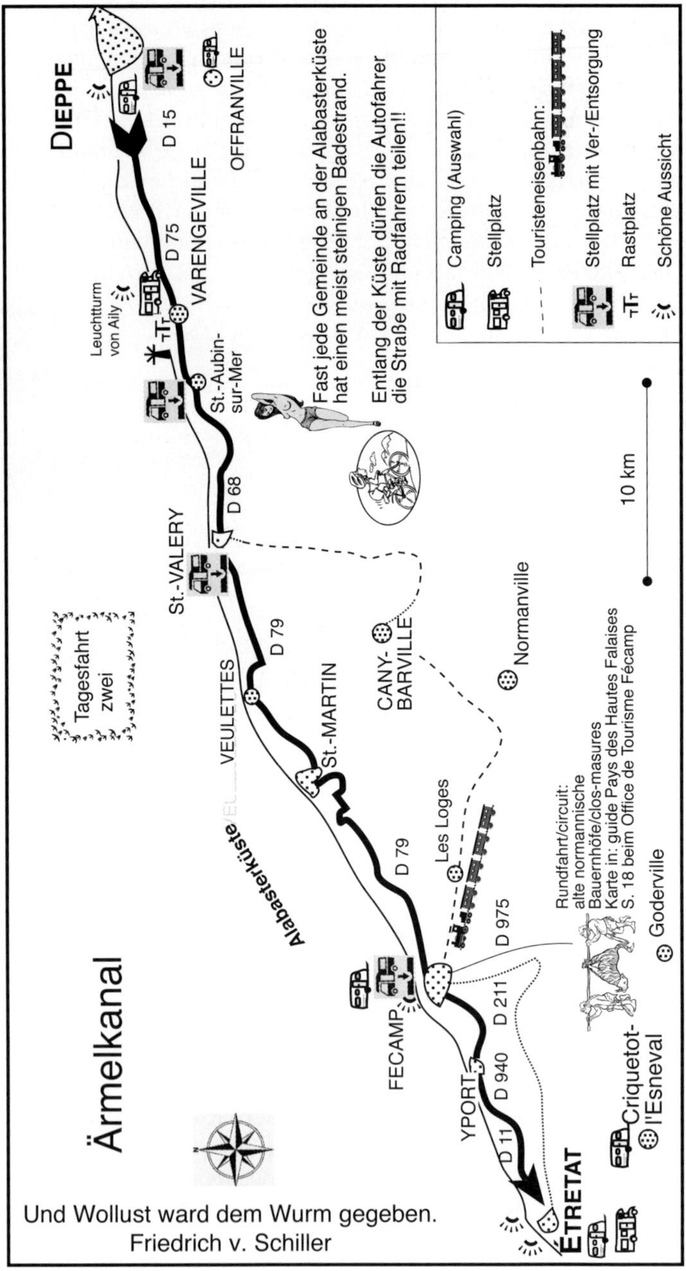

Strecke: **Dieppe** * Pourville-sur-Mer (D 68) * Saint-Aubin-sur-Mer * Veulettes-sur-Mer(D 79) * Fécamp (D 940) * Yport (D 11) * **Étretat.** 100 km

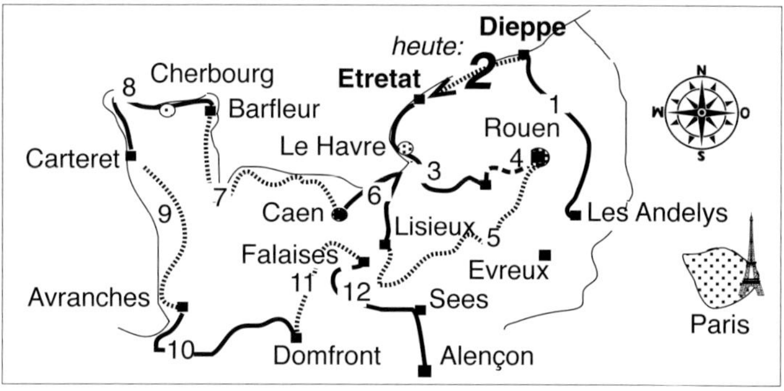

Besichtigen: Varengeville: Parc Floral des Moutiers 30'; daneben Friedhofskapelle mit Meeresblick 15'; St.-Valéry (Zivilbauten, Fachwerk) 30'; Touristeneisenbahn Juli-Aug tgl.: St.-Valéry - Cany -Barville-Valmont-Fécamp-Epreville - Étretat; Loges-Étretat. Ailly-Leuchtturm 10h-12h,14h-17h; Étretat: Felsen, Bauernhof La Valaine.

Wandern: a) am Leuchtturm von Ailly (Dauer 2h-3h), b) Etretat: zum Aval-Felsen oder Amont-Felsen (einfach je 45') weiter bis Bénouville (einf 3h).

Picknick: a) Varengeville: Roman. Kapelle Verlängerung Rtg Parc Floral des Moutiers, b) Leuchtturm / phare d' Ailly.

Stellplatz: a) am Leuchtturm von Ailly, b) s. Picknick (a), c) St.-Valéry (am Westmolenfuß), d) Yport, e) Étretat. Siehe Stellplatzverzeichnis.

Camping: Fécamp; Criquetot-l'Esneval; Étretat, 1.500 m vom Strand entfernt.

Märkte: Veules-les-Roses: Mi; St.-Valéry: Fr, Sommer auch So; Fécamp: a) Sa, b) 17h-24h: Juli / August den 1. und 3. Fr.; Yport: Mi; Étretat: Do.

Entsorgung: St.-Aubin, St.-Valéry, Le Tréport. Siehe Stellplatzverzeichnis.

Tipp: 1.) Mini-Strand+Felsblick von Vaucottes. Zufahrt: Fécamp Rtg Etretat, Yport, D 211, Vaucottes. 2.) Schienentretrad Etretat-Les Loges Juli-Aug. zu mieten, nur über Reservierung Tel. 02 35 29 49 61.

Info: für das Département: Comité Départemental du Tourisme de Seine-Maritime: F 76420 Bihorel, Tel. 0033(0)2 35 12 10 10, Fax ..(0)2 35 59 86 04, www.seine-maritime-tourisme.com; Fécamp: Benedictinerpalast www.benedictine.fr. office de tourisme (Fremdenverkehrsbüro): Tel. 00 49 (0) 2 35 28 51 01, Fax (0)2 35 27 07 77, www.fecamptourisme.com. Etretat: Tel. (0)2 35 27 05 21, Fax (0) 35 28 87 20, www.etretat.com oder www.etretat.net

Britannien flaggt und kauft

Das Fahrt-Ambiente ändert sich. Ab Dieppe begleitet uns die See. Wir kommen auf der D 75 aus dem Landesinneren heraus auf die Bucht von Pourville-sur-Mer. Sofort öffnet sich ein prachtvoller Blick auf Bucht und Meer. Damit der Genuss auch einer bleibt und nicht zum Verkehrshindernis wird, haben die Franzosen an der Straße einen Parkplatz eingerichtet. Das Gelände ist gespickt mit Ferienwohnungen. In Pourville herrscht allgemeines Parkverbot für Gespanne und Wohnmobile. Dafür flattert wohl am langen Strand vielfach der Union-Jack. Weiter nach Varengeville-sur-Mer, D 15. Die D 15 geht etwas vom Meer weg. Die Küstengemeinden haben, anders als im Landesinneren, meist einen Partnerort in Großbritannien, nicht in Deutschland. Anfang des 19. Jahrhunderts haben Engländer die Normandie bereist, ihre historischen Wurzeln seit Wilhelm dem Eroberer gesucht, Reiseführer geschrieben und den Tourismus begründet. Die größte, ausländische Touristengruppe kommt immer noch von der Insel. Neuerdings kaufen sich Engländer am normannischen Immobilienmarkt satt. Wir gondeln durch eine Art Parklandschaft mit schönen, alten Häusern. Immer wieder Seitenwege rechts runter zum Meer mit Ausschilderung "la mer".

Pourville mit Kanadierstein

Blumen, Kapelle und der alte Wikinger

Im Künstlerort Varengeville folgen wir dem Schild zum Parc Floral des Moutiers. Der im englischen Stil gehaltene Park von 9 Hektar Größe ist auf einem Schlossgelände angelegt. Seine botanischen Anfänge liegen um 1900. Die Natur bietet die Blütenpracht von Ostern bis Allerheiligen. Das Haus wurde 1898 von einem englischen Architekten gebaut. Hunde sind nicht zugelassen. Geöffnet: 10h-12h und 14h-18h. Wir fahren die Straße weiter und kommen an den Friedhof mit einer romanischen Kapelle aus dem 12. Jh plus Veränderungen aus dem 13. und 15. Jahrhundert und einem herrlichem Blick aufs Meer. Dazu Parkplatz mit

Varengeville: Romanische Perle aus dem 12. Jh.
Stahl im Felsen bewahrt sie bislang vor dem Sturz ins Meer.

Wasserstelle im neuen Friedhofsteil - Wohnmobilaufenthalt auf 2h begrenzt. Der alte Friedhof, cimetière marin, genießt eine ähnliche Berühmtheit durch seine Meeresblick-Lage wie der Friedhof von Sète an der französischen Mittelküste. Varengeville besteht aus mehreren Weilern. Die einzelnen Ansiedlungen bergen zum Teil einen gehobenen Lebensstil. Der Name Varengeville, die "Stadt" des Varenge, geht auf einen nordischen Haudegen namens Waring (engl. war = Krieg) zurück, der diesen Flecken mal beherrschte.

Zurück auf die D 75 Rtg Fécamp. Zahlreiche Häuschen sind reetgedeckt. Die Orte gehen ineinander über. Nach Varengeville zweigt eine kleine Straße zum Phare/Leuchtturm d'Ailly ab. Von dort kann man - fast routinemäßig - den Blick aufs Meer richten. Am Picknickplatz ist eine Karte für markierte Rundwanderungen von ca 10 km aufgestellt. Die D 75 ist eng und kurvig. Die Landschaft kann nur der/die Beifahrer/in genießen. Hinter St.-Aubin nehmen wir die D 68, Rtg St.-Valéry-en-Caux. Die D 75 führt ins Landesinnere. Man hat das Gefühl, auf einer Hochfläche zu fahren. Viele Mopedfahrer/Radfahrer bereichern das Verkehrsgeschehen. Zur Steilküste sind es rechts nur wenige hundert Meter. Durch kleine Täler, "valleuses" genannt, führen Wege zum Ufer. Oberhalb der Steilküste verlaufen markierte Wanderwege. Die Campingplätze an der Küste werden meist von Jahrescampern genutzt. Das Hinweisschild zum Strand "la plage" entwickelt sich zur Dauereinrichtung. Erfreulicherweise führen hin und wieder reine Fußwege/voies piétonnes zum Wasser. Die meisten Gemeindestrände haben eigene Gebühren-Parkplätze .

Ein schönes Kamel in Sotteville

Elf Mühlen

Wir streifen Veules-les-Roses. Normalerweise hat dieser Ort knapp 700 Einwohner. Im Sommer etwas mehr. Durch Veules fließt sinnigerweise die Veules. Diese ist mit 1.194 m der kürzeste Fluss Frankreichs und hat Quelle und Mündung im Dorfbereich. Im Ort stehen noch elf Mühlen. La Veules-les-Roses wurde Ende des 19. Jahrhunderts als Badeort entdeckt und mauserte sich zum Modebad. Seine - küstenüblichen - Badebauten werden als neo-normannischer Stil bezeichnet oder verspottet. Die Gemeinde hat einen hübschen 3,5 km langen Spazierweg zum Genuss der örtlichen Schönheiten angelegt. Doch Gespanne und Wohnmobile sind unerwünscht.

Unsere Normandie-Ufer-Strecke ist eine ständige Berg- und Talfahrt. Halbkreisförmige, eintönige Sandbuchten wechseln sich mit majestätischer Felsküste ab. Die hellen Felswände inspirierten zur Bezeichnung Alabasterküste. "Kreide" ist ja schon vielerorts im Gebrauch. Weiter D 925 Rtg Fécamp. Mit "belvédère" beschriebene Straßenschilder weisen laufend auf Aussichtsplattformen hin. Sie sind meist auf festem Grund gebaut, auf Bunker des ehemaligen Atlantikwalls. Die Anti-Befreiungsbollwerke haben sich verblüffend gut gehalten. Allerdings nagt die Erosion am Untergrund. So mancher stürzte bereits die Felsenküste hinab. Überhaupt ist die Steilküste sehr tückisch. Die Kreideklippen sind brüchig und ständig der Erosion ausgesetzt. So ist es verboten und wenig ratsam, direkt an den Felsenrand zu gehen. Jährlich brechen an der normannischen Küste rund drei Millionen Kubikmeter ins Meer weg. Längs der Küste verläuft ein rot-weiß markierter Wanderweg, die GR/Grande Randonnée 21 (Teil des Fernwanderwegenetzes). Auf diesem Weg kann man die Küste bestens und gefahrlos kennenlernen. Und immer wieder am Straßenrand Aufruf-Tafeln zur Radfahrerduldung.

Weiter nach St.-Valéry, jedoch nicht die LKW-Strecke. Am Hang, mit Blick aufs Meer, hat die Gemeinde ihren Camping angelegt. Windstille herrscht nur im Wohnwagen oder Wohnmobil. Eine Treppe führt vom Hafen am Camping vorbei zur Aussichtsplatte auf dem Felsvorsprung Falaise d'Amont, dem landzugewandten Felsen. Oben genießen wir einen weiten Blick auf Stadt, Hafen und Meer sowie das diebische Vergnügen, all die Autofahrer von hoch oben bei ihrer vergeblichen Parkplatzsuche im Hafenbereich zu beobachten. Wer unbedingt in Strandnähe sein Wägelchen abstellen will, hält das Parkplatzleben und seinen Kreislauf in Schwung.

Wir durchfahren derzeit die Lande Caux. So heißt die Gegend um St.-Valéry-en-Caux/in Caux. Wie überall in Frankreich, dem Lande der gesegneten Mahlzeit, ist auch hier der Tisch voll. Wie wäre es mit etwas Hühnerfleisch/poule, Steinbutt/turbot oder Kabeljau/morue, einem Schnitzel/escalope, Muscheln/moules, gar Jakobsmuscheln/coquilles de Saint Jacques dazu die regionalen Getränke cidre, pommeau oder calvados?

Leuchtturm von Ailly mit 80 km Reichweite, offen: 10-12h,14-17h

Fortune ohne Glück

Die Gedenkstätte auf dem Plateau erinnert an das IX. französische Korps unter General Ihler und die 5. schottische Hochland-Division unter General Fortune, die hier Anfang Juni 1940 vergeblich versuchten, den Vorstoß der 7. deutschen Panzerdivision (von den Franzosen Geisterdivision getauft) unter Rommel zu stoppen oder zu verzögern. Die Schotten waren nach dem Dünkirchen-Debakel noch der einzige britische Großverband in Frankreich. Irdischer Nebel und deutsche Artillerie verhinderten die Evakuierung der Briten auf zwei in Küstennähe operierende Zerstörer. 50.000 Mann, darunter 12 Generäle, gerieten hier am 11. Juni 1940 in deutsche Kriegsgefangenschaft. Knapp 60 Panzer, 100 Geschütze und 1.400 Fahrzeuge konnte die Rommel-Division erbeuten. An der Gedenkplatte steht auch ein Stein zu Ehren zweier französischer Piloten, die 1930 zum ersten Mal ein Flugzeug von Paris nach New-York geflogen haben. Deren Flugstrecke hat hier Frankreichs Erde verlassen.

St.-Valéry-en-Caux.
Stellplatz im oberen Bilddrittel.

Am ersten Mai-Samstag gibt es in St.-Valéry einen Foire-à-Tout, einen Flohmarkt. Eine Zugbrücke verbindet die durch den Fischereihafenkanal getrennten Ortsteile. Das Seebad bietet noch Strandpromenade und Kieselküste. Weiter Rtg Veulettes-sur-Mer D 79. Vorbei an dem stacheldrahtbewehrten, elektronuklearen Forschungs-Kraftwerk von Paluel. Es hat eine Kapazität von 5.200 Mega-Watt. Das entspricht vier oder fünf Blocks. Die D 79 führt vorbei an älteren Backstein-Ferienhäuschen, eine Strecke mit Wohnwagenbreite.

Strohhütten-Schickeria

Nicht unbeachtet bleiben sollen die chaumières/Strohhütten. Manche erfüllen noch einen niedrigen Zweck. Sie verfallen oder bewahren irgendwelches altes Zeug auf. Andere sind dagegen zur postmodernen Schickimicki-Bleibe mutiert. Das normannische - senkrechte - Fachwerk glänzt in frischen Farben. Unterwegs fallen immer wieder schöne Häuser auf, die aus der vorletzten Jahrhundertwende stammen, aus der Blütezeit des Bourgeois. Madame hatte Köchin, Waschfrau, Gärtner, Kutscher, Kinderfräulein und viel Frust. Heute ist davon manches verloren gegangen. Zwischen Les Petites Dalles und Les Grandes Dalles (wörtlich: die kleinen bzw großen Steinplatten) wechseln wir von der D 68 in die D 79. St.-Pierre bedankt sich mit "merci de votre visite". In Eletot weist ein Weg zu la mer valleuse d'Eletot ("valleuse" ist ein normannisches Dialektwort und bedeutet "kleines Tal" oder "zum Meer zugewandtes Tal").

St.-Valéry: Hafeneinfahrt mit Hebebrücke

Der Weg zum Meer am Felsen und sogar durch den Felsen führt etwas abenteuerlich über eine -verbotene- Treppe. Die Sicherung ist nicht toll. Dann weiter auf der D 925 für 200 m, dann D 79, Senneville nach Fécamp. Rechts tauchen Leuchtturm und Kirche Notre-Dame von Fécamp auf. Zuvor ein Blick am Aussichtspunkt auf die Bucht von Fécamp. Der erste Eindruck trügt nicht. Ins Auge fällt der wichtige Handels-, Fischerei-, Segel- und Yachthafen der 22. 000 Einwohner-Stadt. Ihre Verkehrsbetriebe führen als Logo ein Wikingerschiff. Und damit sind wir fast an der Quelle der Ursprünge und der Existenzgrundlage von Fécamp. Die Gründungslegende besagt, dass in frühchristlicher Zeit ein Feigenbaum übers weite Meer seinen Weg nach hierher fand. An dieser Stätte schlug er wider aller Expertenmeinung Wurzeln. Schon damals hatte die Zunft kein Glück. Doch nicht genug damit. Kirchenleute fanden in den Spalten des Baumes ein Fläschchen mit Blutstropfen. Der Absender - glaubenstreu nachgewiesen - war ein Jünger Jesu, der Joseph von Arimathia oder dessen Neffe Isaak. Joseph hatte Jesus im Felsengrab bestattet. Damit taucht er in der Bibel bei Markus 15,43f auf. Tatsächlich siedeln hier seit rund 2.500 Jahren Kelten, Römer, Franken, Norman-

Fécamp-Panorama: Handels-, Fischerei-, Segel-,Yachthafen - Herz und Seele der Stadt -

nen. Im Mittelalter war Fécamp Herzogsstadt. Juni 1940 kam hier Rommel mit seiner Panzern vorbei.

Pilger bringen Geld

Fischfangmetropole Fécamp: Hafen + 110 m hohes Cap Fagnet mit ehem. verbunkerter deutscher Radarstation - heute außer Betrieb aber Programmteil der städtischen Touristen-Animation.

Die Joseph-Reliquie liegt heute in der Église de la Trinité, der prachtvollen, ursprünglich romanischen, 127 m langschiffigen, mittelalterlich musikalisch beschallten Abteidreifaltigkeitskirche mit Rathaus als Anhängsel, mächtige Reste des einstigen Klosters. Bei unserem Besuch stritten sich am Eingang zwei italienische Elternpaare mit ihren heftig halbwüchsigen Söhnen über die Kirchenbesichtigung. Ergebnis: Die vier Jungs zogen befreit ab. Die Eltern konnten die Dreifaltigkeitskirche stressfrei bewundern.

Fécamp: Dreifaltigkeitskirche mit astronomischer Gezeitenuhr - innen alles schöner als außen.

Zurück zur Reliquie. Eine solche, nach den Empfindungen der damaligen Zeit glänzend aufgebaute und offenbar gekonnt vermarktete Gründungslegende war im Mittelalter ein höchst wertvoller Standortvorteil für Mächtige und Geschäftsleute. Im 10. und 11. Jahrhundert ließen die Normannenherzöge Wilhelm Langschwert und sein Sohn Richard II. in Fécamp zwei Kirchen und ein Kloster errichten. Die Abtei expandierte kräftig bis zum 12. Jahrhundert. Der Pilgerstrom boomte wie nirgends in der Normandie. Die christliche Eroberung des christlichen Englands durch die Dänen-Normannen 1066 und die rabiate Durchsetzung ihrer Herrschaft auf der Insel brachten viel Beute-Gold und Beute-Silber in die geheiligten Mauern von Fécamp.

Tod - Not - Brot

An der Hafenpromenade Albert I. steht das gut bestückte Schiffs- und Fischereimuseum, Musée des Terre-Neuvas et de la Pêche, das 1988 eingerichtet wurde (geöffnet: täglich 10h00-12h00, 14h00-16h30, außerhalb der Saison dienstags geschlossen). Es gibt hervorragende Einblicke in das Leben der Küstenbevölkerung in den vergangenen Jahrhunderten. Am Eingang beeindruckt das Modell eines Wikinger-

Fécamp:
Touristenmagnet Schnapsschloss Benediktiner-Palais

schiffes. Diese Barbaren ließen sich in Fécamp nieder und brachten Schiffsbautechnik, Fischfang und Fischerhaltung mit.

Das Museum ist vor allem eine Stätte der Nostalgiker der guten, alten, für die Fischer jedoch gnadenlos harten Zeiten. Auf gerade 5 m langen Booten arbeiteten 20 Mann. Damit fuhren sie noch um 1800 für mehrere Monate bis in die Arktis. Zwei Mann stiegen in kleine Boote und legten lange Kordeln mit über 2.000 Angelhaken aus. Sie mussten sich dabei kilometerweit vom Mutter-Schiff entfernen. Die gefangenen Fische wurden an Bord verarbeitet und in Salz gelegt - eine mühevolle und höchst riskante Arbeit. Die Kosten für verlorenes Angelmaterial wurden den Seeleuten vom Lohn abgezogen.

Gottesheil und Segen für ihre langen Fahrten holten sich die Männer in der Kirche Notre-Dame-du-Salut. Viele Generation kämpften so um ihre Existenz. Die Konservatorin Mme Marie-Hélène Desjardins erzählt über den ausgestellten Teppich "Plage de Fécamp" von Jules Noël von

1871. Er sei nur durch die Spenden von Einwohnern der Stadt und dem Hauptsponsor des Museums, der Crédit fécampois, finanziert worden. Noch um 1900 arbeiteten 2.500 Fischer aus Fécamp auf hoher See. Vor dreißig Jahren durchpflügten 15 Fischereigroßfangschiffe die arktischen Gewässer, um jährlich 21.000 Tonnen Kabeljau auf den Markt zu bringen.

Begegnung in Sotteville

Alexander der Große und 27 Kräuter

Wir schlendern über die Fußgängerzone und passieren den De-Gaulle-Platz. Der hieß noch vor Jahren Place Thiers nach dem Präsidenten der Französischen Republik ab 1870. So erreichen wir nach 300 m das herrschaftlich hausende Verkehrsbüro und gegenüber den Palais Bénédictine zwischen Zentrum und Hafen. Das ist wahrlich keine Armenhütte. Der Grund für den gewaltigen Reichtum ist eine menschliche Lust und Last: der Alkohol. Die Internetseite (www.benedictine.fr) fragt jeden Nutzwilligen, ober er nach den Gesetzen seines Landes schon alkoholisch volljährig ist. Nur dann darf er weiterklicken.

Das überladene Gebäude birgt die Produktionsstätte des berühmten Likörs "Bénédictine". Ein Fécamper Kaufmann, Alexander später der Große, rekreierte 1863 nicht die mazedonische Reiterei, sondern ein flüssiges Kunstwerk. Der tüchtige Mann bekam ein Buch aus der Zeit vor der Französischen Revolution von 1789 in die Hand. Er entzifferte die verschlüsselten Angaben zur Herstellung klösterlicher Freuden, die ein Benediktinermönch in dem Buch niedergelegt hatte. Anfang des 16. Jh. entwickelte im Fécamp-Kloster ein Venezianer Mönch die liquide Labsal.

Schnapsbrenngerät

Alexander nahm die durch Revolution und Benediktinerniedergang unterbrochene Produktion wieder auf und wurde rasch reich. Der aus 27 Pflanzen und Kräutern gewonnene Likör fand weltweit über 600 Folgeproduktionen.

Fußgängerbremse in Fécamp

Ein Kenner trinkt mit oder ohne Eiswürfel, auf jeden Fall immer langsam, mit Kakao oder Sekt, zuweilen Bénédictine mit Brandy, kurz "B and B". Im Museum lassen sich der Werdegang des Likörs, eine 500 Flaschen-Plagiaten-Pyramide, Kräutersammlung, Klosterbücher, Kunstschmiedearbeiten usw, eine künstlerische Wechselausstellung bewundern (geöffnet für die 130.000 jährlichen Besucher: 0502-0104: 10h30-13h45, 14h00-18h00. 0204-0107: 10h00-13h00, 14h00-18h30. 0207-0409: 10h00-19h00. 0509-0910: 10h00-13h00, 14h00-18h30. 1010-3112: 10h30-13h00, 14h00-18h00).

Der Schnapsmillionär wurde Begründer des modernen Fécamp-Tourismus.

Kleinod Kreide-Klippe

Weiter nach Yport/Étretat, D 940, dann D 211. Durch Criquebœuf, eine ländlich vielleicht auch sittliche Gemeinde. Weiter Rtg Vattetot. Die D 211 schraubt sich etwas empor. Doppelte Leitplanken mahnen zur Vorsicht.

Gleich zu Anfang: Wildes Camping ist in Étretat ausdrücklich verboten. Toleriert wird ein ordentlich geparktes Wohnmobil. Freie Parkplätze sind, zumal in Strandnähe, dünn gesät. Ein guter Park- und Stellplatz ist am alten Bahnhof zu finden. Der dient heute als Endstation der Touristenbahn. Zufahrt am Ortsrand aus Rtg Yport gleich links. Von da bleiben ein paar Hundert Meter zum Strand.

Am Ufer können wir sofort das großartige, klassische Felsenpanorama wahrnehmen. Links/westlich der Küstenabwärtsfelsen/Falaise d'Aval, Höhe 85 m, dem Jambourgtälchen/Valleuse de Jambourg, mit seinen bizarren Fels-Toren/Porte d'Aval und La Manneporte, der Fels-Spitze/l'Aiguille, nebenan landeinwärts zeitgeistig eine Golfanlage mit 18 Löchern. Rechts/ostwärts der Küstenaufwärtsfelsen, Falaise d'Amont plus Kapelle, Museu und 60^0-schräger

Obelisk, beides Gedenkstätte für - mal etwas anderes - zwei 1927 über dem Atlantik verschollene, französische Flieger.

Die Namensliste ist lang der suchenden Schreiber, Zeichner, Dichter, Maler, Fotografen, die seit Anfang des 19. Jh. durch Blick auf die Etretater Felsenwunderwelt wachsen wollen und wollten, Eigenwerk und Mensch damit schmücken. Die Anhebungen sind besteigbar.

Wir mühen uns auf den Felsen/Falaise d'Aval (182 Stufen, einfach 45', brauchbares Schuhwerk angenehm). Es ist

Etretat: Markthalle Le "Vieux" Marché/der "Alte" Markt mit Tafel für ein Militärkrankenhaus im Ersten Weltkrieg.

windig und kühl. Ein kleiner, ehemaliger Beobachtung- und Feuerleitbunker aus Wehrmachtszeiten auf der Höhe mutiert zur wilden, stinkenden Müllstätte. Der Blick von oben auf Tore, Spitze, Kreidewände und Wasser lohnt, bleibt wirklich unvergesslich. Auf dem Rückweg schauen wir uns die Golfer-Künste an. Auf diesem Fleckchen Erde tummeln sich außer uns noch ein paar Mitbürger. Außerhalb der Saison sieht es günstiger aus. Für beide Felsen sind ca 3 h zu rechnen, da der dazwischenliegende Strand auch noch bewältigt werden muss, wobei der Avalhügel (1h30) alles bietet. Bei Ebbe kann man durch das Felsentor Aval zur Menschengrotte/Trou à l'Homme spazieren. Allerdings muss man vor Flutbeginn unbedingt (!) wieder zurück sein. Die Gezeiten-Zeiten liegen im Verkehrsbüro vor (les marées). Viele britische Flaggen und deutsche Autonummern bereichern das Straßenbild.

Stets offene Tore: Porte d'Aval/ Taltor + Felsnadel

Der Bauernhof Le Valaine, selbstbezeichnet Königreich der Ziegen, wirbt für seine Apfelmost/Cidre- +Ziegenkäseherstellung. Produktperlen sind Ziegenmilchschoko-Pralinen. Le Valaine liegt an der D 940 Rtg Le Havre und verkauft März-Nov tgl. Käse, Getränke, etc (9h00-12h30, 14h00-19h00). Picknickplatz/Toiletten. Führungen (1h) durch den Bauernhof Ostern-Nov Sonn-/+Feiertage 11h, Juli/Aug tgl 11h außer Do/Fr. Ein seltenes Angebot bekommt man im Aquarium Marin, Meereswasseraquarium, mit seinen über 100 Fischarten und Zeugnissen des Meeresbodens zu sehen. Es ist im Parc de Loisirs des Roches, in der Nähe der ostwärtigen Strandhälfte untergebracht (Öffnung Ostern bis Ende September täglich 10h00-12h00, 14h00-19h00; Juli/August durchgehend) - siehe jeweilige Ausschilderung. Der alte Markthalle wie auch der strandnahe Ortskern sind bestens

Monsieur Bernard Dherbécourt, Leitender Bauer von Le Valaine, inmitten seiner glücklichen Ziegen. Gemeinsames Produkt: Schokolade

hergerichtet. Sogar zwei Fachwerkfassaden aus dem 14./ 16.Jh hat man aus Lisieux hierher verpflanzt.

Sturm und Wasser können Etretat recht heftig bedrohen. Doch der Unwetterinvasion wird getrotzt. Von Fels zu Fels verläuft ein kleiner Atlantikwall. Kaimauerlücken werden mit vorbereiteten Balken geschlossen. Rote Keile sichern die Bohlen. Davor sammelt sich Treibgut.

und:
La Manneporte/Weidenkorbtor

Prinz auf dem Scheiterhaufen

Nicht nur gegen Unbill der Natur verstehen sich die Etretater zu wappnen. Im Jahre 1884 besuchte ein indischer Prinz, Bapu Saheb Ghatjay, mit großem Gefolge den Badeort. Der Prinz erkrankte schwer und starb. Die begleitenden Angehörigen baten den Bürgermeister um Erlaubnis für eine Feuerbestattung in der folgenden Nacht auf offenem Scheiterhaufen - nach Hindu-Ritus. Das zu genehmigen war im republikanischen Frankreich die Sache des Präfekten, des einst mächtigen Stellvertreters irdischer Obrigkeit im Département.

Der Bürgermeister telegraphierte kurz vor Dienstschluss, damals 20 Uhr, an die Behörde, wohl wissend, dass da kein Präfekt mehr an seinem Schreibtisch saß. Der Scheiterhaufen wurde auf 1 m aufgerichtet, angezündet und die Bestattungzeremonie bald vollendet. Nur die Angehörigen nahmen Anteil. Die Reste des Prinzen gingen per Schiff nach Ostasien. Am späten Morgen traf die Präfektenantwort ein: "Einäscherung ausdrücklich verboten". Da waren aber alle Spuren längst beseitigt. Asterix hat mal wieder gewonnen.

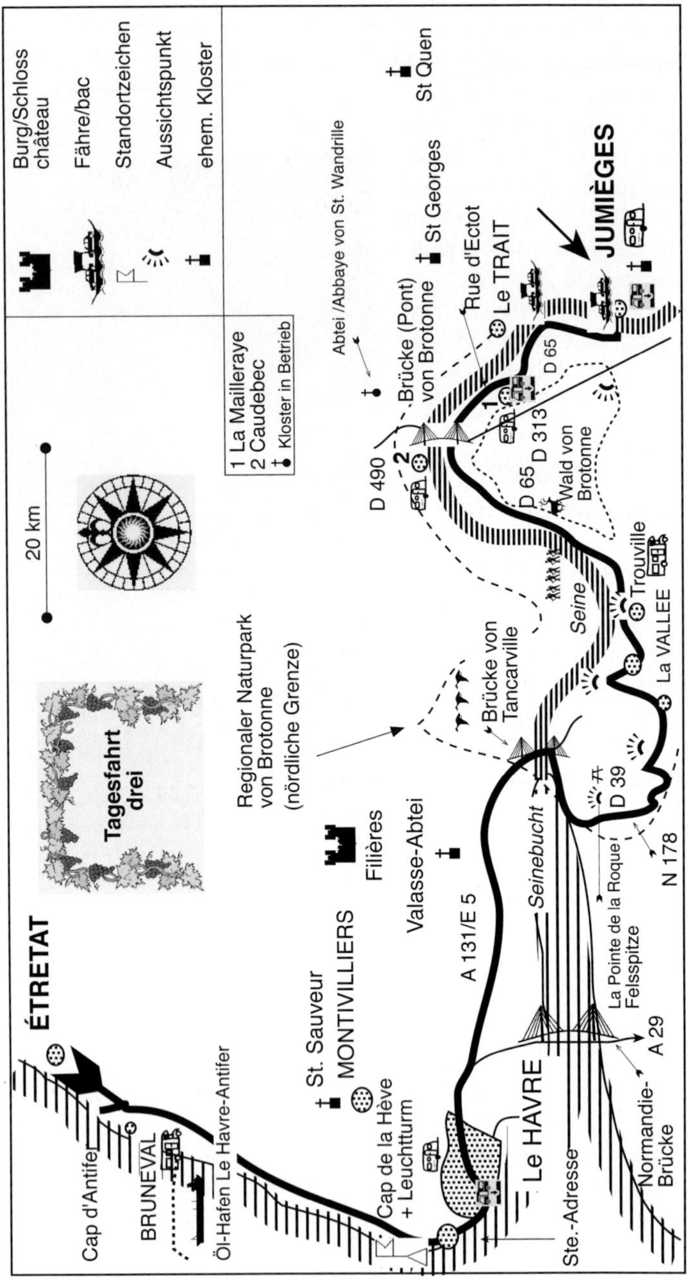

Strecke: **Étretat** * Le Tilleul * Cap d'Antifer * Bruneval * St.-Jouin-Bruneval * auf die D 940 * Octeville-sur-Mer * Le Havre * Pont de Tancarville *

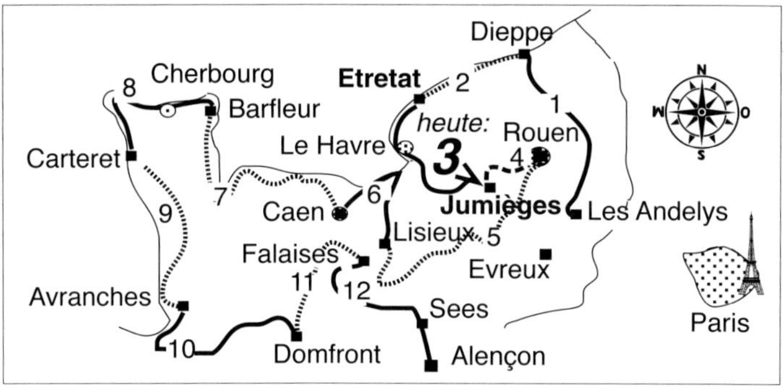

D 982 * N 178 * D 39 * St.-Samson-de-la-Roque * D 90 * Bouquelon * Trouville-la-Haule * Vieuxport * Aizier * D 95 * Pont de Brotonne * La Mailleraye * D 65 * Heurteauville * Fähre * **Jumièges.** - 110 km.

Besichtigen: Cap d'Antifer (30'). Innenstadt Le Havre (1h), Seefahrt- und Hafenmuseum im Hafen von Le Havre (2h). Parc naturel régional de Brotonne. Pointe de la Roque (30'). Pont de Botonne (30 '), Kloster (in Betrieb) St-Wandrille (2h). Seine-Ufer. Klosterruine Jumièges (1h), geöffnet: 1. April bis 15. Juni, 16. Sept bis 31. Okt., 09h00-12h00, 14h00-17h00, Wochenende: 09h00-12h30, 14h00-18h00, Mitte Juni-Mitte Sept. 09h00-18h30.

Wandern: im Parc de Brotonne, Rundwanderung von Jumièges aus.

Wasser: a) Parkplatz der Pont de Brotonne, b) Parkplatz vor Klosterruine Jumièges, c) La Mailleraye.

Picknick: Pointe de la Roque, s. Wasser (b,c),

Stellplatz: a) Strand von Le Tilleul, b) am Leuchtturm von Cap d'Antifer, c) Sportplatz von Trouville, d) La Mailleraye, e) Parkplatz an der Brotonne-Brücke, f) Jumièges. Siehe Stellplatzverzeichnis.

Camping: Trouville. Jumièges (2 Camping): Der bessere mit Seine-Strand ist an der Route du Mesnil oder, schöner, Camping in Mesnil-sous-Jumièges.

Märkte: Pont Audemer: Mo/Fr; Caudebec-en-Caux: Sa; Le Trait: Sa.

Abwasser: Le Havre, Jumièges, La Mailleraye.

Information: Le Havre: Tel.: (0)2 32 74 04 04 Fax (0) 2 35 42 38 39, www.lehavretourisme.com; Pont Audemer: Tel. (0) 32 41 08 21 Fax (0)2 32 57 11 12; Jumièges: Tel.: (0)2 35 37 24 15, Fax: (0)2 35 37 07 07, www.jumieges.fr

Öl-Hafen

Étretat bleibt mit seinen Prachtfelsen hinter uns. Über die D 940 schlagen wir die Richtung Le Havre ein. Der Taleinschnitt nimmt sein Ende, und die Straße gewinnt langsam an Höhe. Wanderer und Radfahrer haben nach Le Havre einen eigenen, markierten Weg (A+Radsymbol). 2 km nach Le Tilleul fahren wir nach rechts Rtg Phare d'Antifer auf der V 2. Der Leuchtturm taucht in respektabler Größe auf. Die Strecke hat Wohnwagenausmaße. In den Wiesen und Feldern lagern Bunker von der Wacht am Atlantik. Am Parkplatz des Cap d'Antifer-Leuchtturms pfeift der Wind beträchtlich. Hier scheinen weniger Touristen herzukommen. Das Meer und die tiefen Wolken machen Eindruck, bieten Nähe und Weite in einem. Zurück durch La Poterie-Cap d'Antifer nach Bruneval/St.-Jouin-Bruneval. Am Strand von Bruneval stinkt es bereits mächtig nach Öl. Die Umrisse des Öl-Hafens Le Havre-Antifer zeichnen sich an der Küste von St.-Jouin ab. Dieser Hafen ist seit 1976 in Betrieb. Tanker bis 550.000 Tonnen können Le Havre-Antifer anlaufen. Eine 27 km lange Öl-Pipeline transportiert das schwarze Gold zu den Raffinerien von Le Havre. Der Hafen wirkt leer und ist nicht mehr ausgelastet.

Ölhafen von Le Havre-Antifer

Sterben für Radar

Leuchtturm Antifer

Wir bemerken das Denkmal oberhalb des Strandes von Bruneval und steigen gemessen über die Stufen der - auch das giobt es - General-Charles-de-Gaulle-Treppe hoch. Eine Tafel teilt uns mit: "Der Sieg von Bruneval war auch derjenige von Frankreich". In der mondhellen Nacht vom 27. auf den 28. Februar 1942 sprangen britische Fallschirmjäger, ausgebildete Ingenieure, in der Nähe der deutschen Radarstation aus nur 40 m Höhe mit Spezialfallschirmen ab. Die Anlage war von Stacheldraht umgeben und Luftwaffensoldaten bewachten sie. Das soll keine Kritik sein. Der deutschen Wachtruppe war die Bedeutung des Objektes unbekannt und Wacheschieben gehörte und gehört nicht zu den militärischen Leidenschaften. Denn die Hälfte seines Lebens wacht der Soldat vergebens. Englische Flugzeuge über dem Kanal waren ohnehin nichts Neues.

So kam der Angriff des britischen Kommandotrupps vollkommen überraschend. Die Engländer erbeuteten das gesuchte Funkmessgerät. Eine alarmierte Infanteriekompanie versuchte die Briten aufzuhalten. Einige gelangten jedoch mit wichtigen Teilen des Radargerätes zu ihren Schiffen und nach England. Das deutsche Gerät arbeitete mit Dezimeterwellen. In diesem Wellenbereich entwickelten die Briten ebenso ihre Radargeräte. Sie stellten einen Entwicklungsvorsprung bei dem deutschen Funkmessgerät fest. Was die britischen Ingenieure allerdings nicht wussten, war, dass ihnen ein Versuchsapparat in die Hände gefallen war. Die deutschen Techniker hielten damals die Entwicklung von Geräten mit Wellenlängen von über einem Meter für besser. So stufte die deutsche Seite den Verlust als relativ gering ein, während die Briten ihre Entwicklung durch den vermeintlichen Rückstand noch stärker vorantrieben. Am Denkmal liegen frische Blumen. Zurück auf die D 111. Nach St.-Jouin-Bruneval, Le Havre, D 940.

Le Havre

Die Stadt begrüßt nicht mit Sirenengeheul aller Boote, sondern mit der Wohnperle Heilige Anschrift/Ste.-Adresse mit Blick aufs Meer. Hier verbrachte die Belgische Regierung den 1. Weltkrieg. Keine Spur von Großstadt oder Ölgestank. Die beste Übersicht über die Stadt mit den ausgedehnten Hafenanlagen bietet das Cap de la Hève, das Teil der

Durchbruch bei Eletot

Vor Le Havre:
Französischer Flugzeugträger Charles de Gaulle, kurz Charles. Besatzung 1.950 Mann. 45 Tage Operationsfreiheit ohne Nachschub, 40 Flugzeuge, Höchstgeschwindigkeit 27 Knoten, tgl 1.000 km Reichweite, 550 t Munition.

Küste von Ste-Adresse ist. Hier ist der Ausschilderung Phare/Leuchtturm zu folgen, also auf der D 940 auf der Höhe nach Ortsbeginn sofort Rtg Küste fahren. Danach gelangen wir über den empfohlenen Weg/itinéraire conseillé auf den Boulevard Albert Ier mit Yachthafen, 2 km Strand, Freibad und großen Parkflächen. Hier arbeitet auch das Office de Tourisme.

Nach links führt die Rue-Général-de-Gaulle (s. weitere Ausschilderung) zum Fort de Sainte-Adresse. Dort oben kann man die Stadt in Gänze überblicken. Der Strand am Boulevard Albert Ier bietet bei Ebbe Sand, bei Flut Kieselstein. An der "Ecke" der Hafenstraße ragt der Semaphor 52,40 m in die Lüfte. Der Turm stellt die Verbindung zwischen Hafendirektion und Schiffsführung her. Ab da beginnt der moderne Hafen.

Die Anlagen sind mit 21. 000 ha und 28 km Kai-Länge sehr weitläufig und geben rein gar nichts von der Hafenromantik, von der eine normale Landratte so träumt. Bahngleise, Kräne, Werfthallen, Container, riesige Tankbehälter, Fährschiffe, Containerschiffe usw. besiedeln das Hafengelände. Ein europäischer Welthafen eben. Auf den Wegen und Straßen im Hafen laufen ständig Leute umher. Es herrscht eine nüchterne Geschäftigkeit. Jährlich docken circa 7. 500 Schiffe an den Le Havre-Molen an - mit abnehmender Tendenz. Drei Bereiche garantieren einen ständigen Betrieb. Die Hafenbecken für Ebbe, für Flut und Becken mit konstantem Wasserspiegel. Der wird durch die Schleuse Franz I. von 1872 gewährleistet. Das gehört sich für den Hafen der Pariser Region der wirtschaftlich stärksten in Frankreich. Hafenrundfahrten/Visite du Port gibt es auch. Auskunft im Verkehrsbüro oder Tel. 02 35 28 99 53.

Franz I. war im 16. Jahrhundert König von Frankreich.

1517 befahl er die Gründung von Françoisville an der Mündung der Seine. Ein Hafen für seine Kriegsflotte entstand. 1525 geriet Franz in die Gefangenschaft des deutschen Kaisers Karl V., bändelte mit dessen Schwester an und kam bald wieder frei. Später setzte sich der politisch neutrale Stadtname "Le Havre" durch. Das germanische "le havre" ist heute nur noch als normannische Bezeichnung für einen kleinen Hafen gebräuchlich.

Le Havre: Kulturhaus Le Volcan

Das Hafen-Museum steht im Stadtviertel von St.-François. Man kommt dorthin, wenn man ständig der Straße parallel zum Ufer nachfährt, Boulevard Albert Ier, Boulevard Clemenceau, schließlich Quai C. Delavigne, nach links. Das musée de l' Ancien Havre, von Alt-Havre, ist in einem Haus neben der Kirche untergebracht. Geöffnet: Mittwoch bis Sonntag täglich, 10h00-12h00, 14h00-18h00, Eintritt frei. Ein weiteres Hafen- Museum ist in den Docks zu finden: Espace Maritime et Portuaire des docks Vauban. Geöffnet: Di/Mi/Sa/So 14h30-18h.

Le Havre: WK II-Denkmal auf dem Charles-de-Gaulle-Platz: Große Frau - kleine Soldatenmänner

Die Fahrt am Hafen und durch die Stadt vermittelt uns Deutschen ein vertrautes Bild. Alle Bauten sind modern. Keine verwinkelte Gassen mit schiefen Häusern. Le Havre, zur Festung erklärt, wurde vor allem im September 1944 völlig zerbombt. Dabei ging innerhalb weniger Stunden die Altstadt zugrunde. 5.000 Zivilpersonen starben, 80.000 Einwohner wurden obdachlos. Die Verluste der Wehrmacht waren gering. Die Deutschen sprengten die Hafenanlagen und gaben die Stadt erst am 12. September 1944 auf, also lange drei Monate nach Invasionsbeginn. Erst Mitte 1947 war der Hafen vom Schutt freigebaggert. Der Wiederaufbau der am meisten zerstör-

Normandie-Brücke 1992

ten Stadt Frankreichs konnte gegen Ende der 60er Jahre mit US-Unterstützung beendet werden.

Beton und Kunst

Der Neuaufbau der mit St. Petersburg verbundenen Stadt erinnert oberflächlich an alle möglichen Stilelemente. Bösartig könnte man sagen, eine Mischung von Paris 19. Jh. und stalinistisch-realsozialistischem Zuckerbäckerstil mit viel Beton. Der geistige Vater, der Architekt Auguste Perret als Magier, inzwischen mehr als Fanatiker des Stahlbetons gesehen, verwirklichte so ein einzigartiges Städtebaukonzept des Industriezeitalters. Breite, großzügige Boulevards mit viel Luft und Licht durchziehen die wiederaufgebaute Stadt. Die Industrie- und Universitätsstadt glänzt natürlich auch mit einem Rathausturm. Besonders eindrucksvoll ist das Kulturzentrum Le Volcan in der Nähe der Stadtmitte. Die massige Vulkanform aus Beton führt - je nach Geschmack - die Betonmanie ins Absurde. Nicht von ungefähr verspotten die Einwohner das Monster heute als Atommeiler.

Artillerie schützt den Wasserweg in Quillebbeuf

Drei Seine-Brücken

Wir verlassen Le Havre Rtg toutes directions und kommen, vorbei an bunt bemalten Hafenschuppen, an die Seine nach Tancarville, aus Le Havre heraus Rtg Tancarville auf der A 131-E 5, Rtg Pont de Tancarville. Die Brücke ist neben der Normandie-Brücke der Stolz französischer Brückenbauer. Sie wurde nach 3-jähriger Bauzeit 1959 eingeweiht, ist 1.400 m lang und hängt auf 48 m über Flut an zwei 125 m hohen Pfeilern. Das Mittelstück beträgt 608 m. An beiden Enden sind Parkplätze eingerichtet. Die Dritte im Bunde ist die Brücke von Brotonne einige Kilometer Seine-aufwärts. Zwei Hängebrücken, und eine Schrägseilbrücke (Pont de Normandie) gewaltig, imposant, gebührenpflichtig. Sie überspannen im großen Bogen die breit fließende Seine.

Die längste Schrägseilbrücke in Europa:
Normandie-Brücke, fertig ab 1995.
Gesamtlänge: 2.241 m
Größte Spannweite: 856 m
Für Kraftfahrzeuge, Radfahrer, Fußgänger.
Die Tragepfeiler (Pylone) sind 214, 77 m hoch.
184 Kabel halten die Brückentafel.
Das längste Seil ist 460 m lang.
In Japan steht eine Schrägseilbrücke von 1.990 m Spannweite.
Man kann sie beidseitig zu Fuß begehen. Start und Ziel: Raststätte am Ostufer, rechts vorbei, am Westufer unter der Brücke durch und zurück oder bis Parkplatz Gemarkung Honfleur und umgekehrt. Zufahrt Parkplatz Honfleur: Erster Kreisel nach Brückenabfahrt nach rechts, dann erste Abzweigung nach rechts.

Bis Rouen kann man auf einer Länge von 127 km die Seine sonst nur tagsüber und nur mit Fähren überqueren. Dadurch wird die wichtige Wasserstraße bis Rouen für die Hochseeschiffahrt freigehalten. Die Seine trennt so die Anrainergemeinden ziemlich empfindlich voneinander.

Leuchtturm antik

Vor der großen Brücke von Tancarville endet die Autobahn. Kleine Hindernisse bremsen den forschen Fahrer. Über die Seine weiter Rtg Pont-l'Evêque, N 178 nach der Brücke. Am anderen Ende der Brücke ist rechts ein Parkplatz. Von dem Parkplatz kann man auf einem unbefestigten Feldweg 300 m zurücklaufen und die Brücke fotografieren.

Seine-Fähre

Weiter Rtg Pont-l'Evêque, N 178. Die Nationalstraße durchzieht zügig ein durch Hügelkette und Kreidefelsen begrenztes Gebiet. Am Horizont sehen wir wieder den Hafen von Le Havre. Links auf der Felsenspitze Pointe de la Roque hoch oben steht ein Leuchtturm. Um auf die Felsenspitze zu kommen, biegt man nach 200 m links ab auf einen ziemlich wüsten Fernfahrerrastplatz, Relais Nord Bretagne. Von dort führt ein teils wohnwagenbreiter, asphaltierter 2 km langer Weg zur Pointe de la Roque. Wir sind bereits im regionalen Naturpark von Brotonne. Der Park trägt als Logo das Wikingerdrachenboot. Die Felsenspitze lockt mit Picknickplatz und prachtvoller Aussicht. Der Leuchtturm arbeitete von 1834 bis 1909, zuletzt mit elektrischem Licht. Mittlerweile sind Fenster eingeschlagen, und die Anlage scheint zu verfallen. Wer Regen, Sturm und Wind nicht scheut, und die scheuen wir alle nicht, der kann hier zeitweise sein Wohnmobil aufstellen. Offiziell jedoch nicht über Nacht gestattet.

In Trouville la-Haulle

Der Blick geht auf den Mündungsbereich der Seine, die Brücke der Normandie, auf die Tancarbrücke Seine aufwärts und auf den Marais Vernier, den Sumpf Vernier. Dieses moorige Naturschutzgebiet und einzigartige Biotop liegt in dem Dreieck Pointe de la Roque im Nord-Westen, Quillebœuf im Nord-Osten und der D 90 im Süden.

Das Gelände wurde vor Zeiten von der Seine vieladrig durchflossen und umfasst ca 5. 000 Hektar. Ein Lehrpfad informiert auf der Pointe de la Roque über den geologischen Wandel der Stätte seit 1 Million Jahren. Das Stetige ist eben die Veränderung. Die Tafeln zeigen Vögel und Pflanzen, die in der Seine-Mündung leben und gedeihen. Ein weiterer Info-Schub berichtet über unsere örtlichen Ahnen, die seit den Anfängen für Mensch und Getier von Interesse waren. Da hauste mal in einer Felsenhöhle ein Ungeheuer.

Childebert I., Frankenkönig im 6. Jh., befahl Samson, eigentlich Bischof von Dôle (heute Ostfrankreich), das Ungeheuer aus der Höhle zu entfernen. Samson band daraufhin dem Ungeheuer seine Bischofsschärpe um, befahl dem Felsen-Vieh, unter einen Stein zu kriechen und ewig dort zu bleiben. Das Getier soll unter dem Stein noch heute ausharren. Wenigstens seine Überreste. Samson brachte es später zum Heiligen.

Eine Orientierungstafel informiert über die verschiedenen Richtungen in die weite Welt. Wir senden unsere Grüße durch die Lüfte an Stadt und Erdkreis. Zurück zur N 178 Rtg Pont-l'Evêque. 300 m nach der Fernfahrerraststätte nach rechts auf die D 39, über die Risle, Rtg Le Marais-Vernier/Bouquelon. Die D 39 führt teils längs der Risle in ein

Abteikirche St.-Georges in St. Martin de Boscherville.
In der Revolution von 1789 zur Dorfkirche umgewidmet und so von Zerstörungen verschont.

ländliches Ambiente. Rechts sind Kühe, links sind Kühe. Wo trifft man in Deutschland soviel Vieh?

Auf die D 90, Rtg Bouquelon, ein kleines Dörflein mit Friedhof, Kirche und Rathaus. An der Dorfausfahrt mahnt ein Kreuz. Nach einigen Metern kommen wir auf die D 810, biegen nach links ein Rtg Ste.-Opportune. Wir passieren das hübsche Schloss von Thurien. Ste-Opportune ist ein netter, kleiner Ort, gerade mal 370 Einwohner. Das alte Pfarrhaus wurde in ein Apfelhaus/maison de la pomme umfunktioniert mit audio-visueller Schau, Kostproben und Verkauf von Cidre und Calvados. Wir gehen auf die D 95 Rtg Trouville-la-Haulle und überqueren die autobahnähnliche N 182-E 5. Schafe grüßen, wir grüßen zurück und fahren durch ein Waldstück. Links unten zeichnet die Seine die Landschaft.

Springflut auf der Seine

Jetzt: Trouville-la-Haulle, das auf einen Wikinger namens Thorolf Villa zurückgehen soll (Haulle = Halle = Scheune, also: Thorolfs Villa bei der Scheune), dann Vieux-Port, 42 Einwohner, das prächtig an der Seine liegt. Ein Handwerksmuseum gibt's auch, dazu teuer hergerichtete, reet-

Klosterruine in Jumièges
1300-jährige Geschichte von Aufbau, Zerstörung, Plünderung, Massaker und wieder Aufbau - zuletzt Verfall

gedeckte Bauernhäuser, sprich Ferienwohnungen. Vieux Port hat eine schöne Uferstelle mit Stellplatz. Dort können Boote zu Wasser gelassen werden. Vor der steilen Böschung/berge und der Springflut/mascaret wird gewarnt.

Bänke, ein majestätisches Flusspanorama laden zum Verweilen ein. Unmittelbar daneben steht eine kleine Friedhofskirche. Weiter auf der D 95, bald D 65 längs der Seine nach Aizier / Caudebec-en-Caux.

Wir tangieren die route des chaumières, die Strohhüttenstraße. Links die Seine, rechts der Wald von Brotonne. Das Ganze ist eine Halbinsel. Von drei Seiten umfließt uns die Seine. An der Kirche aus dem 12. Jh in Vatteville-la-Rue machen wir Rast. Durch Nicolas-de-Briquetuit. Rtg Pont de Brotonne. Am Fuße der Brotonne-Brücke, vor der Péage-Stelle, ist ein gut angelegter Parkplatz mit Sanitäranlagen / WC. Diese Brücke misst 1.280 m, der Mittelteil überspannt 320 m auf 50 m Höhe, und die Pfeiler erheben sich auf 120 m.Vor der Brücke muss man sich entscheiden. Entweder Brücke oder Fähre / bac, um an das andere Ufer zu gelangen.

Erbauung unterwegs

Die Fährstelle ist mit "bac" oder "passage d' eau" ausgeschildert. Die Fähre hat eine Breite von 3 m. Das Problem für Gespanne kann die Auffahrt und Abfahrt sein. Da muss man langsam tun. Bevor man auf die Fähre fährt, soll man sich die Auffahrt ansehen. Auf jeden Fall soll man die Stabilisatoren lösen. Ein Wohnwagen ab 5 m Länge kann vielleicht aufsitzen.

Klosterruine Jumièges

Wer das Benediktinerkloster St.-Wandrille, das ist noch in Betrieb, ansehen möchte, muss über die Brücke von Brotonne. Die Fähren sind für alle, die keine Autonummer des Département Seine-Maritime haben, preiswert gebührenpflichtig.

Wir gondeln weiter über die kleine D 65 längs der Seine, durch das im Krieg zu zwei Dritteln zerstörte la Mailleraye und setzen schließlich über nach Jumièges. Jumièges ist als Ort (2.000 Einwohner) gewöhnlich, aber seine Mönchsstätte war im Reigen von Montivilliers, Bec-Hellouin, St.-Wandrille, St. Martin de Boscherville ein Pfeiler in der einzigartigen vornormannischen und normannischen Klosterlandschaft der Seine-Mündung. Die leergeraubten Ruinen der gewaltigen Anlagen beherrschen das Tal. Allein das Kirchenschiff erreichte 27 Meter. Der Gründer Sankt Philibert legte 654 den Grundstein. Zu Blütezeiten beherbergte das Kloster bis zu 1.500 Mönche. Seither sind viele Jahrhunderte vergangen, in denen die Geschichte hier wie anderswo eine Menge veranstaltete, um die Zeit totzuschlagen.

Wikinger aus Dänemark, wo heute ruhige Autofahrer und freundliche Menschen anzutreffen sind, zerstörten ab 841 wiederholt Teile des meeres- und flussnahen Prachtstückes. Insgesamt zeigte sich das Klosterleben recht eintönig: Bau, Zerstörung, Plünderung, Massaker, Neugründung, Wiederaufbau, Zerstörung, Verfall und wieder von vorne. 885 arbeiteten kluge Mönche in der Abtei einen Vertrag für den Karl den Dicken aus, der für zwei Jahre König des Frankenreiches war. Die Abmachung gab den Normannen das Gebiet, das sie bereits beherrschten.

Frauen zähmen Raufbold

Der westfränkische König Karl der Einfältige erneuerte 911 diesen Vertrag, der als Gründungsurkunde des Herzogtums der Normandie gilt. Dänenpirat Rollon, ursprünglich Rolf, erhielt das Gebiet um die Seine-Mündung als Lehen, sein Chef war also Karl, und dessen Tochter zur Haupt-Frau. Die zähmte den schon schwächelnden Wikinger. Der Däne ließ sich taufen. Also Preis des Friedens: Frauen, Land, Danegelder (=Tribute).

Rollon alias Rolf suchte das Kloster bereits am 18. Dezember 877 heim. Seine Schwäche galt Hermentrude, vielmehr ihrem als Relique verehrten Überrest. Als Rolf vor seiner Normandie-Zeit mit 200 Drachenlangbooten in Friesland auftauchte und mit 10.000 Raufbolden plünderte, stieß er auf die Relique der Heiligen, einst eine frische Friesenmaid. Rollon fand Ruhe angesichts Hermentrude-Reste. Die Reliquie kam irgendwie nach Jumièges, wo Rollon abermals Hermentrude traf, innere Ruhe empfing und Verehrung entbot. Rollon verschonte das Kloster Jumièges, soweit es noch vorhanden war. Hermentrude gilt fortan als Schutzheilige der Normandie.

Wilhelm Langschwert, Herzog der Normandie und Sohn Rollons mit der westfränkischen Königstochter, ließ das Kloster um 925 wieder in alter Pracht aufbauen. Wilhelm der Eroberer und Richard Löwenherz waren Herren und Besucher des Klosters, das zeitweilig hohe politische und wirtschaftliche Bedeutung hatte. Klosterleute nahmen an der Eroberung Englands 1066 teil. Umgekehrt erlitten Jumièges und Umgebung in den folgenden Jahrhunderten zahllose Plünderungen seitens der Briten.

Blut und Brüste:
In Le Mesnil-sous-Jumièges, im Jahre 1450, starb mit 26 Jahren Agnes Sorel, die blonde, regierende Geliebte des knapp 20 Jahre älteren französischen Königs Karls VII., bei der Geburt ihres vierten Kindes. Ihr Herz wurde in der Abtei von Jumièges beigesetzt. Ihr Körper liegt in Loches bei Tours (siehe Südbuch-Reiseführer Auvergne und Bretagne/ Schlösser der Loire).

Ex-Frau vier Wochen nach der Scheidung wieder geheiratet

Die Revolution von 1789 vertrieb die Mönche und verbot die Religion. Der örtliche Priester, Pierre Louis Lefaucheur, heiratete mit 48 Jahren seine Haushälterin. Ein 66-jähriger Maurer, Joseph Hauriolle, ließ sich scheiden, eine revolutionäre "Errungenschaft".

Doch nach 4 Wochen ohne Logistik heiratet er seine Ex erneut. Keine Spülmaschine, selber waschen, ohne Fertiggerichte, das dreht die Sehnsucht. Eben lieber schlecht gefahren als gut gelaufen! Alle Gebäude verfielen. Die Besitzer wechselten häufig. Ein Holzhändler jagte den Laternenturm in die Luft und verwertete die Gemäuer als Steinbruch. Ein halbes Jahrhundert später, 1859, erwarb eine wohlhabende Familie die Reste und sorgte für deren Erhalt. Seit 1947 gehören die Abtei-Ruinen dem Staat.

Von Jumièges aus gibt es markierte Rundwanderungen von 3h bis 4h. Start am Parkplatz des Klosters.

Strecke: **Jumièges** * Duclair * Sahurs * **Rouen.** 40 km.
Besichtigen: Seine-Ufer, Rouen-Altstadt. Licht- und Tonschau vor der Kathedrale tgl. Juni, Juli ab 22h45, Aug. ab 22h, Sept. ab 21h30.
Camping: In Déville-lès-Rouen (Rouen-Vorort), Buslinie Nr.2 bzw 2a: Camping - Innenstadt / centre und Innenstadt / centre - Camping.
Stellplatz: Siehe Stellplatzverzeichnis Rouen.
Märkte: Duclair: Di.
Information: Office de Tourisme: F 76480 Duclair: www.duclair.fr; F 760008 Rouen: Tel. (0)2 32 08 32 40 (auch dt), Fax: (0)2 32 08 32 44, www. rouen-tourisme. com; www.armada.org.

Seine-Überquerung August 44

Zur Unterbrechung unserer Urlaubsidylle soll hier, während wir die breite Seine entlangfahren, ein leicht veränderter Original-Bericht der Korps-Artillerie-Abt. 501 des 1. Panzerkorps über die Ereignisse Ende August 1944 eingefügt werden:

"Als nach fast 3 Monaten schwerer Kämpfe in der Normandie die deutsche Abwehrfront keine Chance mehr hatte, kam der Befehl vom damaligen OB-West (deutscher Oberbefehlshaber Frankreich), die Truppen bis hinter den Westwall zurückzuführen.

Überquerung der Seine August 1944. 80.000 Mann entzogen sich der Einkesselung bei Falaise.

Unsere Batterie (Artillerie-Einheit) war am 24. 8. 44 im Raum Falaise in Feuerstellung und sollte Richtung Reichsgrenze bei Rouen - Elbeuf über die Seine zurückgeführt werden. Die Alliierten setzten ihre gewaltigen und erdrückenden Luftstreitkräfte auf alle Rückzugsstraßen und insbesondere auf alle Brücken über die Seine an - Tag und Nacht. Die Rückzugstraße bildete ein einziges Chaos: Bombentrichter, ausgebrannte Fahrzeuge. Es gelang uns dennoch, unsere Geschütze sicher über den Fluss zu bringen. Mein Fahrer und ich waren Nachkommando und versäumten, mit der letzten intakten Fähre überzusetzen. Die Luft beherrschten Jabos und zweimotorige Bomber. So zerstörten wir unser Kfz und wollten rüberschwimmen. Doch mein Fahrer sagte mir: "Herr Oberleutnant, ich kann nicht schwimmen." Weit und breit kein Kahn oder Holzmaterial. Ich schwomm ans andere Ufer, fand doch dort auch nichts Brauchbares. So riss ich eine Türe aus ihren Fugen, ging ins Wasser und landete am alten Ufer allerdings 500 m flussabwärts. So stark war die Strömung.

Jetzt stürzte ein Jabo (Jagdbomber) vom Himmel und schoss aus allen Rohren, machte kehrt und jagte uns erneut. Wir verkrochen uns in eine Kanalisationsröhre. Die abgefeuerten Raketen detonierten vor der Röhre. Der Kerl verschwand. Wir schwammen mit der Türe und der Strömung über die 400 m breite Seine. Bei einem ziemlich feindseligen Bauern requirierten wir zwei Ackergäule und versprachen, diese so bald wie möglich mit seiner Adresse bei einem Bauern abzugeben. Die Gäule trugen uns ungesattelt fünf Stunden, bis wir per Zufall auf ein Fahrzeug unserer Einheit stießen. Die Pferde gaben wir am nächsten Gehöft mit der Adresse des Eigentümers ab." Soweit der Zeitzeuge.

Seine-Ufer: Obst, Enten, Höhlenvamp

Die Orte am Seine-Fluss sind touristisch ausgerichtet. Sie erwecken den Eindruck, ein einziger Obstgarten zu sein. Typisch für die Normandie sind auch Nieselregen und Nebel. So auch heute, als wir Jumièges verlassen. Wir fahren weiter Rtg Mesnil auf der D 65. Die Straße führt in der Nähe des Ufers. Dazwischen sind Obstbäume. Die ganze Ecke ist mit Bauernhöfen und Ferienhäusern angefüllt.

Enten in Duclair, bruststark und zäh, Kenner sprechen dabei von der "avocat-/Anwaltsente".

Weiter nach Mesnil Rtg Duclair, D 65. Ein Briefträger radelt uns auf dem Fahrrad entgegen. Schafe, die Kühe des kleinen Mannes, grasen an den Bäumen entlang. Wir kommen durch das malerisch am Fluß gelegene Duclair, eine reizvolle Uferstraße mit den Flaggen Europas und der Welt. Die berühmte Duclair-Ente ist hier entstanden als Folge von illegalen Kontakten von wilden Stock- und Hühnerhofenten. Sie war fast ausgestorben. Doch belgische Entenfreunde verhalfen zur Wiederaufnahme der Zucht des heutigen 2,5 kg schweren Leckerbissens. Ein Entenverein, besser Enten-Orden/l'Ordre des Canardiers, mit Entenmeister, Entenritter, Entendame, Entenfreund ehrenhalber wacht über die ursprüngliche Qualität. Die zweite Attraktion ist zweifellos die mächtige, Radar gesicherte Fähre, 56 m lang, 19 m breit und mit 210 t Gewicht in den Farben blaugrün-weiß des Départements. Bevor die drei Brücken Tan-

Duclair: Seine-Panorama im Morgennebel

carville, Brotonne und Normandie in den letzten Jahrzehnten gebaut wurden, gab es zwischen Rouen und der Seine-Mündung nur die Fähren zur Flussüberquerung.

Schon die Gallier saßen hier und warteten ungeduldig auf Caesar, um Friede und Zivilisation zu erlangen. Die Römer latinisierten das keltische Seine-Nest in "Duclorarum", will heißen "Schöne Siedlung".

In die nahen Kreidefelsen an der D 982 hatten die Anwohner Behausungen gehauen, die zum Teil heute noch genutzt werden. Anfang des 20. Jh. betrieb dort eine Dame, genannt "Mutter der Liebe", eine Höhenkneipe, verteilte eifrig Fotos von Leib und Anlitz. Sie blieb so den Duclair-Männern und vielen Reisenden lange in Erinnerung. Weiter Rtg Rouen auf der D 982. Die Landwirtschaft erfreut.

Ein Traktor walzt auf der Straße. Die Zeit wird zur Nebensache. Links erheben sich die schon bekannten Kreidefelsen. Duclair mit seinen 4.163 Einwohnern bedankt sich für den Besuch und wünscht angenehme Fahrt. Die D 982 verlässt die Seine. Längs der Strecke grasen edle Pferde. Vor wenigen Generationen wurde auf dem Lande noch herb nach Kuh-Bauern und Pferde-Bauern unterschieden. Dabei stand ein Kuh-Bauer mit seiner Familie deutlich tiefer auf der dörflichen Gesellschaftsleiter.

St.-Martin-de-Boscherville: Abteikirche St. Georges, schöner Klostergarten.

Jetzt kann man sich wieder entscheiden. Die D 67 Rtg Sahurs führt an der Seine entlang. Aber der Fluss verliert deutlich an Reiz. Die Seine wandelt sich zur industriellen Wasserstraße. Über "Rouen par la Seine" gelangt man in den Hafen. Der ist natürlich nicht uninteressant. Die andere Möglichkeit führt über die D 982 direkt nach Déville-lès-Rouen, einen Vorort von Rouen. Wir fahren über den Hafen.

In St.-Martin-de-Boscherville glänzt ein neues Postgebäude. Die alte Abtei am Ort ist Teil der normannischen Abteistraße. Sie wurde 1114 begründet. Der Ort hat aber eine Besiedlung seit dem 1. Jh. vor Ch. aufzuweisen. Die Kathedrale Saint-Georges in normannischer Gotik steht übergroß inmitten des kleinen 1.400-Einwohner-Ortes. Weiter durch die Obst- und Felderhalbinsel.

Die D 67 ist von eingezäunten Feldern umgeben. Nach Quevillon. Hühner warten an der Straße auf ein günstiges Auto. In St.-Pierre-de-Manneville heißt die Dorfkirche mal zur Abwechslung St.-Pierre, nicht Notre-Dame. Große, rotweiß gestrichene Masten der Überlandleitungen industrialisieren das Landschaftsbild. Der Blick wird durch die Kreidefelsen der Seine begrenzt. Die D 51 Rtg Rouen.

Durch Houtot-sur-Seine, an einer eingemauerten Grundschule vorbei. Wollen da möglicherweise irgendwelche abhauen? Ständig reizvolle Ferienhäuser erinnern an die Bürger von Paris und Rouen. Dann das Hafengebiet von Rouen. Containerpyramiden sind das Wahrzeichen.

Die Knochen des Kaisers

Am Hafen steht im Gebüsch, für Frankreich überraschend unscheinbar, eine am 5. August 1844 erstellte Säule für Napoleon I. Bonaparte, heute mit Bushaltestelle des öffentlichen Nahverkehrs. Das geschah aber nicht, um vorausschauend den Rückzug der Deutschen Wehrmacht zu feiern, der hier 100 Jahre später stattfand. Mitte des 19. Jh. fieberte sich das bürgerliche Frankreich in eine Napoleon-Renaissance. Der Kaiser, genauer seine sterblichen Überreste, kehrten von St. Helena aus dem Gewahrsam des britischen Uralt-Erbfeindes zurück in die Erde Frankreichs, in die Mauern des Invalidendomes in Paris.

Die Knochen des Terror-Terminators und Kontinental-Kaisers passierten am 9. Dezember des Jahres 1840 auf der Seine eben diese Stelle, wo wir jetzt Schuld bewusst betroffen stehen, bereit die Vergangenheit auch in diesem Zeitabschnitt endlich aufzuarbeiten. Denn: die Preußen unter Marschall Blücher schlugen des kaiserlichen Korsen Heer bei Waterloo, so dass Napoleon seine Tage bis zum Tode 1821 auf der fernen Briten-Insel St.-Helena im Süd-Atlantik verbringen musste. Dort titulierte der englische Statthalter die imperiale Majestät penetrant und komplexbeladen nur mit General - und das noch auf Englisch. Infam.

Napoleon I.,
Kaiser der Franzosen,
kam hier vorbei - im Sarg.

Noch 1944 erinnerten Churchill und Stalin telegrafisch nach der gelungenen Invasion daran, dass Napoleon eine Landung auf den britischen Inseln von Frankreich aus über den Kanal nicht einmal gewagt hatte.

Geplant war die Landung schon, 1805, aber die Russen marschierten im Osten auf. Die Österreicher schlossen sich an. Und Napoleon musste seine Invasionstruppe umlenken, zwang bei Ulm die Österreicher ohne einen Schuss zur Kapitulation, schlug die Restösterreicher und die Russen mitsamt deren Kaiser bei Austerlitz in Süd-Mähren/ Ost-Tschechien und wurde Herr auch über Mitteleuropa. Ob Churchill das wusste?

Rouen, auferstanden aus Ruinen

Die Hauptstadt der Normandie, 106. 000 Einwohner mit Schwerpunkt in der Altersgruppe von 20 bis 39 Jahren, setzt sich aus dem Hafen, der Seine und des 1944 durch alliierte Bombenangriffe stark zerstörte, heute wiederaufgebaute Rouen zusammen.

Den schmuckvollen Kern des Wiederaufbaus bildet die Innenstadt mit dem Dreieck Alter Markt / Vieux Marché, wo Jeanne d' Arc verbrannt wurde, mit der Kathedrale Notre-Dame und der Kathedrale St.-Ouen. Die Fußgängerzone

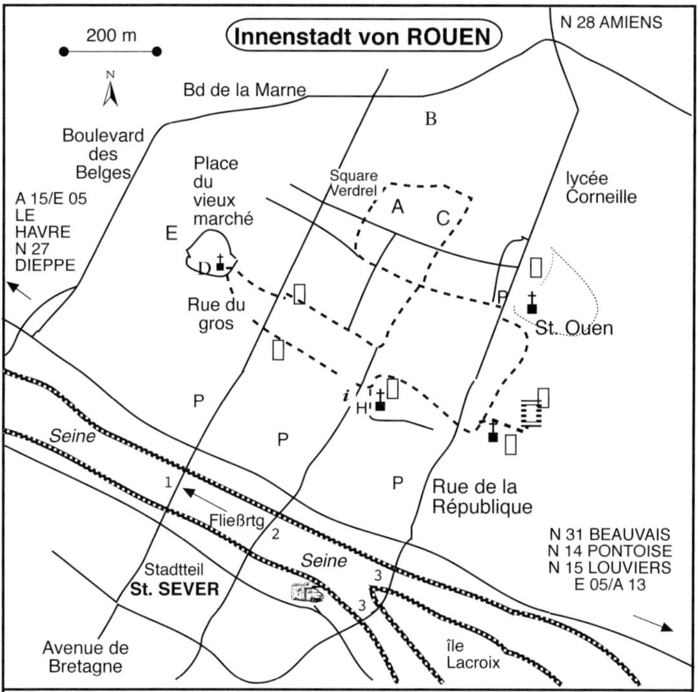

1 Pont (Brücke) Jeanne d'Arc
2 Pont Boieldieu
3 Pont Corneille

P Parkhaus/Tiefgarage
Stellplatz

H Haltestelle der Touristenbahn für Stadtrundfahrten

Fußgängerzone

i office du tourisme/Verkehrsbüro

□ Beffroi/Uhrturm Gros Horloge Justizpalast
□ Kathedrale Notre-Dame
□ St.-Maclou
□ Aître/Hausanlage mit Innenhof St.-Maclou
□ Rathaus

A Musée de la Céramique
B Musée des Antiquités
Musée d`Histoire naturelle
C Musée Le Secq des Tournelles
Schmiedprodukte
D Musée Jeanne d'Arc
E Musée Corneille

Rouen:
Seehafen der Pariser Region

vermittelt vor allem in der Rue du Gros Horloge eine schwungvolle Atmosphäre.

Die Stadt hat 75.000 Arbeitsplätze, 3.000 Kleinunternehmer, Metall-, Chemieindustrie, Erdölraffinerie. Der See- und Binnenhafen ist der fünftgrößte Frankreichs, weltgrößter Weizenausfuhrhafen mit jährlich 4.000 Schiffen. Über 20.000 Arbeitsplätze hängen direkt oder indirekt am Hafenbetrieb. Die 40.000 Studenten der Universität verjüngen das Stadtbild ungemein. Acht Kilometer Fußgängerzone bzw verkehrsberuhigte Straßen, 16 km Radwege, insgesamt 210 km öffentliches Straßennetz fassen jedes Jahr zehn Millionen Besucher. Ein Erzbischof wacht über das Seelenheil.

Rouen: Platz vor der Kathedrale

Wir beginnen unseren Rundgang in der Hundert-Türme-Stadt vor der großen Kathedrale Notre-Dame. Gegenüber der Kathedrale bietet das Verkehrsbüro seine Dienste an. Dort geschieht die Verständigung in Englisch, Italienisch, auch in Deutsch. Die Kathedrale ist ein zentraler Anlaufpunkt für Gruppen aller Art. In jeder Ecke darbt ein bildungshungriges Häuflein und lauscht den Erklärungen. Stationen in der Kathedrale: Tafel über die alliierte Bombardierung 1944, dann Grabmal des Normannenherzogs Rollon, in dessen Nachbarschaft: Aufbewahrung des Herzens von Richard Löwenherz. Diane de Poitiers (1499-1566) steht als Skulptur auf der besucherabgewandten Seite. Sie war die Geliebte des 20 Jahre jüngeren Königs Heinrich II. Die Kathedrale gehört heute dem Staat. Am 24. Juni 1956 wurde der erste große Wiederaufbauabschnitt beendet und das Gotteshaus wieder geweiht. Dann verlangsamte sich der Wiederaufbau. Zu den großen Statikproblemen gesellen sich heute Umweltschäden. Die Finanzierung der Bau- und Reparaturarbeiten tragen gemeinsam Staat, Region, Départment und Stadt.

Wir verlassen die Kathedrale nach rechts am Prénatal-Kaufladen vorbei. Die Fußgängerzonengasse Rue St.-Romain erfreut durch Kopfsteinpflaster. Wir laufen am erzbischöflichen Palast vorbei. Links reihen sich kleine, feine Geschäfte aneinander. Das Fachwerk begleitet das Schaufenstererlebnis. Wir treffen auf ein gotisches Großexemplar, auf die im Juni 44 ausgebombte, zwischenzeitlich in Teilen wiederaufgebaute Kirche St. Maclou mit dem berühmten Portalvorbau. Dahinter steht das Gebeinhausareal / Aître St.-Maclou. Dabei sind Fachwerk und Innenhof sehenswert. Die Ursprünge reichen in das Pestjahr 1348 zurück, das in Rouen wie in Teilen des übrigen Europa drei Viertel der Bevölkerung dahinraffte. Rund um den reizvollen Platz Barthélémy haben Fayence- und Antiquitätenläden ihre Reizobjekte aufgebaut.

Dänenstadt Rouen

Weiter Rue Damiette vorbei an der Kneipe La Walsheim. Das kleine Gässchen ist teils mit bemalten Fachwerkbauten ausgeschmückt. Nach 200 m erreichen wir die gotische Abtei-Kirche St.-Ouen am Platz / Place du Général de Gaulle. Dort sind auch Toiletten zu finden. In dieser Kirche wurde am Mittwoch, den 7. Juli 1456, Jeanne d'Arc feierlich rehabilitiert.

Am Eingang des Parks steht ein nachgemachter Runenstein aus Jütland. Das Original wurde dort auf Befehl des Normannen Harald, König von Dänemark, so zurechtgehauen und auf Dänisch beschriftet, vielmehr berunt. Das normannische Rouen wurde früher die Stadt der Dänen genannt. 911 bekamen der Südnorweger / Däne Hrôlf frz.

Rouen:
"Vi vil blive her som maegtige og retsgyldige herskere."
Dänenkämpe Hrôlf, völlig abgerüstet, ohne Schwertarm und ohne Schwert.
Erster Normandie-Herzog.
Bekam für Frieden: Frau, Land, Danegelder (Tribute an die Dänen).

Rollon oder Rollo und seine Dänenkämpen per Vertrag die spätere Normandie, einheimische Frauen und Zivilisation. Zum tausendjährigen Jubiläum der Normannenherrschaft 1911 schenkte die Kopenhagener Kralsberg-Stiftung der Stadt Rouen diese Stein-Kopie. Im Park treffen wir nach einigen Metern die Statue des Normannenfürsten Hrôlf / Rollon, Haltung aufrecht, germanisch, grimmig, kühner Blick 30 Grad nach oben, ein Riese in seiner Zeit.

Am 25. Juli 885 soll er (auf Dänisch) gesagt haben: Vi vil blive her som maegtige og retsgyldige herskere. Nous en resterons maîtres et seigneurs / Wir werden hier bleiben als die mächtigen und rechtmäßigen Herren.

Der Recke starb erst mit 80 Jahren und behielt Recht.

Joseffa statt Thyre

Doch Normannenruhm verblasst. Hrôlfs linke Faust umgreift ein verrostetes Schwert, die Rechte ist abgeschlagen. Sogar in der klassischen Wikingerpflanzstätte Dänemark heißen hübsche Frauen heute nicht mehr Thyre, Alfifa, Gunnhild, sondern Louise, Joseffa. Odin, wo bleibt "der Toten Tatenruhm"? Vergangen, verweht. Das Rollon-Denkmal steht seit 1863.

Rouen: Runenstein (Kopie) von Jellinge/Jütland/Dänemark von 970.
Die Runen-Schrift sagt auf Alt-Dänisch:
"König Harald mit dem blauen Zahn lässt diesen Stein zum Gedenken an Gorm, seinen Vater und an Thyre, seine Mutter, errichten. König Harald hat ganz Dänemark und Norwegen unterworfen und die Dänen zum Christentum bekehrt."

Rouen ist mit Langenhagen bei Hannover verbunden. Zu Ehren dieser Partnerschaft gedeiht im Park eine Eiche, der Baum des Donar. Ein später Trost für den Ruhm verlustigen, germanischen Kriegsgott und Donnerstag-Namenspatron.

Es läuten die großen Glocken von St.-Quen eindrucksvoll den Nachmittag ein. Die Kirche hat Gestühl nur an der Apsis. Die raumfüllende Leere wirkt gewaltig. Im Mittelalter hatten die Kirchen kein Gestühl. Die romanisch-gotischen Gotteshäuser sind die Pyramiden des Mittelalters. Am Eingang vermitteln zwei Schießscharten den irdischen Nebenzweck als Wehrkirche. An die Kathedrale St.-Ouen ist das Rathaus angebaut. Wir gehen durch das Rathaus hindurch und kommen am De-Gaulle-Platz heraus. Dort sprudeln rege Wasserspiele, flattern Trikoloren, Normandie- und Départementfahnen, und Napoleon reitet denn gen Engelland.

Weiter über die Straße Rtg Bar Le Napoleon. Wir gehen an dem Redaktionsgebäude von "Paris-Normandie" vorbei, das hier das Lokalblatt ist, nach rechts in die Rue de l'Hôpital. Eine Pizzeria bietet pizza à emporter/Pizza zum Mitnehmen an. Das Kopfsteinpflaster der Rue Ganterie führt uns zur Rue Socrate.

Flanieren zum Scheiterhaufen

Wir kommen am Justizpalast vorbei, der als das wohl prachtvollste Gebäude (Frührenaissance, 16./17.Jh.) der Stadt gilt. Es beherbergte vor der Großen Revolution von

Rouen: Abtei-Kirche St.-Ouen, Hochgotik, Bauzeit 1318 - 16. Jh.

1789 das normannische Parlament, Ein Parlament (wörtl.: Ort, wo gesprochen wird) war allerdings zu diesen Zeiten ein Gericht, keine gewählte Volksvertretung. Dann nach links in die Fußgängerzone zur Rue Eugène Boudin, dann Rue du Bec. Schließlich sind wir wieder in der Rue du Gros Horloge. Dieser Teil der Fußgängerzone ist die Haupt-Flaniermeile der Stadt.

Jungfrau-Soldatin und Männeropfer

"Jeanne sans sépulcre et sans portrait, toi, qui savais que le tombeau des héros est le cœur des vivants. Johanna, Du bist ohne Grabmal und ohne Bild, Du wusstest, dass das Grab der Helden das Herz der Lebenden ist". Dieser kernige Satz prangt an der modernen Kirche Johanna von Orléans auf dem Alten Markt / Vieux Marché und könnte aus der altgermanischen Edda-Sagenwelt entstammen. Dort ist die Rede von der Toten Tatenruhm. Die Toten bleiben eben jung.

Der Platz des Johanna-Scheiterhaufens, wo Johanna am 30. Mai 1431 starb, bildet das Ende der Fußgängerzone Rue du Gros Horloge. Johanna wurde 1410 oder 1412 als einfaches Bauernmädchen in Domremy in Lothringen geboren. Sie glaubte berufen zu sein, das von den Engländern verwüstete Land zu befreien. England und Frankreich führten seit 1337 / 38 gegeneinander Krieg - hundert Jahre lang.

Mit frommem Eifer riss Johanna die schlaffen Gallier aus ihrer Depression und sprengte an der Spitze eines Heeres 1429 den englischen Belagerungsring um Orléans. Bei Compiègne geriet sie am 23. Mai 1430 in die Hände der neutralen Burgunder. Die verkauften sie an die Engländer. Albions Führer inszenierten einen Hexen-Schau-Prozess mit Tod auf dem Scheiterhaufen und ließen Johannas Aschenreste in die Seine werfen. Weitere Karriere: 1909 selig gesprochen, 1920 Aufstieg zur Heiligen.

Rouen: Der einzige Zeiger des Doppelziffernblattes der Großen Uhr/Gros Horloge des gotischen Turms mit Renaissance-Torbogen zeigt nur die Stunde an - wie bei allen historischen Uhren. Erst im 19. Jh. kam in der Uhrenwelt der Minutenzeiger dazu.

Indianerkämpfer und Frankreichvergrößerer

Entdecker, Abenteurer Robert Cavalier de La Salle wurde am 22. Nov. 1643 in Rouen als Händlersohn geboren, lebte 43 intensive Jahre, sprach fünf Indianersprachen, wurde in Texas am 19. März 1687 von Freundeshand ermordet. La Salle fuhr mehrfach den Mississippi hinunter, bewirkte, dass Louisiana zu Frankreich kam. Louisiana / Ludwigsland blieb bis 1763 französisch.

Dramen-Dichter und Sprachschöpfer

Nationalhelden der Feder sind in Rouen zur Welt gekommen. Pierre Corneille erblickte 1606 in Rouen das Sonnenlicht der Normandie. Er starb in Paris 1684. Corneille reüssierte als Dichter von 80.000 Versen, viel zitiert: "Und der Kampf hörte auf, es fehlten die Kämpfer / Et le combat cessa faute de combattants."

Der spanische Ritter und Heerführer gegen die Mauren, El Cid, ist Held und Namensgeber eines der Corneille'schen Dramen.

Rouen:
Kirche Jeanne d'Arc (1979):
Modell Meereswelle oder Vorbild Schiffsrumpf

Schnulzen-Poet und Emma-Vater

Gustave Flaubert, schwermütiger, romantisierender, nervenschwacher, dicklicher Chefarztsohn, wurde hier 1821 geboren, wohnte und starb 1880 im bürgerlichen Croisset (Stadtbereich Rouen) mit schönem Blick auf das Seine-Tal, wo er kaum das Haus verließ, und fleißig im Morgenmantel schrieb.

So über das geldlich sorglose Landarztfrauenleben der - nur teils fiktiven - Madame Emma Bovary, ihre ich-bezogene Seelenschau, ihre Selbstverwirklichungsversuche, ihre Flucht zu greifbaren Halb-Lovern, schließlich in den Selbstmord - die Geschichte muss ja enden -. Damit füllte Flaubert einen ganzen Roman, erlangte Einkünfte, Literatenruhm, wurde Vater aller Emmas.

Als Ursachen-Konzentrat für so viel Frauen-Elend präsentierte Flaubert den Gatten, Herr und Gebieter: unintelligent, arbeitsam, schrecklich gefühlsarm. Überrascht?

Flaubert hatte Schulden und brauchte Geld. Mit der romanesken Bovary-Schnulze gewann Flaubert das zahlungskräftige Herz-Schmerz-Publikum, die ewige Emma. Flaubert verdanken wir auch eine sehr böse, 700-seitige "Encyclopédie de la bêtise humaine / **Enzyklopädie der menschlichen Dummheit**".

Zwei kleine Museen erinnern an die beiden Literaten.

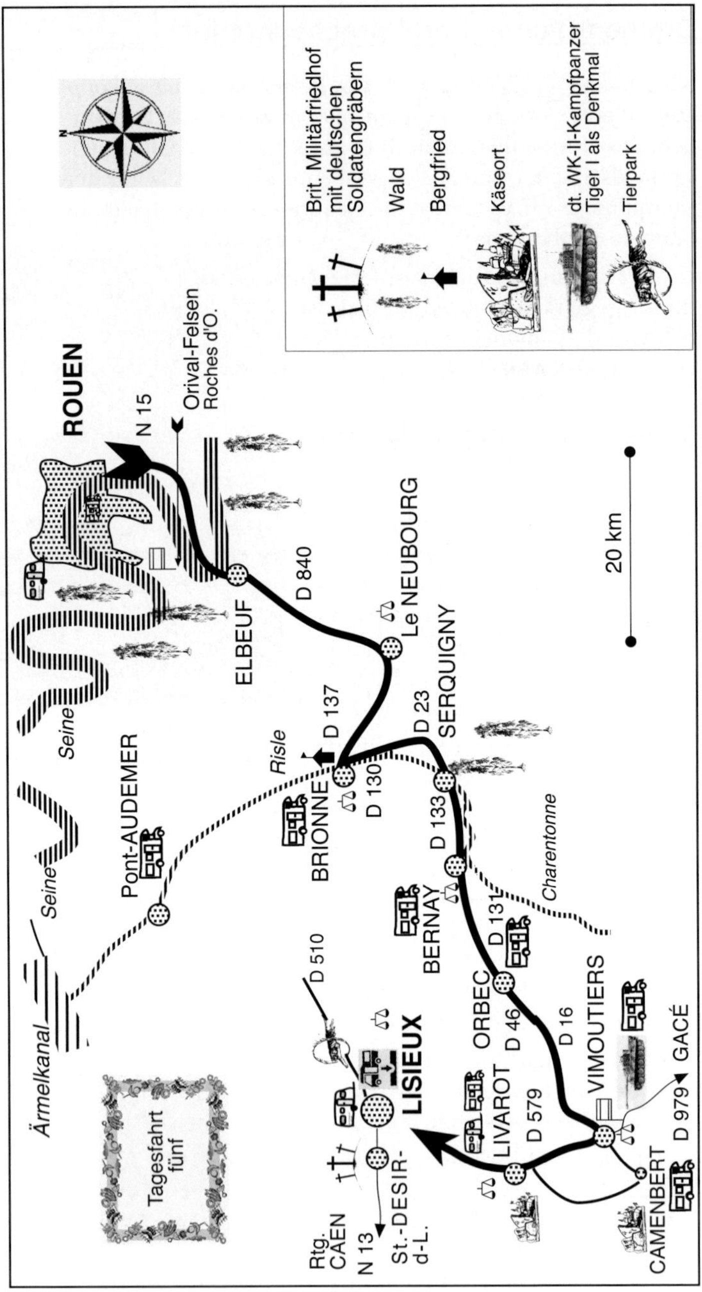

Strecke: **Rouen** * N 15 Rtg A 13-E 5 / Elbeuf * Elbeuf * Le Neubourg * Brionne * Orbec * Vimoutiers * Camenbert * Livarot * **Lisieux.** 100 km.

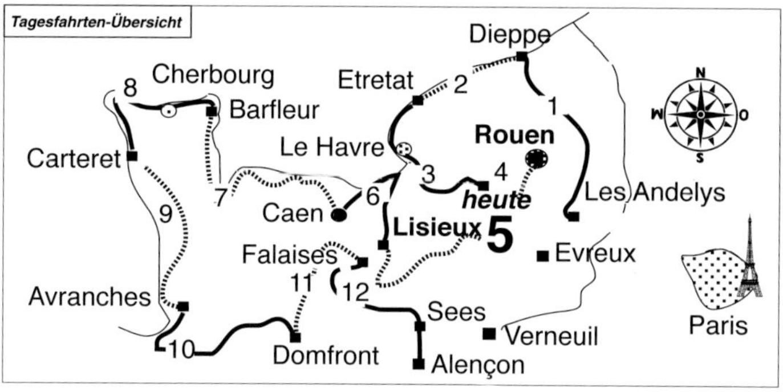

Besichtigen: Abtei Le Bec-Hellouin (1h); Brionne Stadtbild mit Turmruine, Vimoutiers: Tiger I auf Beton; Camenbert: Käsemuseum (30 min); Lisieux Stadtbild, Basilika; Tierpark von Lisieux aus 5 km in Rtg Pont Audemer/D 510 (2h).

Picknick: a) Ortsrand Brionne Rtg Evreux/D 130 eingezäuntes Freizeitgelände mit Freibad und Picknickplatz (Öffnung 08h00-20h00); b) 400 m nach Ortsrand Orbec Rtg Vimoutiers/D 46 links; c) Meules Ortseinfahrt aus Rtg Orbec, d) 1 km nach Canapville Rtg Vimoutiers/D 16 rechts; e) 300 m nach Ortsrand Vimoutiers Rtg Gacé/D 979 links (am Tiger).

Camping: Lisieux. Camping Rtg Pont-l'Evêque/D 979,

Stellplatz: Lisieux: a) Zentrum auf dem großen Parkplatz, b) etwas verborgener für Juli/August: nach erstem Ortsschild nach links auf die Avenue Georges Pompidou, nach 700 m nach rechts/Rue St.-Hippolyte. Dann nach 20 m Parkplätze des Collège (Schule) Michelet. Vimoutiers: 300 m nach Ortsrand Vimoutiers Rtg Gacé/D. 979 links (am Tiger). Camembert bei Vimoutiers, Picknickplatz an der Viette. S. Stellplatzverzeichnis.

Märkte: Le Neubourg: Mi; Brionne: So; Bernay: Samorgen; Orbec: Mi-morgen; Vimoutiers: Monachmittag, Ostern; Livarot: Do; Lisieux: Sa. Livarot: Käsemarkt am ersten Augustwochenende.

Info: Office de tourisme: Elbeuf: www.chez.com/officedetourismeelbeuf; Le Neubourg: Tel.: (0)2 32 35 40 57, Fax (0)2 32 35 68 48, www.leneubourg.fr; F 27800 Le Bec-Hellouin, Abtei www.abbayedubec.com; F 61120 Vimoutiers: Tel.: (0)2 33 67 66 11, Fax (0)2 33 67 66 11; www.mairie-vimoutiers.fr; F-14107 Lisieux: Tel.: -2 31 48 18 10, Fax (0)2 31 48 18 11, www.ville-lisieux.fr.

Gemischtes Erholungsgebiet

In Rouen gehen wir auf das rechte Seine-Ufer, rive droite, N 15, Rtg Elbeuf. Die N 15 führt rasch aus dem Besiedlungsgebiet von Rouen heraus. So fließt rechts die Seine und links erhebt sich eine Hügelkette. Der Fluss speist mehrere Seitenarme. Die Seine ist weiterhin industriell geprägt. In St.-Adrien erreichen wir mit seinen Restaurants und Hotels das Naherholungsgebiet von Rouen. Die N 15 wechselt bei Le Port-St.-Ouen in die D 7, Rtg Autobahn/Tourville-la-Rivière/Elbeuf. Über einen Kreisel kommen wir zunächst durch das Industriegebiet von Cleon nach St.-Aubin-les(dt.=bei)-Elbeuf. Am Wege liegen die großen Renault-Werke. Über die breite Seine, die parallel zu unserer Brücke von einer Hängebrücke überspannt wird, kommen wir durch Elbeuf.

Kornspeicher bei Le Neubourg

Man kann auch am linken Ufer nach Elbeuf fahren. Zwischen Oissel (südl. Stadtbereich von Rouen) und Elbeuf baut sich am linken Seine-Ufer eine lange Reihe von attraktiven Kalkfelsen auf. Dazu gehören die Musterexemplare von Orival. Die Süd-Süd-Ost-Perspektive erlaubt langen Sonnenschein und Windschutz. Falken, Kormorane treiben hier ihr Wesen oder Unwesen. Die kleine Straße am linken Ufer, die D 144, ist in Rouen allerdings nicht groß ausgeschildert. Man muss also nach Karte über Oissel fahren.

Die Hauptstraße ist nach dem Sozialisten und Friedenskämpfer Jean Jaurès benannt, der durch ein nationalistisches Attentat am Vorabend des Ersten Weltkrieges im Juli 1914 ums Leben kam. Kurz zuvor nahm er an einem internationalen Sozialistentreffen in Stuttgart teil, das vergeblich für den Frieden eintrat.

Elbeuf mit seinen 17.400 Einwohnern ist keine reiche Stadt. Die Fassaden wirken abgenutzt. Die Stadt prägen die Arbeitnehmer des Industriezentrums Rouen. Die mehrere Gemeinden umfassende Großsiedlung zählt über 60.000 Menschen. Der industrielle Bereich umfasst Chemie-, Elektro-, Metallbetriebe und den Hafen. Früher verdienten die Einwohner ihr Geld mit Wollstoffen. Der Höhepunkt im 19. Jh. ging auch auf die Flüchtlinge aus dem Elsass zurück, die nach 1871 nicht Deutsche werden wollten.

Loch an Loch im Land der Löcher

Weiter Rtg Le Neubourg, D 840. Die D 840 führt nach oben, an einem bewaldeten Hügel vorbei. Kleine Haltebuchten am Straßenrand ersetzen Rastplätze. Der Generalrat des

Kloster Le Bec Hellouin im Tal der Charentonne

Département Seine-Maritime, das Parlament des Départements, wünscht per Schild „Gute Fahrt." Dem Rat sei's gedankt. Das Gelände wird flach und die Landschaft ist großräumig besiedelt. Die Orte der Neubourger Ebene sind klein und scheinen weniger heimgesucht zu sein als das Seine-Ufer. Die Straßenrillen in den Gemeinden bewirken ein defensives Fahren. Wassertürme, Kirchtürme und einzelne Baumansammlungen bestimmen das Landschaftsbild.

Le Neubourg ist ein ruhiges, kleines Städtchen von 3. 700 Einwohnern. Die massive, gotische Kirche St. Paul rührt aus dem 16. Jahrhundert. Der Glockenturm kam 1940 zu Schaden, als deutsche Artillerie den französischen Artilleriebeobachter im Turm herausschießen wollte - und das unter Kollegen. Die Neubourger Ebene beherbergt zahlreiche Schlösser und sehenswerte Kirchenbauten. Das stillgelegte Bahngleis nutzen Radfahrer und andere. Weiter Rtg Le Bec-Hellouin/Epegard, D 39. Vorbei am Schloss

Champ-de-Bataille. Diese Kleinunterkunft gehört zu den prunkvollsten Gebäuden in der Normandie. Im Park reiht sich Loch an Loch. Die zusammen 18 Löcher ergeben einen Golfplatz. Die ländliche Straße misst knapp zwei Wohnwagenbreiten. Zu beiden Seiten stehen Telegrafenmasten, teils aus Holz, teils aus Beton quasi als Baumersatz. Weiter D 39, Rtg Le Bec-Hellouin. In Neuville zeigt ein Wegweiser zum nahen Mittelalter-Schloss Harcourt. Fast alle Orte der Ebene tragen Namen germanischer Herkunft wie häufig in der Normandie. Die Hütte Harcourt (=Hof des Har) gehörte einst einem Kampfgenossen von Richard Löwenherz.

Orbec: Ackerkunst mit Stroh

Tal der Charentonne

Der Fischteich mitten in Le Buhot lässt vermuten, worauf es den besserverdienenden Franzosen ankommt. Zahlreiche Ferienhäuser aus mehreren Epochen, teils aus der Zeit vor dem Ersten Weltkrieg, erinnern an die vermögenden Schichten von Rouen und Paris. In St.-Martin-du-Parc überqueren wir die N 138. Mit Le Bec-Hellouin erreichen wir einen 500-Seelenort. Im Tal ist die Abtei zu sehen. Der kleine Fluss Le Bec durch Le Bec-Hellouin ist mit Bohlen eingefasst. An der Abtei stehen einige Strohhütten herum. Benediktinermönche bewohnen und beleben seit 1948 die Abtei Notre-Dame von Bec, die ihre Anfänge im Jahre 1034 hat. Zu sehen sind noch Reste der Hauptkirche, der Kapitelsaal und der Kreuzgang. Öffnung: Juni-Sept. täglich, außer dienstags, Führungen 10h30, 15h, 16h, 17h, Sonn/Feiertag 12/15/16h. Okt-Mai Führungen 10h30, 15/16h, Sonn/Feiertag 12/15/16h. Freie Besichtigung möglich.

Weiter Rtg Brionne, D 130, längs der Risle, die wir schon in der Tagesfahrt drei kennenlernten. Ein normannisches Dach ist mit Kräutern bepflanzt. Ferienhäuser und etwas Gewerbe strukturieren, sanfte Hügel begrenzen das Tal der Risle. Wir kommen nach Brionne. Die Stadt begründete ihren Wohlstand im 16. Jahrhundert auf der Stoff- und Tuchweberei und ist ein regionales, wirtschaftliches Zentrum geblieben. In Brionne fällt der imposante, beflaggte Bergfried als Wahrzeichen auf. Der vollschlanke, im britischen Baustil errichtete Turm war dereinst Mittelpunkt einer befestigten Anlage. In unserer Rtg Evreux liegt am Ortsrand

Nicht nur Calva, Cidre, Camembert:
Strohschwertransport bei Bernay

das Freibad mit Baderutsche innerhalb eines eingezäunten Freizeitgeländes mit Picknickplatz. Geöffnet 08h00 -20h00. Längs der Risle kann man schön spazierengehen.

Weiter auf der D 130 Rtg Evreux. In La Rivière-Thibouville auf die D 23. Vorbei an einer Zuckerfabrik, besser durch eine Zuckerfabrik hindurch auf der D 23. In Nassandres nach rechts Rtg Bernay auf die D 24. Wir überqueren die Risle und fahren an deren linkem Ufer nach Serquigny auf der D 24. Der Ort verdient mit Chemie-Betrieben sein Geld. Dann die D 133 nach Bernay. Jetzt begleitet uns das Flüßchen La Charentonne. Parallel führt bis Bernay eine Bahnlinie. Kleinere Häusergruppen durchmischen die Landschaft. Durch Menneval, das sehr reizvoll liegt.

Wir kommen jetzt nach Bernay rein ins Zentrum/centre. Die 11. 000 Einwohner sind mit Cloppenburg in Niedersachsen verbunden. Bernay weist eine alte, romanische Abteikirche auf. Die Häuser aus dem 15.-17. Jh. lohnen einen kleinen Stadtrundgang. Die Stadt ist mit ihren reichen Fischkulturen eine bekannte Anglerszene. Die Pferderennbahn ergänzt das Lebensgefühl derer von Bernay und Umgebung. Der weitere Weg: Rtg Orbec, D 131, über die Bahngleise, durch ein aufgelockertes, bewaldetes Gebiet. Schilder warnen vor Wild, das die Straße überquert. Rechts im Wald steht ab und zu ein Schloss, bauliche Überbleibsel des Kleinadels. Der britische Adel bemitleidet die französischen Schlossbesitzer. Ihre Schlösser seien leere Hüllen, Fassaden eines Adels ohne wirtschaftliche, gesellschaftliche und meist auch ohne politische Substanz und Position, so die englische Adelsmeinung. Gemeint ist, dass der britische Adel in weiten Bereichen der insularen Gesellschaft eine Führungsposition -auch wirtschaftlich- behauptet hat. Denn die Lords mussten nach 1789 ihre Häupter ja nicht unter das revolutionäre Fallbeil halten. Ein wirksamer Standortvorteil.

Bürgermeister im Wald

Vimoutiers: Deutscher Panzerkampfwagen Tiger I.
Von Franzosen restauriert und Rtg England aufgestellt.

Das Bürgermeisteramt steht mitten im Wald drin. Für den Gemeinderat ist so der Weitblick durch Bäume verstellt. Felder, Wassertürme und Wiesen bilden den Charakter der weiten Ebene nach Bernay. Eine Gruppe Rennradler kommt entgegen. Nachzügler - oder Vorhut - zu der Tour de France? Rtg Vimoutiers, D 46. Wir erreichen Orbec. Sogar neue Häuser sind mit einer bis zum ersten Stock heruntergezogenen Schieferverkleidung versehen. Das ruhige Städtchen mit seinen fast 3. 000 Einwohnern liegt im grünen Tal des Orbiquet, der das Land/Pays d'Auge durchfließt. In der mittelalterlich geprägten Innenstadt stehen noch einige Fachwerkhäuser. Die Einkommensquellen sind typisch friedlich normannisch: Cidre, Calva, Camembert. Frammersbach im fränkischen Bayern ist Partnerstadt von Orbec. Früher standen am Orbiquet zahlreiche Wassermühlen. Weiter nach Vimoutiers, D 46. Der Weg geht nach oben. Pferdezuchtbetriebe/Gestüte -haras- sind über die ganze Gegend verstreut.

Franzosen retten deutschen Panzer

Wer von Vimoutiers nach Gacé fährt, auf der D 979, und 500 m nach dem Ortsrand, aus einer Linksurve kommt, der staunt gewaltig. Ein leibhaftiger Kampfpanzer der ehemaligen Deutschen Wehrmacht steht da seelenruhig, die Kanone, Kaliber acht-acht, 15 Grad nach oben und gen Engelland. Furor teutonicus in der Grünanlage.

Der Blick vom Tiger

Das Stück ist ein Panzerkampfwagen VI, Ausf E, genannt Tiger I, wohl einer der besten Kampfpanzer der Armeen des Zweiten Weltkrieges überhaupt. Deutsche Soldaten der 7. Armee, Panzerabteilung 203, hatten ihn am 19. August 1944 aufgegeben, als der Tank leer, und die Schlacht um die Normandie verloren war.

Dreißig Jahre lang rostete das Ungetüm an dieser Stelle vor sich hin. Anfang der 70er Jahre sollte der Tiger verschrottet werden. Ein französischer ehem. Panzersoldat des Weltkrieges mobilisierte die Stadtverwaltung von Vimoutiers. Die 4.600-Einwohner-Gemeinde erwarb für 6.000 Francs (heute ca. 750 EUR) den ehemaligen Kampfwagen. Stadt und engagierte französische Bürger stellten den Tiger auf, restaurierten ihn. Am 2. Dezember 1975 erlangte der Tiger den Status eines amtlichen historischen Denkmals. Im Verkehrsbüro ist eine ausführliche, deutsche Beschreibung über die Bergung des Tigers I und die technischen Daten

Vimoutiers heute: Marie Harel, Camembert-Ziehmutter, 1956 von US-Ohio-Bürgern gestiftet.

des Panzers zu haben. Seit einigen Jahren ist der Tiger/char Tigre Station der überdeutlich ausgeschilderten Invasionsrundstrecken. Auf denen tummelt sich mittlerweile zahllos frischgestrichenes US- und Britenpanzeraltgerät.

Die Tiger-Acht-Acht-Kanone ist übrigens absichtlich nach Norden, Rtg Kanalküste (!), ausgerichtet.

Kühe, Käse, Kanada

Das im Krieg zerstörte und neu aufgebaute Vimoutiers hat aber nicht nur ein Herz für deutsche Tiger, sondern auch für Käse und Kühe. Im Verkehrsamt/Office du Tourisme ist im Nebenraum ein sehenswertes Camembert-Museum eingerichtet. Da werden Geräte zur Käseherstellung und zahlreiche Käse-Schachteln gezeigt. Vor dem Hôtel de Ville, dem Rathaus, haben die Stadtväter und -mütter ein Kuh-Denkmal aufgestellt. Der Stier dazu steht in Saulieu in Burgund auf dem Sockel. Gegenüber repräsentiert seit Mitte der 90er Marie Harel in Stein, gestiftet von Käsefreunden aus Ohio, den örtlichen Käse.

Ein paar Meter davon entfernt, etwas versteckt Rtg Camembert, entdecken wir eine kleine kopflose Statue. Sie wurde 1928 aufgestellt und verkörpert ebenso Marie Harel. Eine kanadische Befreiungsgranate raubte ihr 1944 das Haupt. Die Dame lebte 1761-1812 in dem benachbarten Camenbert. Sie gilt als Erfinderin der Herstellungsweise des gleichnamigen Käseproduktes. Im nahen Camembert, Rtg Falaise/Argentan, D 916, ist ein informatives Musée du Camenbert mit freiem Eintritt zu besichtigen. Der Bau wurde einer Käseschachtel nachempfunden.

Im Ort wird natürlich Camembert verkauft, direkt vom Erzeuger/Vente du produit fermier. Sonst ist Camenbert ein winziges Nest mit 200 Bewohnern. Die Bauern betreiben eine Mischkultur. Mme Harel, geborene Fontaine, griff vermutlich auf die jahrhundertealte Käseproduktion in Camembert zurück als sie - der Legende nach - 1791 den jetzt als Camembert bekannten Käse präsentierte. Sie soll das Produktionsgeheimnis von einem Abt, Charles-Jean Bonvoust, erhalten haben. Der fromme Mann war auf der Flucht vor dem Revolutionsterror und fand im Oktober 1790 bei Madame Harel Zuflucht. 1791 gilt als Geburtsjahr des Camembert-Käse. Doch weiß der Lokalstolz zu berichten, dass hier bereits im 16. Jh. ordentlicher Käse produziert wurde.

Vimoutiers heute: Marie Harel, Kopf ab durch kanadische Granate.

Die typische Spanholzschachtel geht auf das Konto des Ingenieur Ridel, der 1890 diese werbewirksame Verpackung entwickelte und den weltweiten Vertrieb erst ermöglichte. Die Marke Camembert ist seit 1983 mit dem Qualitätszeichen "Appellation d' Origine Contrôlée" gesetzlich geschützt. Die Käsekulturellen empfehlen den Verzehr mit dem Genuss eines fruchtigen Weines oder eines cidre fermier bouché bei gemäßigter Raumtemperatur. Ist das nicht eine brauchbare Hilfestellung zur Abendgestaltung mit Camembert statt Champagner?

Wir verlassen Vimoutiers Rtg Livarot auf der D 579.

Rommel

Auf der D 579 von Vimoutiers Rtg Livarot, ca 3 km nach der Stadtgrenze, an einem Pappelknick, entdeckten 3 alliierte Jagdbomber am Spätnachmittag des 17. Juli 1944 eine einzeln fahrende, deutsche Militärlimousine. Die Geschosse der Tiefflieger trafen. Der Fahrer war sofort tot. Ein weiterer Insasse wurde schwerverwundet, Generalfeldmarschall Rommel. Erwin Rommel war eine wichtige, personelle Hoffnung der Männer des 20. Juli 1944. Der Schriftsteller Ernst Jünger findet

Zweihundert Einwohner und viel Käse

dazu in seinem Werk "Strahlungen" folgende Worte: "Der Treffer, den er [Rommel] am 17. Juli 1944 auf der Straße nach Livarot erhielt, beraubte den Plan [zum Sturz Hitlers] der einzigen Schultern, denen das fürchterliche Doppelgewicht des Krieges und Bürgerkrieges zuzutrauen war."

Oberst als Käsemarke im Friedenseinsatz

Wir erreichen die nächste Käsestadt Livarot, eine übersichtliche Kleinstadt mit einer Hauptkreuzung. Was der Kölner Dom für die Gotik, ist für die normannische und sogar internationale Käseszene das einschlägige Produkt: der Livarot-Käse. Er gilt als das ursprünglichste der normannischen diesbezüglichen Milcherzeugnisse und war einst lediglich ein Restprodukt aus der Milch, die nicht mehr zu Butter verarbeitet werden konnte. So hatte der Livarot den Ruf, das Fleisch der Armen zu sein. Bereits der Dichter Pierre Corneille labte und ergötzte sich an dem Livarot. Was einem brotlosen Poeten schon alles schmeckten musste.

Fünf Bänder halten den Käse, mal auch drei oder vier. Ein altgedienter Oberst der französischen Armee trägt als Zeichen seiner Einkommensklasse fünf Streifen auf der Verpackung. Spott, Rache von militärdienstpflichtigen, pfiffigen Käseproduzenten, der Livarot bekam jedenfalls den inzwischen sehr geläufigen Beinamen "Colonel" = Oberst. Nicht zu vergessen eine Verführungsempfehlung: Verzehr mit Bordeaux oder Burgunder. Die Angelegenheit kann jedoch teuer werden. Für eine sparsame Version geht es auch mit Cidre.

Heilige Theresia - Magnet für Seele und Geld

Von Livarot Rtg Lisieux, D 579. Werbung für Cidre weckt Lust auf Einkehr. Ein Fernmeldeturm grüßt uns vom höchsten Punkt der Landschaft. St.-Martin-de-la-Lieue mahnt mit seinen erhöhten Fußgängerüberwegen zur vorsichtigen Fahrweise. Das Etappenziel Lisieux empfängt mit einem deutschen Willkommen.

Die Stadt hat 26.000 Einwohner und ist ein wirtschaftliches und touristisches Zentrum des Département Calvados und die "Hauptstadt" des Pays d'□Auge. Das sind die Lande des östlichen Calvados. Restaurants und Geschäfte deuten auf eine betuchte, zahlungswillige Kundschaft hin. Auf dem Friedhof sind deutsche und britische Kriegsgefallene begraben. Lange Jahre trennte ein Zaun die beiden Gräberfelder. Zur 60-jährigen Erinnerung an die Invasion ließ der Bürgermeister den Zaun entfernen.

Lisieux ist Heimstatt der Heiligen Theresia. Jedes Jahr ziehen zahllose Pilger in das Karmeliterkloster und zur Basilika. Ihr verdankt die normannische Kleinstadt eine erstklassigen Ruf in der katholischen Welt.

Als Thérèse Martin kam die spätere Heilige 1873 in Alençon zur Welt. Ihre Mutter starb, und der Vater zog nach Lisieux. Im zarten Alter von 9 Jahren wusste die junge Dame genau, was sie werden wollte: Klosterschwester. Mit 14 Jahren gab ihr der Vater die Erlaubnis, ins Kloster einzutreten. Für die Klosteroberen war sie noch zu jung. Thérèse ging auf Pilgerfahrt nach Rom, drang bis zum Papst vor und setzte über den Chef ihre Aufnahme ins Kloster durch. Wer sich die Fotos der jungen Dame ansieht, schaut in entschlossene Augen. Ihre knitze Mimik zeugt von einem gehörigen Selbstbewusstsein. Theresia starb, erst 24-jährig, schon 1897 und wurde im städtischen Friedhof von Lisieux begraben.

Lisieux:
Basilique Sainte Thérèse

Über die Schrift "Geschichte einer Seele", die ihr Leben beschreibt, wurde sie ab 1898 schließlich in der katholischen Welt bekannt. Lisieux entwickelte sich zur Wallfahrtsstätte. Während des Ersten Weltkrieges haben zahlreiche, französische Fronturlauber das Grab der Schwester aufgesucht. Die jungen Poilus - das waren die (bärtigen) französischen Frontsoldaten 1914-18 - empfanden die jungverstorbene Thérèse als eine Seelenverwandte. 1925 sprach sie der Papst heilig. Von 1929 bis 1954 wurde über ihrem Grab die gewaltige Basilika errichtet. Die Auffahrt dorthin wird von unzähligen Devotionalien-Geschäften gesäumt.

Grünäugige Schönheit, und 250 km Sandstrand-Mitgift

In Lisieux fand im Jahre 1152 eine Hochzeit statt, die die politische Machtverteilung in Westeuropa für fast vier Jahrhunderte grundlegend prägte. Eleonore, ehemalige Frau des französischen Königs, Herzogin von Aquitanien, Region im Südwesten Frankreichs mit 250 km Sandstrand, heiratete den künftigen Herzog der Normandie und Kronprinzen von England. Die Aquitanierin machte England für Jahrhunderte zur Vormacht in Westeuropa. Die Normandie und Aquitanien umschlossen das französische Königreich im Norden, Westen und Süden. Im Osten lag die stärkste Macht des damaligen Europas, das Deutsche Reich.

Die Vorgeschichte: In Bordeaux, der Hauptstadt Aquitaniens, wurde 1122 oder 1123 ein Herzogstöchterchen mit grünen Augen geboren, wuchs zur rassigen Schönheit heran: Eleonore von Aquitanien. Reisende Ritter, Troubadoure, besangen Schönheit und Charme. Der Ritter und Eleonores Begehren wuchsen gleichermaßen. 1137 starb ihr Vater. Eleonore wurde mit 14 Jahren Herzogin. Allerdings verfügte ihr Vater testamentarisch, dass sie den Kronprinzen des französischen Königreiches, Ludwig, heiraten muss. Der war damals 17 Jahre alt. Aquitanien durfte jedoch nicht Frankreich zugeschlagen werden. Klassischer Fall von Gütertrennung mit großen Folgen.

Blonde Pleite

Ludwig hatte blaue Augen, blonde Haare und die Begegnung der beiden in Bordeaux führte zur Liebe auf den ersten Blick - selten in diesen Kreisen. In Bordeaux wurde geheiratet.

Unterwegs nach Paris erlebte Eleonore mit dem unerfahrenen Ludwig eine einzige Enttäuschung. Bevor die beiden in Paris ankamen, erreichte sie die Nachricht vom Tod des französischen Königs. Auf Ludwig wartete die Krone. Enttäuschung hin, Enttäuschung her, Eleonore beschloss, Königin zu werden. Frau kann ja nicht alles haben, zumal die Ritter des Hofes ihre Schönheit durchaus goutierten, die Dame reichhaltiger Aufmerksamkeit sicher sein konnte.

1147 ging der Gemahl Ludwig VII. auf Kreuzzug ins Heilige Land. Eleonore musste mit. Sicher ist sicher. Sie starteten am 1. Juni 1147 und zogen über Deutschland, den Balkan nach Kleinasien und erreichten im Frühjahr Antiochia. Bis dahin geschah nichts, nichts Militärisches aber auch nichts bei Königs. Die Herrschaften schliefen getrennt - im Mittelalter auf den Burgen üblich. In einer der Palastnächte von Antiochia soll Eleonore die Reize eines Morgenländers erfahren haben, der in ihr Schlafgemach eindrang. Sie soll ihn nicht gekannt, noch weniger gefragt haben. Tage darauf bemerkte Ludwig die neue Lage. Ludwig schimpfte, forderte eine Erklärung. Die nächtens wieder selbstbewusst gewordene Dame blies zur Attacke. Sie sei nicht mit einem König, sondern mit einem Mönch verheiratet. Ansonsten seien sie miteinander verwandt, also zu Unrecht in ehelicher Bande. So Eleonores überlieferte Worte.

Nach mittelalterlichem Recht konnte auf diesem Wege eine Ehe aufgelöst werden, da sie von Anfang an nicht zulässig war. Denn der Hochadel war immer irgendwie mit sich verwandt. Der König nahm die Rechtslage ernst, verlangte Scheidung und das mitten in Kleinasien auf dem Kreuzzug gegen die Feinde der Christenheit. Er setzte Eleonore unter Bewachung.

Heer, König und Eleonore rückten in Jerusalem ein. Dort war Ludwig mehr Eleonore-Mann als König, geschweige denn Mönch, und die Dame spielte mit. Politische Berater machten zudem klar, dass mit einer Scheidung von Eleonore für den König auch Aquitanien verloren ginge. Also ohne Frau kein Sach.

Scheidung, Jubel, neuer Mann - endlich

Königs versöhnten sich zunächst. Bei der Rückreise besuchten sie den Papst in Rom. Der verlautbarte, dass keinerlei rechtliche Hindernisse der Fortführung der Ehe entgegenstünden. Nach Ende des Kreuzzuges 1149 kam die Königin legal nieder und gebar eine Tochter. Doch Ludwig ließ es, und Eleonore konnte es nicht lassen. Sie wollte, so die Zeitgenossen, gefallen und verführen.

Vimoutiers: Denkmal

Ludwig war unschlüssig. Keine Frau ist ihm eine zuwenig, eine Frau ist eben eine zuviel. Er will die Scheidung.

Ein Konzil anerkannte im März 1152 die Blutsverwandtschaft. Die Ehe war annulliert. Eleonore hielt sich gerade in Blois auf, soll gejubelt und mit jungen Troubadouren/ Hofsängern plus Hofdamen gefeiert haben.

Lisieux:
Käufliche Madonnen.
Jährlich 1 Million Pilger.

Da sie nicht nur Schönheit, sondern auch ganz Aquitanien besaß, konnte sie die Zukunft mit der Reife einer erfahrenen Frau angehen. Schon im April 1152 sprach bei ihr ein junger Graf vor, Heinrich Plantagenet. Er war 19 Jahre, Graf von Anjou und der Touraine, Enkel von Wilhelm dem Eroberer und Anwärter auf die Normandie und den englischen Königsthron. Der Mann war also erste Sahne. Sie, inzwischen 30 Lenze, nach Maßstäben des Mittelalters überreif, heiratete noch 1152 den hoffnungsvollen Jungspunt im normannischen Lisieux.

Löwenherz gefangen, Eleonore im Kerker

1154 wurde Heinrich König von England und Herzog der Normandie. Heinrich und Eleonore bekamen Söhne, der erste war Richard Löwenherz. Aber Heiner war kein Feiner, konnte es auch nicht sein. Jeder ist eben auf seine Weise eine Qual. Seinen ehemaligen engsten Berater, dann schärfsten Widersacher, Thomas Becket, Erzbischof von Canterbury, ließ er 1170 ermorden, als der ihm zu sehr ins Gehege kam. Die heranwachsenden Königssöhne revoltierten sogar mit bewaffneten Aufständen gegen den Vater, und wurden von der inzwischen wieder unglücklichen Eleonore kräftig unterstützt. Machtmensch Heinrich ließ sie in Chinon verhaften, nach England bringen, setzte sie in den Kerker. Auch das saftigste Grün wird einmal Heu. Eleonore lagen keine kraftvollen Männer mehr zu Füßen. Vater und Söhne arrangierten sich, Heinrich blieb König, Eleonore im Kerker - für insgesamt 16 bittere, lange Jahre.

Erst als Heinrich 1189 starb, befreite sie Richard Löwenherz. Sie war jetzt 66 Jahre alt, aber noch lange nicht am Ende. Vier Jahre später geriet ihr hitzköpfiger Sohn Richard Löwenherz mit dem Herzog von Österreich während des

Kreuzzuges in Streit und bei der heimlichen Rückreise über Deutschland in dessen Gefangenschaft. Der Österreicher übergab Richard an den Deutschen Kaiser Heinrich VI. Richard weilte 1193/94 als Gefangener auf der Burg Trifels im Pfälzer Bergland. Für die Freilassung musste er sich unterwerfen, Heinrich als Lehensherrn anerkennen, das heißt: offiziell hat er von Heinrich Amt und Land erhalten. Dazu musste - wie üblich - Lösegeld gezahlt werden.

Eleonore zog mit der riesigen Summe von 100.000 Silbermark über den Rhein und verschaffte ihrem Sohn die Möglichkeit, sein abenteuerliches Leben als Ritter und König weiter zu genießen. Schließlich ging sie ins Kloster von Fontevrauld/westlich von Orléans und starb 1204 mit knapp 82 Jahren.

Moderne Malraux-Mediathek

Lisieux begann als Ort mit den Römern. An der heutigen Mediathek im Zentrum führte eine Römerstraße vorbei. Der Name Noviomagus/Neuer Markt deutet auf die frühe Rolle der Stadt hin. Bis in unsere Tage bildet die Stadt mit den Vieh- und Lebensmittelmärkten den landwirtschaftlichen Mittelpunkt der Region Auge. Einzelhandel, Handwerk und Kleinindustrie markieren die weitere wirtschaftliche Grundlage. In der Nacht vom 6. zum 7. Juni 1944 legten alliierte Luftangriffe 80% der Innenstadt in Trümmer. Erst Wochen danach rückten britisch-kanadische Truppen in der Stadt ein.

Lisieux: Mediathek

Für das gemeinsame Europa ließ die Gemeinde zwischen dem deutschen und britischen Soldatenfriedhof einen Verbindungsweg einrichten, der mit Blumen und Bäumen gesäumt ist.

Ein örtliches Kleinod ist ohne Zweifel seit 2002 die moderne Mediathek "André Malraux" im Zentrum. Malraux hatte mit Lisieux eigentlich nichts zu tun. Er war Schriftsteller, republikanischer Spanienkämpfer im spanischen Bürgerkrieg und Kultusminister unter De Gaulle, lebte von 1901 bis 1976. Das Angebot der Malraux-Mediathek umfasst Bücher, Zeitungen, Cassetten, Cds, DVD, etc. (www.bmlisieux.com). Öffnung: Di 14-19h, Mi 10-12h, 14-18h, Do/Fr 12h30-18h, Sa 9h30-17h.

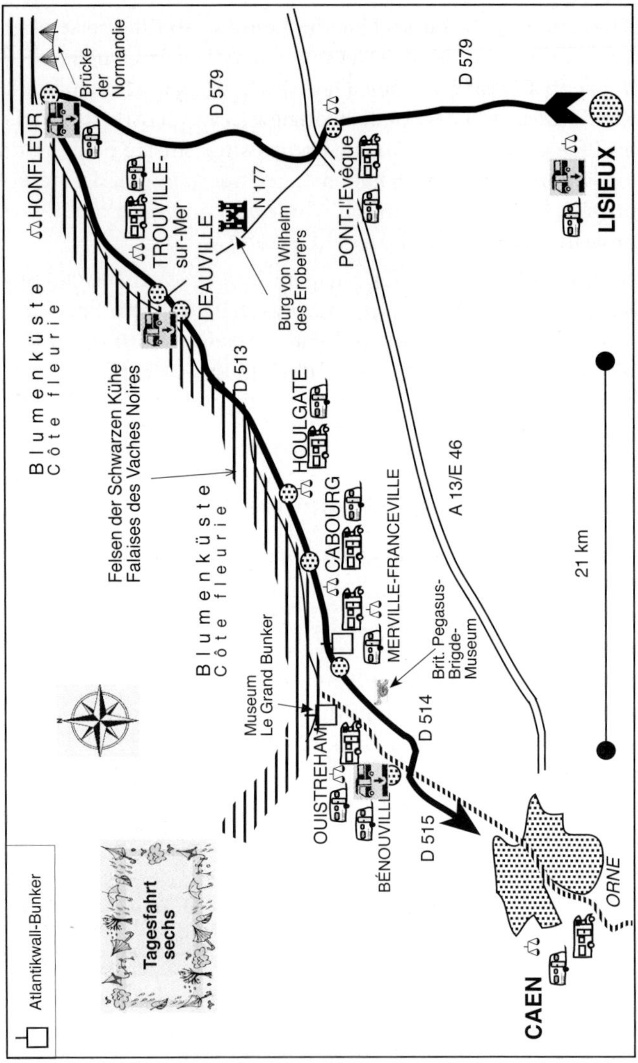

Strecke: **Lisieux** * Pont-l'Evêque, Honfleur, Deauville * Cabourg * **Caen**, 80 km.

Besichtigen: Pont-l'Evêque: Musée Automobile im Schloss / Château de Bretteville geöffnet 01.04.-30.06. und 01.09.-30.09.: 10h-12h30, 13h30-19h. 01.07.-31.08.: 10h-19h. 01.10-11.11.: 14h-18h (1h). Brücke der Normandie (30 min), Honfleur (1h), Küste, Ouistreham: Atlantikwall-Museum Le Grand Bunker (ein Muss für die Militärszene) tgl Feb-Nov 10-18h, dazu April-Sept 9-19h. Dt. Batterie Merville (30 min), Ranville: Brit.

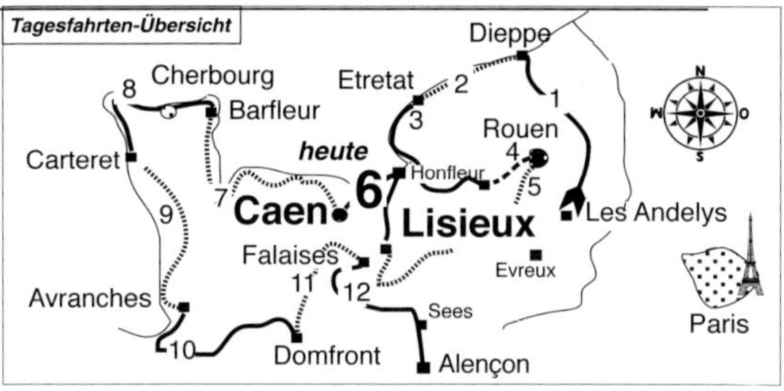

Pegasus-Museum, tägl. 9h30-18h30, Feb-Dez.; Caen: Stadt (2h) und Museum Mémorial pour la Paix (4 h), Öffnung täglich 09h00-19h00, im Winter bis 18h. Anfang Juli-24. Aug. bis 20h00, Kassenschluss 1h15 vor Schließung.

Camping: Pont-L'Evêque, Honfleur, Trouville, Houlgate, Cabourg, Merville, Ouistreham, Caen.

Stellplatz: Pont-L'Evêque, Honfleur, Deauville, Trouville, Villerville, Houlgate, Cabourg, Merville (Bunkerparkplatz), Ouistreham, Caen. Siehe Stellplatzverzeichnis.

Märkte: Wochenmarkt (Auswahl): Lisieux Mi; Pont-l'Évêque: Mo; Cabourg, Deauville, Dives, Houlgate, Trouville im Sommer jeden Vormittag (Touristenmärkte), Honfleur: Sa-mo., Bio-Markt Mi-mo im Cours des Fossés.
Caen: St.-Pierre So, Rue de Bayeux und Grâce de Dieu Di, Boulevard Leroy Mi+Sa, La Guérinière Do, Place St.-Sauveur Fr.
Fischmarkt: Mondeville tägliche Versteigerung 9h-11h.
Historischer Markt: Pont-L'Évêque: So-morgen Ostern, Pfingsten, Juli / Aug.;

Abwasser: Campingplätze + siehe Stellplatzverzeichnis.

Info: Mémorial pour la Paix in Caen: Tel 0033(0)2 31 06 06 44. www.memorial-caen.fr; Bunkermuseum Ouistreham bunkermusée@aol.com; Mémorial Pegasus F 14860 Ranville: www.Normandy1944.com.

Office de Tourisme: F-14390 Cabourg tel.: -2 31 91 20 00, fax -2 31 24 14 49, e-mail office.tourisme@cabourg.net, www.cabourg.net.
F 14000 Caen: Tel.: 0033-2 31 27 14 14, fax -2 31 27 14 13, www.caen.fr / tourisme. F-14130 Pont-l'Evêque: Tel.: -2 31 64 12 77, Fax -2 31 64 76 96, www. pontleveque. com; F-14804 Deauville: Tel.: -2 31 14 40 00, Fax -2 31 88 78 88, www.deauville. org; F-14600 Honfleur: Tel.: -2 31 89 23 30, fax -2 31 89 31 82, www.ot-honfleur.fr. F 14150 Ouistreham tel.: 0033-2 31 97 18 63, fax -2 31 96 87 33, www.ot-ouistreham.fr;

Zur Blumenküste

Von Lisieux aus fahren wir Rtg Pont l'Évêque / A 13, D 579. Am 900-Seelenort Ouilly-le-Vicomte vorbei. Dort steht eine der ältesten Kirchen der Normandie. Wir sind gerade 13 km vor Pont-l'Évêque. Immer stärker wird die Landschaft touristisch eingefärbt. Es geht an eine glanzvolle Küste. Ein grünes Land mit vielen Werbe-Kühen, zur 60-jährigen Invasionsfeier frisch gestrichen. Die schnelle D 579 bewegt sich ziemlich gerade durch die Landschaft, fast wie eine römische Straße. Das bedeutet Tal- und Bergfahrt. Einige Radfahrer "freuen" sich. Wir unterqueren die Autobahn A 13. Die Käse-Serie wird fortgesetzt. Vorbei an Pont-l'Évêque. Diese Kleinstadt lassen wir links liegen, nicht jedoch den Käse. Die Ursprünge dieser Käsesorte finden sich im 12. Jahrhundert bei den Mönchen.

Destilliermémorial bei Lisieux

Ab Ende des 17. Jahrhunderts verbanden die Einwohner von Pont-l' Evêque diesen Käse mit ihrer Stadt. Seit dem 24. Mai 1976 ist er als Qualitätsprodukt "Appellation d' Origine Contrôlée" geschützt. Da offenbar gehobene Esskultur nichts mit einer Bedarfsdeckung des Magens zu tun hat, sondern immer mit weitergehenden Bedürfnisstillungen in Verbindung gebracht wird, wie mit der Betreuung verführungs- aber nicht zahlungswilliger Geschöpfe oder wenigstens mit dem heimliche Gedanken daran, so gehört ein Getränk zum Verzehr. Ein kräftiger Wein oder ein cidre bouché soll der Geselle sein.

Brücke der Normandie

Weiter Ausfahrt/sortie Rtg Honfleur, D 579. Die Strecke ist nicht unbelebt. Wir nähern uns einem touristischen Leckerbissen, zumindest in den Augen der Reisenden früherer Zeiten. Vorbei an Tourville. 1 km nördlich von Tourville ist ein Rastplatz mit schöner Aussicht auf Wälder, Täler und Felder. Unterwegs entdecken wir ein Pferdegestüt mit Esel. Die Landschaft wird topfeben.

Schräge Seile halten Normandie-Brücke

Am Ortsrand von Honfleur sehen wir erneut die Brücke der Normandie, le pont de Normandie, der Stolz der europäischen Brückenbauer: Höhe über Wasser: 55 m, Steigung 6%, Breite: 22 m, Länge: 2.140 m, Gesamtlänge mit Zufahrt: 2.700 m. Brückenlänge zwischen den großen Pfeilern: 856 m, Gewicht: 5.600 t Höhe und Gewicht der Tragemasten: 214 m, 20.000 t, die Halterung umfasst 11.700 Stahlbeton. Bauzeit: 1988-1995. Zwischen Planungsabschluss und Baubeginn lagen nur 4-5 Monate!! Fertig seit Anfang 1995. Die 1995 eingeweihte Brücke verbindet Le Havre mit Honfleur zugelassen auch für Radfahrer und Fußgänger. Sie ist eine der längsten Schrägseilbrücken (Fachbegriff !) der Welt und soll einer Windstärke von 300 km / h trotzen können.

Jetzt fahren wir nach Honfleur rein, das 8.500 Menschen bewohnen. Der Ort blieb von Kriegszerstörungen verschont. Das alte Hafenbecken / Vieux Bassin, winklige Gas-

Schokoladengesicht Honfleur

sen, historische Bausubstanz wie das einstige Stadttor, renovierte Fischerhäuser, die ehemaligen Salzspeicher geben einen einzigartigen Reiz. Der Ort liegt in einem 37 ha großen Naturschutzgebiet. Am Hafen und Umgebung kommt keine Einsamkeit auf. Wir sind an der berühmten Blumenküste. Gebührenparkplätze, verschmutzte Toiletten. Die Ebbe verwandelt den Hafen in ein einziges Schlammloch. Zu anderen Zeiten fanden Maler, Vollkünstler hier Ruhe und Inspiration.

Honfleur: Frische Fische am Quai de Kluttig

Tausend Mann und ein Befehl: Heiraten

Seefahrer aus Honfleur begründeten Quebec in Canada. Dort ließen sich im 17. Jahrhundert über 4.000 hauptsächlich normannische Kolonisten nieder. Sie forderten militärischen Schutz gegen die Irokesen-Indianer.

Ludwig XIV. schickte ein Regiment mit tausend Mann. Diese hatten Befehl, in Canada zu bleiben und sich dort zu verheiraten. Dazu wurden heiratsfähige Landes-Jungfern, nicht gänzlich von der Natur benachteiligt, gesund und arbeitsam, so der königliche Befehl, nach Übersee transportiert. Die Soldaten hatten diese mutigen Damen zwei Wochen nach deren Ankunft zu ehelichen. Auf ähnliche Weise kamen im 19. Jahrhundert europäische, evangelische Missionare in Indien und Afrika zu ihren Ehefrauen.

Sehnsucht in Honfleur

Wir verlassen Honfleur Rtg Trouville-sur-Mer, D 513, längs der Côte de Grâce, der anmutigen Küste. Am Ortsausgang steht ein Leuchtturm. Vier-Sterne-Hotels mit eigenem Strand und Blick zum Meer reihen sich aneinander. Die Küste wird seit Mitte des 19. Jh. von betuchten Besuchern genutzt. Längs der Küste gibt es kleine Parkplätze oder Haltebuchten, wenig einladend und meist belegt. Der Blick auf das Meer von der Küstenstraße D 513 ist für den Beifahrer recht ordentlich. Wir haben jetzt drei Tagesfahr-

Deauville: Wassersport mit PS

ten vor uns mit Küste, Meer, Atlantik-Wall für den Beifahrer. Der Fahrer darf sich an dem nervigen Küstennahverkehr ergötzen.

Ab und zu führt eine Stichstraße unmittelbar zum Meer, meist mit Zufahrtverbot plus Hinweisschild "sauf riverains / Ausnahme Anlieger" gekennzeichnet. Dort finden sich oft auch irgendwelche, wenig reizvolle Stellplätzchen, die sind zudem noch besetzt. Der attraktive Teil der Küste ist Privatbesitz. Neckische Ferienschlösschen / Manoirs sorgen für optische Abwechslung. Campingplätze sind öfter in Strandnähe oder mit Blick aufs Meer angelegt und ab Mitte Juli bis Mitte August voll belegt.

Dünkel-Deauville

Wir kommen nach Trouville. Hier endet zunächst die normannische Steilküste. Die großbürgerliche, europäische Gesellschaft traf sich hier in der Epoche des Zweiten Französischen Kaiserreiches, der Zeit Napoleons III. 1852-1870, an den Sandstränden, in den Casinos zum trauten Stelldichein, und deren Nachfolger tun es noch. Das 7.000 Einwohnerstädtchen Trouville glaubt zwar ein Nabel der atlantischen Badewelt zu sein, wirkt heute aber eher als ein normaler, gut besuchter Touristenort. Der einst berühmt geschriebene kilometerlange Holzlaufsteg, die "planches / Planken", versammelt publikumswirksam selbstvergessene Maler und manches Sternlein, doch bleibt alles im Rahmen. Sehenswert ist das Aquarium écologique mit seinen 600 Quadratmeter großen Ausstellungsflächen und

Deauville: blanker Plankenstrand

den 75 Aquarien und Vivarien.

Wer über das Flüsschen Touques geht, bemerkt rasch eine andere Welt. Vor dem Casino stehen die Trabbis derer, die es haben oder wenigstens die Kredite: Rolls-Royce, Porsche. Wir sind beim Emporkömmling und harten Konkurrenten um die Gunst der kleinen und großen Snobiety: Deauville. Die 4.500 Einwohner-Gemeinde wurde nach 1860 von Spekulanten gegründet und ist ein Produkt der Bädergesellschaft des ausgehenden 19. und beginnenden 20. Jahrhunderts. "Der Luxus hat Deauville geschaffen", so eine bekannte Äußerung von Marc Zuccolin, des heutigen Direktors des mondänen Hotels Normandy.

Rostiger Churchill an der Pegasus-Brücke

Die offene Badestrandpromenade aus Edelhölzern, les planches, die zahlreichen Nobelfahrzeuge zu Wasser und zu Lande, Pferderennen, zuweilen Filmfestspiele, nicht zuletzt ein gewisser Dünkel von Gastgeber und Gast, beflügeln Handel und Gewerbe des Ortes. Grande Dame der Küste, so die vielsprachige, auch japanische und russische Werbung. Im Laufe der letzten 150 Jahre lief hier so alles auf, was zum "Wer mal war was" der Literaten, Maler, Politiker, Filmemacher, Modequeens gehörte oder gehören wollte. Die Hälfte der Hotels trägt vier Sterne. Insbesondere zeigt heute die Kaste der Reichen aus Großbritannien ungehemmt, was eine echte Klassengesellschaft ist.

Am Wege: Waschhaus

Für Bedürfnisse der vierten Art steht eine Mme Angela Houblet, voyante, Hellseherin, zur Verfügung. Wir können mal nachfragen, wie lange unsere Reisekasse reicht. In fast allen Bars wird Frühstück, petit déjeuner, angeboten. Das deutet auf die Kaufkraft des Normaltouristen hin. Ein mondänes Seebad braucht den eben auch. Weiter Rtg Cabourg. Die Blumenküste, Côte fleurie, freut sich weiter über alle Besucher. Einzelne Orte glänzen mit Verkehrszeichen „Durchfahrtverbot für Wohnmobile". In Auberville stoßen wir auf die Felsen der Schwarzen Kühe, Falaises des Vaches

Noires. Bemerkung am Rande: Wer die Küste tatsächlich genießen will, soll sich bei einem Vier-Sterne-Camping anmelden und dort einige Tage Station machen. Gepflegte, preiswerte und vor allem ungestörte Übernachtung ist anderswo nicht zu haben. Ab Auberville Rtg Houlgate, D 163 par la corniche/Uferstraße, Geschwindigkeit im Sommer 60 km/h. Der Luftkurort Houlgate genießt seit 1880 den Ruf eines internationalen Seebades. Die Anwesen sind sehr gepflegt. Das Office de Tourisme wird mit „Verkehrsamt" angegeben. Die Rhein-Germanen sind wieder am Kanal. Rtg Ouistreham, D 514. Durch Cabourg, das zur Abwechslung mit einer Stadt im ehemaligen französischen Senegal Verbindungen pflegt.

Alte Bénouville-(Pegasus) Brücke, von Deutschen umgebettet.

Invasionsherrlichkeit im Museum

Wir sind jetzt im Bereich der alliierten Landezonen von 1944. Zur Käsestraße, Weinstraße, Calvadosstraße etc kommen jetzt Invasionsrouten hinzu. Eine, der circuit du débarquement, führt längs der Landestrände von 1944, auf die wir jetzt einschwenken. Alles ist hier topfeben. In Merville-Franceville halten die Franzosen in Teilen einen Original-Atlantikwall-Bunker museal in Schuss. Ausschilderung: batteries de Merville. Wer es nicht weiß: Batterie (wörtlich: Schlaginstrument) ist neben der Benennung von Stromquellen bis heute eine Bezeichnung für eine Artillerie-Einheit. Die Heere des 18. Jh. hatten diesen Militärbegriff von den Franzosen übernommen.

Die Straße heißt avenue des batteries de Merville und führt sinnigerweise dorthin. Doch hier stand nur eine massiv verbunkerte, deutsche Batterie mit 4 tschechischen Feldgeschützen, Kaliber 10 cm, Reichweite 20 km. Die eingezäunten, gut gepflegten Bunker und Reste sind gegen Geld zu besichtigen. Öffnungszeiten: 10h30-12h30 und 14h30-18h30. Die Texte sind in Englisch und Französisch gehalten. Ein englisches Kommando-Unternehmen eroberte unter großen Verlusten und mit viel Glück die Artilleriestellung in der Nacht zum 6. Juni 1944. Allerdings gerieten die Bunker durch Gegenangriffe wiederholt in deutsche Hand. Der englische Kommandoführer kämpft inzwischen als Denkmal. Gealterte Großbriten, inzwischen nachwachsende, laufen hier mit besonders durchgedrücktem Rückgrat herum.

Neue Pegasus-Brücke

Weiter Rtg Caen. Wir kommen zunächst über die D 514 an die Orne, an die sogenannte Pegasus-Brücke, diesmal Pegasus-Bridge. Der Ort ist als Therapie-Station für die ab 1945 so gebeutelte britische Nationalseele eingerichtet. Auf dem Pegasus-Ostufer der Orne, Gemeinde Ranville, steht ein modernes Museum. Der geräumige Parkplatz wird abends geschlossen. Im Freigelände haben die Briten Lastensegler, allerlei Gerät und die alte Pegasus-Brücke hingestellt.

In der Nacht zum 6. Juni 1944 landeten an dieser Orne-Brücke drei Lastensegler mit brit. Kommandosoldaten. Bereits 23 Minuten nach Mitternacht bekamen sie die Brücke in die Hand. Parallel ostwärts verläuft der Caen-Meer-Kanal. In der taktischen Zielansprache tauften die Engländer das Objekt Pegasus-Bridge. Hier sollte der Weg nach Caen schon am ersten Landungstag freigekämpft werden.

Allerdings erwies sich die Wegnahme der Brücke als bedeutungsarm, da deutsche Kräfte den Briten-Vormarsch auf das nur 10 km entfernte Caen trotz riesiger alliierter Material- und Luftüberlegenheit wochenlang blockierten und dem Befehlshaber Seiner Majestät Field-Marshal Montgomery - Marschall war übrigens im frühen Mittelalter die Bezeichnung für Pferdeknecht - Hohn und Spott der amerikanischen Verbündeten einbrachten. Wie meinte schon Churchill: „Das einzige, was noch schlimmer ist als Verbündete zu haben, ist keine zu haben".

Sehr zum britischen Leidwesen wurde die alte Pegasus-Brücke aus verkehrstechnischen Gründen 1993 abgebrochen und durch eine neue ersetzt – mit deutschen Hebekränen. Auch Frankreich wird so nach und nach souverän. Die Franzosen übernahmen die taktischen US-Namen der Landungsbereiche Omaha-, Utah-Beach (die Omaha waren ein Indianerstamm am oberen Missouri) als heute gängige geografische Bezeichnungen dieser Strände, während die britischen Bezeichnungen der brit.-kan. Landungszone nur in Invasionsfachtexten Erwähnung finden. So ist es halt, wenn man sich durch einen jahrhundertelangen Erbfeind vom anderen Erbfeind befreien lassen muss.

Weiter nach Caen. Das ist eine neue, moderne Stadt, ähnlich den wiederaufgebauten deutschen Städten. Am Beispiel von Caen, Le Havre und Rouen ist daran zu erinnern, dass Frankreich die Invasion mit einem hohen Blutzoll der Bevölkerung, mit massiven Zerstörungen der Städte und zahlreicher kleiner Gemeinden in der Normandie

Caen: Mémorial de la Paix/Friedensgedenkbau.
Architekten und Geschichte: Die mächtige Fassade soll den Atlantikwall symbolisieren, der schwarz verspiegelte Eingang die Bresche, die die Invasoren geschlagen haben.
Die Flaggen vertreten die am WK II beteiligten Staaten.
Der Original-Revolver-Knoten-Skulptur steht in New York vor den Vereinten Nationen.

durch den Materialkrieg der Alliierten bezahlen musste. Ortschaften und Geländeabschnitte, wo deutsche Einheiten nur vermutet wurden, gerieten rasch zu Zielen massiver Bombardierung und Beschießung durch Amerikaner und Briten. Bayeux blieb die einzige, unzerstörte Stadt in der Normandie.

Mémorial pour la Paix, Museum für den Frieden

Wir schauen uns in Caen das - gut ausgeschilderte - Mémorial pour la Paix an. Zufahrt über die Périphérique Nord, Rtg Cherbourg, Ausfahrt 7. Das Museum war ursprünglich der Invasion 1944 gewidmet und wurde 1988 eröffnet. Am Eingangsbereich ist ein Medienladen aufgebaut, in dem man u. a. fast über jede bekanntere Division der Waffen-SS eine französische Buchausgabe findet, aber auch Zeitschriften, Videos, CDs. Bibliothek, Restaurant, Kindergarten für bis zu Zehnjährige ergänzen das Angebot. Eintrittskarte aufheben, da es in Bayeux dann billiger wird.

Caen Mémorial:
Typhoon fliegt für Frankreich

Deutlich herausgehoben wehen die französische und die europäische Flagge. Dazu gesellen sich die Farben der ehemaligen Kriegsteilnehmer. Am Flaggenmast der Bundesrepublik haben die Franzosen eine Tafel angebracht. Sie erinnert ausnahmsweise nicht an ein Datum zwischen 1939 und 1944, sondern weist auf die deutsche Wiedervereinigung hin. Eine Zweitausgabe der Skulptur des verknoteten Revolvers ergänzt die Flaggenparade. Das Original steht in New York vor den Vereinten Nationen. Die USA, Großbritannien und Kanada wurden eingeladen, den Außenbereich als internationalen Park zu gestalten. Manches wächst da schon.

Im Eingangsbereich prangt eine Tafel, wo im Juni 2005 der Kanzler der Bundesrepublik Deutschland, Gerhard Schröder, die Worte sprach: "Die Alliierten haben für Deutschland gesiegt." Die Deutschen haben also am Ende gewonnen.

Die Thematik startet bei der WK-II-Vorkriegszeit ab 1918 und endet mit dem Verfall des Sowjetreiches. Sogar die Partnerschaften von deutschen und französischen Städten werden gewürdigt. Ein Rest der Berliner Mauer darf nicht fehlen. Die Museumsfläche beträgt 9. 500 Quadratmeter und ist auf 3 Stockwerke verteilt. Die Architektur will das geschichtliche Geschehen verdeutlichen. Zunächst geht der Besucher im Themenbereich "Der gescheiterte Frieden, 1918 - 1939" in einer Zylinder-Spirale abwärts. Dann gerät er in die Besatzungsjahre 1940-44. Diese Räume sind dunkel und niedrig gehalten. Der Bereich "Weltkrieg - totale Krieg" mit dem Kriegseintritt der Sowjetunion und USA öffnet den Raum gewaltig und hell. Zwei Oberlichtpyramiden sorgen dafür. Da werden die wirtschaftlichen und militärischen Potentiale der Alliierten und des Deutschen Reiches gezeigt. Die Landung und die Invasionskämpfe zeigen eindrucksvoll zwei (engl/frz) Filme zu je 15', die sich aus Teilen von Wochenschauen und einseitigeren Spielfilmen zusammensetzen.

Hier sprach der Kanzler der Bundesrepublik Deutschland

Dabei wurden die französischen Résistance und der an der Invasion teilnehmenden 300 Frei-Franzosen beileibe nicht vergessen. Stark heben die Franzosen die massive Zerstörung der normannischen Städte durch die alliierte Bombardements hervor. Ein großer Teil ist der Entwicklung nach 1945 gewidmet. Den historischen Bezug bietet der Raum 7, ein unterirdischer Gang. Dort war Juni/Juli 44 der Gefechtsstand der 716. Infanterie-Division unter General Wilhelm Richter.

Den universellen Anspruch des Museums soll die Halle des Friedens/de la Paix deutlich machen. Dort steht eine Nachbildung des ältesten, erhaltenen Friedensvertrages. Den vereinbarten vor ca 2.300 Jahren der Herrscher des Hethiterreiches (heutige Süd-Türkei) und der Pharao Äygptens, Chefs der damaligen Großmächte. Wie lange der Frieden gehalten hat, ist unbekannt.

Museale Kriegserotik?

Pro Jahr strömen über 300.000 Besucher durch die Ausstellungsräume. Um diese Zahl zu erreichen, müsste ein Kleinstadtheimatmuseum fast 500 Jahre geöffnet haben. Das Haus dient auch Kongressen und gelehrten Symposien.

Der Besuch des sehr sehenswerten Mémorials beansprucht gute 3 Stunden und erübrigt den Besuch aller anderen Invasionsmuseen. Die objektiven Erläuterungen informieren französisch, englisch und deutsch. Der relativ hohe Eintrittspreis ist gerechtfertigt. Inhaber deutscher Schüler-

und Studentenausweise genießen Preisermäßigung.

Grundsätzlich kann man fragen, warum die französische Regierung in Zusammenarbeit mit den regionalen und örtlichen Gremien einen solchen Invasionsmuseumsblock in die Landschaft setzt, warum werden Invasionsmuseen immer zahlreicher und oft mit Hingabe betrieben? Die einfache, doch nur teilweise Anwort ist: Die Reste und Nachbildungen der Invasion von 1944 sind wirtschaftlich eine touristische Attraktion ersten Ranges. Die materiellen Überbleibsel und Rekonstruktionen einer Weltkatastrophe üben offenbar eine archaische Anziehung auf die nachgeborenen Generationen "ohne Schicksal" aus. Die Mächte von Finsternis, von millionenhaftem Tod und Verderben zeigen sich in wohltemperiert präsentierten "Reliquien", die mittelbar menschliche Urangst und Lust mobilisieren, zumindest ansprechen, Religionsersatz schaffen.

Caen: Burg

Die Invasionsmuseen entwickeln sich auch zu historischen Psycho-Freizeit-Parks. Das gilt vor allem und immer stärker für die großmachtverlustigen, Empire verträumten Briten. Für die Franzosen ist es psychologisch nicht ganz so einfach. Selbst der historisch Unbedarfte sieht die durch Neubauten erkennbaren Spuren großer Zerstörungen. Die französischen Küsten sind überall mit zahllosen Bunkern übersät. Diese gewaltigen Klötze wirken schon an sich als ständige Besatzung, werden allerdings zögerlich als Erbe der französischen Geschichte integriert.

Einschlägig Empfindliche wissen, und das sind in der historisch gebildeten, eitlen und ehrgeizigen, oberschichtigen Politszene nicht wenige, dass Frankreich 1940 innerhalb von 6 Wochen aus dem Kreis der Großmächte rausgeflogen ist und niemals zurückkehren konnte. Denn die USA und erst recht die Engländer hatten Frankreich seither nie mehr als Großmacht „anerkannt" oder für voll genommen.

De Gaulle hatte als Präsident Frankreichs den Briten im Zusammenspiel mit Bundeskanzler Konrad Adenauer den Zugang zur EWG, heute EU, zweimal verweigert. Beide Herren hatten ihre Erfahrungen mit den Engländern.

Caen

Die Stadt zählt heute knapp 200.000 Einwohner. Eisen- und Stahlerzeugung, Betriebe der Elektrotechnik und Elektronik machen Caen auch zu einer Industriestadt. Dazu prägen Universität, die Rolle als Verwaltungszentrum und Verkehrsmittelpunkt die alte Normannen-Metropole.

Caen: Herzogsburg

Im 9./10. Jahrhundert gab es am Zusammenfluss von Orne und Odon eine befestigte Insel. Wilhelm der Eroberer hielt sich im 11. Jh. häufig in dieser Inselfestung auf, ließ Burg, Männer- und Frauenabtei errichten.

Caen wurde ein politischer Mittelpunkt. Das hatte zuweilen Nachteile. 1204 besetzten die Franzosen die bis dahin normannisch/englische Stadt. Während des Hundertjährigen Krieges belagerten die Engländer Caen 1346 und 1417, ließen sich von 1417 bis 1450 häuslich nieder. Dann kehrten die Franzosen als Herren zurück. Mit der Epoche der Entdeckungen im 16./17. Jh. erlebte Caen einen starken Aufschwung. Während der Kämpfe 1944 wurde die Stadt britischerseits heftig bombardiert, so zu drei Viertel zerstört, deutscherseits heftig verteidigt, bis die Kanadier Ende Juli in die Stadt einrücken konnten. Die Wehrmacht wurde bei der Bombardierung nur unerheblich getroffen.

Caen: St.-Étienne mit Rest-Ruinen gegen das Vergessen

Caen ist heute eine grüne Stadt mit einer ausgedehnten Fußgängerzone. Die vielen Studenten verjüngen das Stadtbild erheblich. So ist jeder zweite Einwohner jünger als 25 Jahre. Caen zählt mit Rouen und Le Havre zu den wichtigen, normannischen Städten.

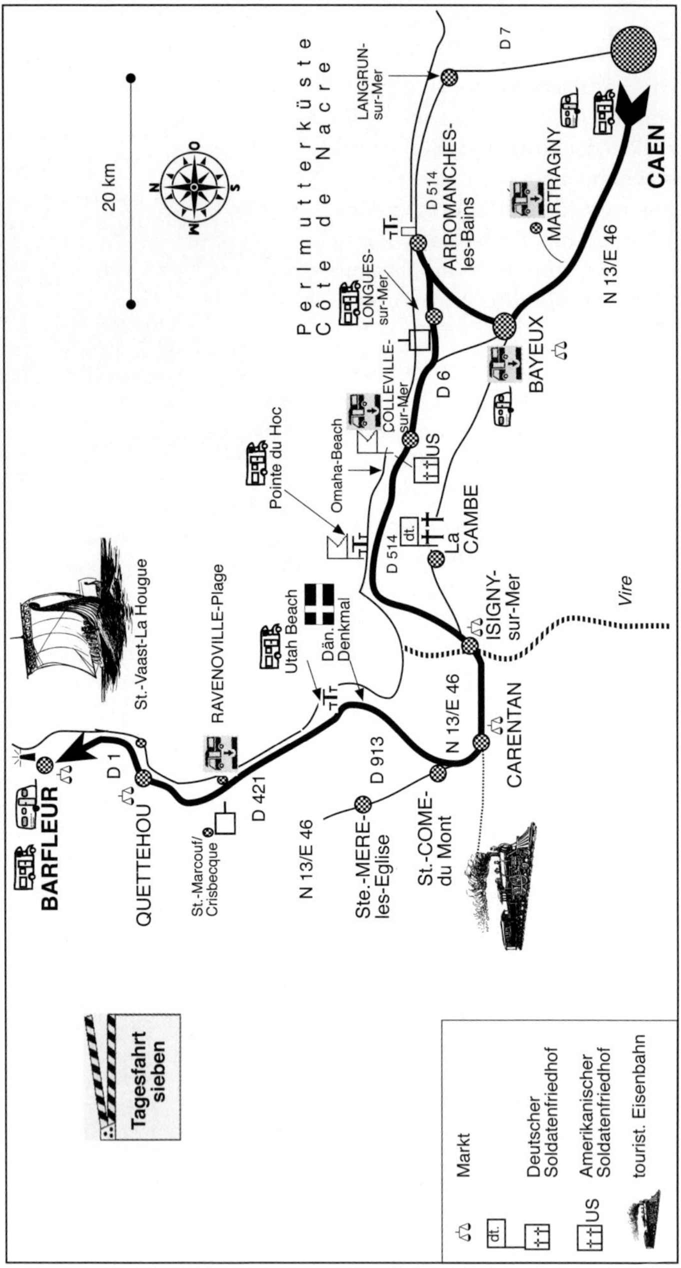

Strecke: **Caen** * Bayeux * Arromanches * Pointe du Hoc * La Cambe * Carentan * Utah-Beach * Quettehou * **Barfleur**. 110 km.

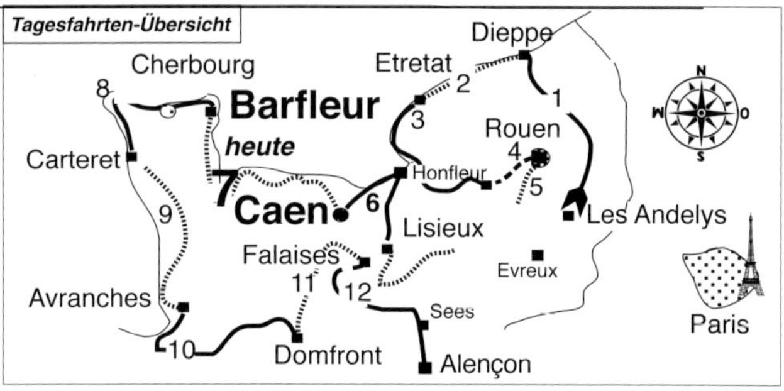

Besichtigen: Bayeux: Teppich (1h), 1503-3004 + 0109-0111: 9h-18h30, 0211-1403: 9h30-12h30, 14h-18h, 0105-3108: 09h-19h, Kathedrale, Innenstadt (1h), Invasionsmuseum / Musée mémorial de la Bataille de Normandie (1h), 1509-3004: 10-12h30, 14-18h, 0105-1409: 9h30-18h30; Batterie von Longues-sur-Mer (30 min); Omaha-Beach Widerstandsnest 62 (30 min); Pointe du Hoc (30 min); deutscher Soldatenfriedhof in La Cambe (30); Utah-Beach-Gedenkstätte (30'); dt Batterien St.-Marcouf / Crisbecq Apr / Okt / Nov 14-18h, Mai / Jun / Sept 10-18h, Jul / Aug 10-19h (1h). Hafen von Barfleur.

Wandern: Längs der Felsenküste des Contentin, sentier littoral / Küstenpfad.

Picknick: a) Aussichtsparkplatz über Arromanches, b) Parkplatz bei der Batterie von Longues-sur-Mer, c) Ortsrand von Port-en-Bessin.

Camping: Barfleur.

Stellplätze: a) Barfleur; b) Ravenoville-Plage; s. Stellplatzverzeichnis.

Märkte: Wochenmarkt: Arromanches: Mi-Sa; Bayeux: Mi+Sa; Isigny: Mi+Sa; Carentan: Mo+Do; Quettehou: Di; Barfleur: Di+Sa. Vierville Mo; Historischer Markt / Marchés à l'ancienne (mit Handwerksprodukten, Vorführungen, Agrarprodukten): Molay-Littry Juli / Aug So; Fischmarkt: Grand-Maisy jeden Morgen, Port en Bessin Huppain So-morgens.

Abwasser: a) Colleville-sur-Mer: aire de Colleville, Parkplatz neben US-Friedhof Colleville-Montgomery; b) Ravenoville: Camping Le Comoran an der D 421.

Info: Office de Tourisme: F-14117 Arromanches Tel.: 0033-2 31 47 56, fax -2 31 22 92 06, e-mail: offtour@mail.cpod.fr; www.arromanches.com; F 50760 Barfleur: Tel.: (0)2 33 54 02 48, www.ville-barfleur.fr. F-14400 Bayeux: Tel.: 0033-2 31 51 28 28, Fax -2 31 51 28 29; e-mail: info@bayeux-tourism.com; www.bayeux-tourism. com. Literatur: Atlantikwall-Archiv s. S. 241.

Zwei Invasionen: Jagdpanzer und Teppich

Wir kommen nach Bayeux. Vorbei an einer preiswerten Tankstelle mit Supermarkt, centre commercial, benannt nach le conquérant. Um die Innenstadt verläuft eine Ringstraße. An dieser steht Dwight Eisenhower in Überlebensgröße und nur 100 m weiter Rtg Cherbourg liegt das Musée-mémorial de la Bataille de Normandie, das Museum der Invasion 44, mit großem Parkplatz. Der wird zudem von drei alliierten Panzern bewacht. Und damit nichts schief geht, steht am Eingang ein ehemaliger deutscher Jagdpanzer Typ Hetzer. Die Panzerwagen sind mit sauber geschnittenen Hecken eingezäunt. Übrigens: Den Alliierten sind die normannischen Hecken/Bocage zum Trauma geworden. Dem Hetzer-Heckenkreis ist noch ein Hecke in standesgemäßer Keilform vorgelegt. Vom Museum Invasion 44 zur Kathedrale und zum Museum Invasion 66 (1066), offiziell Wandteppichmuseum/Tapisserie, sind es nur zehn Minuten zu Fuß.

Invasion 44

Zunächst das Invasionsmuseum: Das ist Weltkrieg II pur. Reichbestückt mit Waffen, Uniformen, Fotos, Dokumenten, Ausrüstungsgegenständen, Infotafeln, sogar Fahrzeugen ist das eine Fundgrube für den Interessierten. Ein MG 08/15 darf nicht fehlen. In englischer und französischer Sprache schildert ein Film die Kämpfe in der Normandie. Der Begleittext wirkt ausgeglichen wie auch die Museumsgestaltung. Eisenhower und Montgomery haben einen eigenen Ausstellungsraum.

Bayeux: Dt Jagdpanzer Hetzer

Erklärung nach Maßgabe des Gleichstellungsgesetzes: 1.) Maschinengewehr = Gewehr mit ununterbrochener Schussfolge, eingeführt 1915 und entwickelt aus dem schweren Maschinengewehr 08, das 1908 eingeführt wurde, MG 08/15 ist die Mutter aller 08/15-Bezeichnungen. 2.) Jagdpanzer Hetzer: Gefechtsgewicht 16 t, Höchstgeschwindigkeit/Fahrbereich: Straße 40 km/h, 180 km, Gelände 14 km/h, 130 km, Bewaffnung 7,5 cm Pak 39 + 40 Schuss, 1 MG 34 + 600 Schuss, Besatzung 4 Mann.

Germanische Götter in der Kathedrale

Weiter zur Kathedrale. Ein Herzstück, das berühmte Labyrinth aus dem 15. Jh. im Kapitelsaal, ist nur Juli / August zugänglich. Rings um den Kirchenbau sind zweisprachige Info-Tafeln aufgestellt. Die romanischen Westtürme bilden

Bayeux: Kathedrale

mit dem gotischen, dreischiffigen Chor, dem sechsjochigen Hauptschiff einen Höhepunkt der normannischen Architektur. Das Halb-Ei als Turmspitze stammt aus dem 19. Jh. Die Kathedrale ist steingewordene Geschichte seit dem 11. Jh. Die Gotik ist keine Überraschung. Reich ausgeschmückte Fassaden berichten über den Mord an Thomas Becket, den Heinrich II. zu verantworten hat. Das ist der zweite Mann der Eleonore von Aquitanien. Ein Emaille-Ensemble im Hauptschiff zeigt nordische Sonnenkultsymbolik. Also, Herz, was begehrst du mehr? Aber eine Besichtigung, ohne jeden Stein namentlich anzusprechen, lohnt auch.

Wir pilgern durch die Altstadt. Die ist nicht groß und von Fachwerkhäusern geprägt. Bayeux selbst ist mit knapp 15.000 Einwohnern eine Kleinstadt und hat den Krieg als einzige normannische Stadt unversehrt überlebt. De Gaulle nutzte den Ort als ersten Regierungssitz des befreiten Frankreichs.

Invasion 66

Bayeux beherbergt heute die Verwaltung des nördlichen Arrondissement/Halbdépartement des Calvados, des Bessin. Das hat Tradition. Zur Westfrankenzeit amtierte bereits ein Bischof. Die Sachsen eroberten zwischendurch, und

Denn sie fuhren, denn sie fuhren gegen Engelland – in der Nacht 27.-28. September 1066 mit über 700 Schiffen.

Normannen prägten den Ort als Herzogssitz, einer unter mehreren. Bayeux besaß eine starke dänische Komponente bis zum Anschluss an Frankreich 1449.

Flaggen wehen vor der tapisserie, dem seit 1970 Centre Guillaume le Conquérant. In der Eingangshalle reitet in einer Nische Wilhelm der Eroberer, fast in Lebensgröße. Der Held der Nische, Los der Mächtigen abgelaufener Zeiten, wirkt etwas mickrig. Neben dem Zugang zur Teppichgalerie führt der Weg zum gut bestückten Museumsladen, zum Kaufen oder nur Trockenshoppen.

Wikingerschiffe (Nachbau) in Roskilde, Dänemark

Wer seine häusliche Säulenhalle schmücken oder dort seine Picassos austauschen möchte, kann zum Nachhäkeln hier Teppichmaterial kaufen. Das Normannenstickwerk ist ein einzigartiger Bildbericht über den Kriegszug Wilhelms 1066 über den Kanal, seine Vorgeschichte ab 1064, seine Vorbereitung, seine siegreiche Schlacht bei Hastings, eine südenglische, im Weltkrieg II stark beschädigte Stadt.

Bei Hastings schlug Wilhelm den Thronräuber Harold. Der wehrte bei der Wilhelms-Landung gerade im Norden eine angriffslustige Norwegertruppe ab. Harold IV. und seine Mannen marschierten im Eiltempo nach Süden und trafen bei Hastings auf die Invasoren, auf Niederlage und Tod.

Wikinger-Kampfboot:
Das große Langschiff.
Nachbau in Roskilde (Dk),
Länge: 30 m, Breite: 2,7 m,
Besatzung: 60-80 Mann,
58 Ruderplätze.
Hauptantrieb: Ruder.
Segelgeschwindigkeit:
angeblich 20 Knoten
(37 km/h),
vermutlich um 5 Knoten.

In 58 Teilen auf 70 m x 50 cm präsentiert das Großwebstück Bilder von Ausrüstung, Bewaffnung, Schiffen der Normannen. Die Erläuterung gibt es in Latein. Wer die Teppich-Saga gefertigt hatte, ist letztlich unklar. Die vor Sehnsucht gepeinigte Herzogin Mathilde mit ihren Hofdamen soll es keinesfalls gewesen sein. Soviel Sehnen wäre auch verwunderlich. Während des Krieges sorgte die deutsche Besatzung für eine sichere Einlagerung des Kunstwerkes.

An der Kasse wird ein Hörgerät für das heimische Idiom ausgeliehen. Das lenkt und informiert bestens durch den halbovalförmigen, abgedunkelten Gang, an dessen Wand gesichert der Teppich prangt.

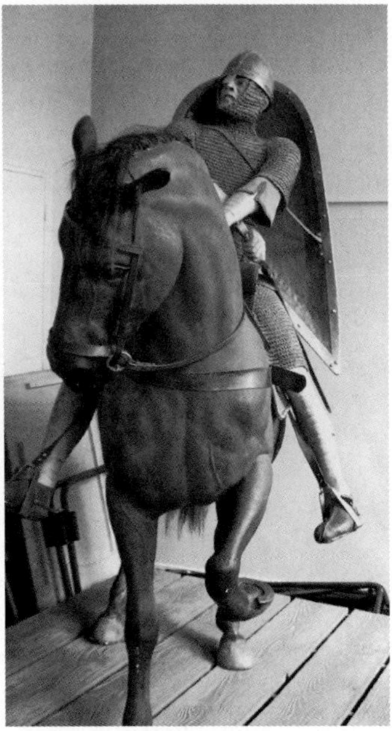

Bayeux:
Wilhelm der Eroberer (Modell)

Betonklötze, Maria

Zurück zur Umgehungsstraße, von dort nach Arromanches - ausgeschildert. Zwei Kilometer ostwärts Arromanches, ein Flecken von 550 Einwohnern, liegt Rtg Ouistreham an der D 514 zur Meeresseite ein groß angelegtes Areal mit Turm, Parkplatz, Orientierungstafel, Wiese, Imbissangebot und Kreiskino-360 Grad.

Feldlager Bayeux:
Adler, Trikolore

Sogar eine Maria-Statue schaut aufs Meer. Von dem Felsvorsprung hat man einen herrlichen Blick auf die Bucht von Arromanches und auf halbversunkene Beton-Klötze. Nicht Atlantikwall, sondern Briten-Blöcke. Die Engländer entwickelten schwimmfähige Betonkästen, Phönixe, und schleppten sie über den Kanal. Vor Omaha und Arromanches fügten die Pioniere alles zu einem Hafen zusammen - Tarnname Mulberry / Maulbeere A + B.

Arromanches:
Kriegshafenrest Phönix und Austernsammler

Die Betonpiers gerieten zur strategischen Überraschung der Deutschen. Die A-Version lag vor

Omaha-Beach und wurde bereits 19.-22. Juni 44 durch Sturm und Wellen ausgeschaltet. Maulbeere B konnte wieder in Stand gesetzt werden und arbeitete allerdings erst ab 29. Juni bis Mitte November 44. Die Piers wurden wieder abgebaut, die Phönix-Senkkästen blieben. Auf diesem Aussichtsparkplatz tummelt sich ganz Europa. Auch polnische Busse steuern diese Küste an. Mehrere tausend Polen nahmen an der Invasion in britisch/polnischen Uniformen teil. 25 km südlich von Caen befindet sich an der N 158 nach Falaise ein polnischer Soldatenfriedhof.

Pointe du Hoc:
Feuerwehr Bremen-Eichenau

Und jäh steigt des Mannes Kennerschaft

Irgendwie verleiten solche Stätten mit Blick auf's Große zu Fragen und Erklärungen und zu schon vergessen geglaubtem Rollenverhalten. In einem Familien- oder Zweierverband wird der Vater oder die männliche Begleitperson als Herr der Geschichte, wenigstens der Geschichtskenntnisse angesehen, zuweilen als solcher erst jetzt erkannt.

Longues-sur-Mer:
Marine-Batterie mit AT-Besatzung.

Während die Familien begleitende Jugend in solchen Gruppen eher gelangweilt Präsenz zeigt, man/frau will ja unnötigen Streit vermeiden, lauschen erwachsenere und reifere Ex-Teenager weiblicher Natur bisweilen mit einem Hauch von Ehrerbietung den Ausführungen über Waffeneinsatz, welthistorische Zusammenhänge und Gedankenblitze, warum man eigentlich den Krieg hätte gewinnen müssen.

Weiter auf der D 514 nach Longues-sur-Mer. Dort stehen unentwegt vier eingebunkerte Schiffsgeschütze der ehemaligen deutschen Kriegsmarine, Kaliber 15 cm, Reichweite 20 km.

Ursprünglich hatten solche Kanonen ihren Platz auf einem Zerstörer. Während der Landung schossen diese vier Geschütze auf drei alliierte Kreuzer. Die ballerten mit 20 Kanonen auf die Longues-Batterie. Der Parkplatz der Batterie bietet einen reizvollen Meeresblick.

Kleine grüne Männchen

Weiter Rtg Port-en-Bessin-Huppain, D 9. Das ist der größte Fischereihafen der Normandie. Am Ortsrand ist links ein Picknickplatz sichtbar. Doch Vorsicht, ein Golfgelände liegt nahe. Kleine grüne Männchen laufen ständig mit Golfgepäck über die Straße. Wir sind wieder an der Perlmuttküste/Côte de Nacre. Der Namen datiert aus dem 19. Jh. Der Grund soll der silberne Perlmuttglanz der See sein. Zehn Gemeinden zwischen Courseules und Riva-Bella haben sich zu einer Organisation Côte de Nacre zusammengetan. Sie wollen den sanften Tourismus und seine nötige Infrastruktur fördern.

Pointe du Hoc:
Hier war Hodde, der Pionier.

Die Organisatoren denken vor allem an den durchschnittlichen Besucher. Denn seit in Frankreich 1936 der bezahlte Jahresurlaub von vierzehn Tagen eingeführt wurde, in Deutschland war dies bereits 1920 der Fall, verdankt diese Küste ihr Haupteinkommen dem Normalverdiener. Fünfzehn Kilometer Sandstrand und jodhaltige Luft versprechen gesunden Genuss. Jodhaltige Luft herrscht überall im normannischen Küstengebiet.

Zum Parkplatz des US-Soldatenfriedhofes Colleville-sur-Mer/St.-Laurent-sur-Mer. Von dort führt ein Fußweg zum ehemaligen Widerstandsnest 62. In Halbhöhenlage hat eine private deutsche Initiative eine informative Schautafel angebracht: Widerstandsnest 62 (WN 62) - mit Grundriss, Ausstattung, Bewaffung, Lage der Stellungen. Vor uns liegt der Kernbereich des Omaha-Beach, wo am 6. Juni bei Ebbe (!) US-Truppen landen, 600 m deckungslose Fläche überqueren und 3.000 Gefallene beklagen mussten.

Durch Vierville-sur-Mer, das über einen reizvollen Strandweg verfügt. Die Ortsbezeichnung soll sich aus einem alten Wikingernamen Wivar und dem lateinischen Villa, = Haus edes Wivar, zusammensetzen. Weiße Kühe vermitteln EU-subventionierte Landwirtschaft.

US-Artillerie schießt nicht auf US-Präsidenten

Wollen Sie mal dort auftreten, wo US-Präsident Ronald Reagen 1984 seinen Fuß aufsetzte?

Wir nähern uns der Hoc-Spitze, der Pointe du Hoc, ein urgermanischer Name. Der touristische Auflauf türmt sich bisweilen beträchtlich. Zunächst fällt ein großer Parkplatz ins Auge, mit Wasserstellen, WC, Imbiss, Souvenirstand. Alles in privater US-Hand. Gepflegter Rasen, herrliche Aussicht auf das Meer, auf die Küste nach links, nach rechts, Stahlbeton, tief ins Erdreich ragende Krater, nahezu eine Mondlandschaft. Dazu restaurierte Besuchsobjekte im vordersten Teil der Felsenspitze.

Hier weilte US-Präsident Ronald Reagan und schaute. Denn 1984 wurde die Geschichte nach dem Vorbild der Karl-May-Festspiele von Bad Segeberg wiederholt. US-Ranger kletterten vom Strand an den Felswänden zur Spitze hoch und sparten sich einen langen Umweg.

Doch das Historienspiel würdigte Ereignisse vom 6. Juni 44.. Der US-Kreuzer Texas verfeuerte mit über 600 Salven ca 6.000 Granaten Kaliber 35,6 cm auf den Hoc-Felsen. Dann landete ein Kommandotrupp von 225 Texanern. Die Amerikaner kletterten an zuvor nach oben geschossenen Seilen die Steilfelsen hoch und griffen die Bunkerbesatzungen an. Besatzung und Bewaffnung trafen die Felsenkletterer weitgehend ohne Verluste an. Der deutsche Kommandant hatte seine Truppe vor Beschussbeginn aus dem Stützpunkt herausgezogen. Nach Ende des Beschusses rückten die Soldaten wieder in die Stellungen und erwarteten die US-Sternen-Krieger.

Zwei erbitterte Kampftage und -nächte folgten. US-Infanterie und US-Panzer griffen ein. Von 225 Texanern überlebten die Kämpfe nur 90. Dann gingen den vom Nachschub abgeschnittenen Wehrmachtssoldaten die Munition aus. Deutsche Verlustziffern sind nicht bekannt.

Deutscher Soldatenfriedhof La Cambe: Tor und Tumulus

Fast vergessen mitzuteilen: 1984 wurde keine Schiffsartillerie eingesetzt.

Deutscher Soldatenfriedhof La Cambe

Weiter Rtg Isigny-sur-Mer, dann Rtg Criqueville, D 194. Die normannische Landschaft zeigt ihre Knicks und Hecken. Rtg N 13/Rtg La Cambe. Vor uns traktoriert die normannische Agrikultura. Wir streifen das Dörfchen La Cambe, unterfahren die N 13 und biegen in einem Kreisverkehr nach rechts. Nach 100 m liegt links der mäßig ausgeschilderte deutsche Soldatenfriedhof von La Cambe.

Heutiger Name: Jardin de la Paix, will heißen Friedens-

Zum ehrenden Gedenken: Kränze am Grabhügel

garten. Friedhof genügte nicht mehr. Wir sind nicht die einzigen Besucher. An schönen Sommertagen kann der inzwischen parkähnliche Friedhof zahlreiche Besucher melden. Die Frontmauer ist durch Baumreihen ersetzt. Die einzelnen Bäumchen sind gestiftet. Eine jeweils kleine Plakette nennt Stifter, Adressat und Widmung. An einigen Grabstätten sind Blumengebinde niedergelegt. Während der Invasionskämpfe legte der US-Gräberdienst in der Nähe von La Cambe, ein Dorf mit 700 Einwohnern, zwei große Gräberfelder für deutsche und amerikanische Gefallene an.

Soldatenfriedhof La Cambe: Gedenkplakette an einem gestifteten Baum

Nach Kriegsende betteten die Amerikaner ihre Toten auf den US-Friedhof St.-Laurent-sur-Mer um, der zugleich US-Hoheitsgebiet wurde. Die deutschen Toten von dort kamen nach La Cambe. Der britische und französische Gräberdienst verlegte weitere deutsche Gefallene nach La Cambe. Später übernahm der Volksbund Deutscher Kriegsgräberfürsorge Verwaltung und Pflege der Anlage und erweiterte den Friedhof.

Jugend in Gräbern

Heute ruhen auf dem größten deutschen Friedhof der Normandie 21.222 tote Soldaten. Schauen Sie auf die Jahrgänge der jung Gefallenen, die so nach einem Dichterwort ewig jung bleiben sollen. Der fast sechs Meter hohe Tumulus birgt 207 unbekannte und 89 namentlich bekannte tote Soldaten. Ein eindrucksvolles wuchtiges Granitkreuz krönt den Grabhügel. Zwei Steinfiguren halten zu beiden Seiten eine ehrende, ewige Wache.

Soldatenfriedhof La Cambe: Blumen, Schwarz-Rot-Gold für eine Panzerbesatzung

Der Friedhof wurde am 21. September 1961 eingeweiht.

Weiter Rtg Carentan/Cherbourg, N13. Wir befahren jetzt das Département Manche/Kanal. Die N 13 ist eine Stau-Straße. Durch das Molkereizentrum Isigny-sur-Mer.

In Carentan erwischt uns der Wochenendrückreiseverkehr. Die Pariser zieht es in ihre heimischen Wohnklos. Carentan, 6.700 Einwohner, liegt in der Mündungsbucht von Couve und Taute. Das erklärt den Namen.

Moor und Halbinsel

Die keltische Bezeichnung Car-Ent-An will sagen: "die von Flüssen umgebene Stadt". Eine andere Deutung meint "Ker Dun", die Siedlung auf der Anhöhe. Der Beiname "Hauptstadt des Moors, capitale du marais" zeigt: wir befinden uns inmitten des 25.000 Hektar großen Moor- und Viehzuchtgebietes des Cotentin.

Auf der Douve kann man von Carentan aus mit dem Flussboot "Barbey d'Aureyvilly" Fahrten ins Moor unternehmen (Start 15h00, Rückkehr 18h00, Mai, Juni, September jeweils So, Juli/Aug So-Fr, Mai - Sept Sa 9h30-18h00). Vielleicht bereichert dabei der eine oder andere Sumpf-Ötzi den Moorausflug. Vom Bahnhof der Stadt fährt ein Touristenzug Modell 50-er Jahre in das Moorgelände (Mai, Juni, Sept, so, 14h30, 16h45, Rückkehr 15h45/18h15, Juli/Aug auch Sa, So 14h30 mit Wanderung Rückkehr 18h30. Die Stadtmütter und -väter sind stolz auf ihren preisgekrönten Hafen.

Weiter Rtg Cherbourg auf der Halbinsel Cotentin. Dieser Name soll auf den weströmischen Mit-Kaiser Constantius Chlorus zurückgehen, der von 293 bis 306 n. Ch. in Trier residierte. Constantius-Chlorus hatte zum Vater Konstantin den Großen, der das Christentum im Römischen Reich einführte. Vor St.-Côme biegen wir von der N 13 nach rechts auf die D 913, Rtg Ste.-Marie-du-Mont/Utah-Beach. Man kann auch an Carentan auf der N 13 vorbeifahren und direkt zumStrand von Ste-Marie-du-Mont abbiegen, bekannt als Utah-Strand.. Wir durchqueren den Naturpark Marais du Cotentin/Contentin-Sumpf und gelangen erneut an die Meeresküste.

Vorbei an Pferdegestüten, am Denkmal für dänische Matrosen, die auf der Invasionsflotte Dienst taten. Utah-Strand ist US-Gebiet. Der tüchtige Ortsbürgermeister sorgte in der 90er Jahren für ein Invasions-Museum. Gerät liegt zum Fotografieren herum, so dass jeder Gerne-GI das befreiende Landegefühl tanken kann. Von hier aus, dem Kilometerstein 00 (!) und von Sainte-Mère-les-Eglise, dort hat man der Kilometerstein 0 verankert, zählen die Franzosen die fackelbewehrten Entfernungsmarkierungen auf ihrer Straße der Freiheit, voie de la liberté, die bis nach Belgien hinein führt. Warum gerade ab hier? Unweit der Denkmalplantage steht eine weitere. Da rollte die mit US-Gerät ausgestattete 2. und einzige französische Panzerdivison Mitte August an Land, der erste gallische Kampfverband auf dem Kontinent. Philippe Leclerc war Divisionskommandeur. Er kam nach dem Krieg bei einem Flugzeugabsturz in Nordafrika 45-jährig ums Leben.

Wir fahren weiter entlang der Küste nach Norden, D 421. Dieser Abschnitt ist weit weniger mondän als die Strände der Perlmuttküste oder der Küste der Gnade, von Etretat ganz zu schweigen.

Deutsche Trikolore am Bunker

Große Teile am Utah-Beach sind, ähnlich wie Bereiche an der Pointe du Hoc, in Naturschutzgebiete umgewandelt worden. Es darf nichts mehr rumgebaut oder rumkultiviert werden. Pferde und Kühe grasen. Die D 421 führt weitgehend am Strand entlang. Das Gelände ist eben. Die D 421 ist meist nur durch einen Deich vom Meer getrennt. 4 km nach Ravenoville-Plage biegen wir nach links auf die D 69 ab. Hecken und Knicks durchziehen weiter Normandie typisch die Landschaft. Sie bremsen Wind und Erosion. Die D 69

St.-Vaast-La Hougue

leitet zu der Batterie von St.-Marcouf (US-Code: Crisbecq), u. a. 4 Kanonen mit Kaliber 210 cm, Rohrlänge 9,53 m, Reichweite 22 km. Hersteller ist die tschechische Firma Skoda. Während der Krieges wurden ca 30% des deutschen Rüstungsbedarfes auf dem Territorium der heutigen Tschechischen Republik durch die dortige technisch hochwertige Industrie produziert. Die Kanonen standen ursprünglich im gegen Deutschland verbunkerten Erzgebirge. Die Anlage ist heute ein privates Museum. Daher weht auch Schwarz-Rot-Gold.

Ouistreham: Parasurfer

Weiter Rtg Quettehou, ein 1.300 Einwohner zählendes, sympathisches Dorf. Die normannisch-gotische Kirche aus dem 13. Jh. steht wie gewohnt in der Ortsmitte. Vom Friedhof kann man auf die Bucht von Morsalines schauen, auf die Vauban-Festung von La Hougue, auf die Insel Tatihou, die seit 1992 mittels Amphipienfahrzeug von St.-Vaast-La Hougue zugänglich ist. Wir sehen auch die Felsspitze des Saire-Tales. Der Wikinger-Abkömmling La Hougue ist die Heimat der Normandie-Auster, aber nicht nur das.

Erbfeindschaft am Kanal

Achtung Geschichte: Engländer und Holländer fackelten ab 30. Mai 1692 vier Tage lang gemeinsam eine am Strand von La Hougue liegende französische Flotte plus die La-Houguer Landfestung ab.

Kein schöner Zug gegen Gloire und Gallierstolz.

Der 50-jährige, französische Befehlshaber, Admiral Anne-Hilarion von Cotentin, Graf von Tourville (bei Coutances), war seit 36 Jahren in Sachen Seekrieg tätig, so gegen Holländer, Spanier, Briten, algerische Piraten, beschoss Algier und Genua. Tourville errang tags zuvor bei Barfleur einen Abwehrsieg mit 44 Schiffen ohne Total-Verluste gegen 99 britische und holländische Kriegsschiffe nach 12 Stunden See-Gefecht. Da alle seine Schiffe beschädigt waren, löste er sich vom Feind. Der Sturm trieb einige Franzosen aufs Meer, mit den restlichen 32 Wasserfahrzeugen zog er sich auf die Reede von St.-Vaast zurück und die Boote ans Ufer. In der Nähe waren verbündete, irische Truppen stationiert, die mit ihm nach England sollten, auf deren Hilfe er zählte. Doch die Iren konnten kein Französisch und, Chaos pur, machten nichts. Briten und Holländer nutzten die Lage. Die Franzosenschiffe brannten bald.

St.-Vaast-La Hougue: Vaubanfestung mit Bunker

Das alles war Teil eines neunjährigen, europäischen Krieges (Pfälzischer Krieg 1688-1697). Frankreich bekämpfte im Bündnis mit Dänemark und den Türken den Deutschen Kaiser, England, Holland, Schweden und Spanien.

Einige der deutschen Fürsten unterstützten den Kaiser. Der musste 1683 die Türken vor Wien zurückschlagen, führte noch Jahrzehnte Kriege gegen die Osmanen. 1688 verjagten die Briten ihren König Jakob II., weil der das Land rekatholisieren wollte. Sie holten Wilhelm III. von Oranien, den protestantischen Statthalter der Niederlande auf den Thron. Jakob flüchtete nach Frankreich und Ludwig Sonnenkönig XIV. wollte den Mann wieder an Englands Spitze bringen. Dazu schlug Tourville 1690 vor der Süd-Küste Englands bei Beach Head/frz Béveziers (zwischen Brighton und Hastings) eine britisch-holländische Flotte teils vernichtend.

Krieg im Bündnis

Noch heute sehen die Franzosen in Béveziers ihren größten Sieg zu Wasser. Sie tauften danach zwei U-Boote. Das Erste torpedierte am 25. September 1940 in bester Tradition das englische Schlachtschiff Resolution, nachdem die Briten die frz Flotte in Dakar beschossen haben, auch, um sie nicht den Deutschen in die Hände fallen zu lassen.

Am Utah-Beach

Mit denen hatte die französische Vichy-Regierung bereits 3 Monate Waffenstillstand und nicht nur den lieben Gott, sondern auch die Wehrmacht im Land. Vom heutigen, gallischen Atom-U-Boot Béveziers weiß man nichts über gehabte Torpedierungen. Die Niederlage vor La Hougue sicherte Frankreich die maritime Unterlegenheit gegenüber dem britischen Erbfeind, die Nelson 1805 bei Trafalgar erneuerte. Ludwig XIV. ließ 1694 die Jahre zuvor verkohlten Festungen in La Hougue und auf der Insel Tatihou wieder herrichten. Also nicht jeder Stein ist WK-II-Atlantikwall.

Barfleur: Ebbe im Hafen

Tourville steht als Denkmal – etwas abseitig – im sehenswerten Garten von Coutances. Er fiel nach dem Béveziers-Sieg in Ungnade beim absoluten Ludwig, nach seiner La-Hougue-Pleite traf ihn wieder die königliche Huld. Tourville starb 59-jährig in Paris.

Der Krieg 1688-1697 brachte die französische Zerstörung der Pfalz, so von Heidelberg. Das besetzte Elsass und das 1681 annektierte Straßburg mussten Frankreich überlassen bleiben.

Die schöne, wilde Meeres-Blondine

In dem Fischer- und Badeort Barfleur treffen wir wieder auf das Meer. Es regnet. Dass wir laut Eigenwerbung in einem der schönsten Orte Frankreichs sein sollen, ist wenig zu spüren. Alles läuft miesepetrig herum. Der Café noir am Ufer ist teuer, die Bedienung aber freundlich. Barfleur zählt 650 Einwohner und liegt um den Hafen herum. Seine wirtschaftliche Basis sind der Fischerei- und Yachthafen und ein verhaltener Tourismus. Die Fischerei holt quotenbeschränkt See-Muscheln, die sogenannte Barfleurer Blonde/ Blondes de Barfleur, Hummer, Krustengetier und Krabben aus dem Meer.

Barfleur hatte 1865 die erste Rettungsstation für Schiffsbrüchige und ist heute der Sitz der regionalen Leitstelle der französischen Rettungsstationen. Seit 1997 hat Barfleur ein neues hoch leistungsfähiges Rettungsschiff, 380 PS, 20 Knoten, getauft auf "Amiral de Tourville". Die gedrungene gotische Kirche verkörpert das frühere harte Leben der Einwohner. Vermutlich keltischen Ursprungs, der Ortsname stammt von den Nordmannen, machte sich Barfleur einen Ruf als Wikingernest. Die Endung "fleur" hat als sprachlicher Ahne das Nordische "fliot", das im Dänischen "fiord" oder "fjord" lautet. Im Mittelalter war der Ort für 150 Jahre der wichtigste Hafen der Halbinsel Cotentin, vielleicht der Normandie, und zählte 9.000 Einwohner und 1.800 Häuser.

Barfleur: Fischerei- und Yachthafen, Kirche und Seefriedhof

Für damalige mittel- und westeuropäische Verhältnisse entspricht das einer Großstadt. Dem machten die Briten ein Ende. Im Juli 1346 brannten sie den Ort nieder. Den Rest besorgte die Pest bis 1353.

Barfleur heute: Die Engländer sind die größte und treueste ausländische Besuchergruppe.

Der Nebel zieht in Schwaden

Die "Mora", das Drachen-Flaggschiff des Britannien-Eroberers und Normandie-Herzogs Wilhelm, wurde in Barfleur 1065 gebaut. Eine kreisrunde Bronze-Tafel am Hafen erinnert seit 1966 an den Englandtrip.

Im Jahre 1120, am 25. November, peitschten Stürme die "Blanche Nef", das weiße Schiff, mit 300 anglo-normannischen Top-Adligen, darunter den Thronfolger, und einer besoffenen Besatzung ins tödliche Felsenriff von Quillebœuf. Alle wurden Opfer der See. Die Führung musste sich völlig neu aufstellen.

Der Hafenbereich scheint größer als der ganze Ort zu sein. Barfleurs blau gedeckte Häuser aus grauem Granit schaffen in den kleinen Gassen bei Nebel und Dämmerlicht eine gespenstische Stimmung. Die Zeugen einstiger Größe, Wälle und Burg, hat das Wasser verschlungen.

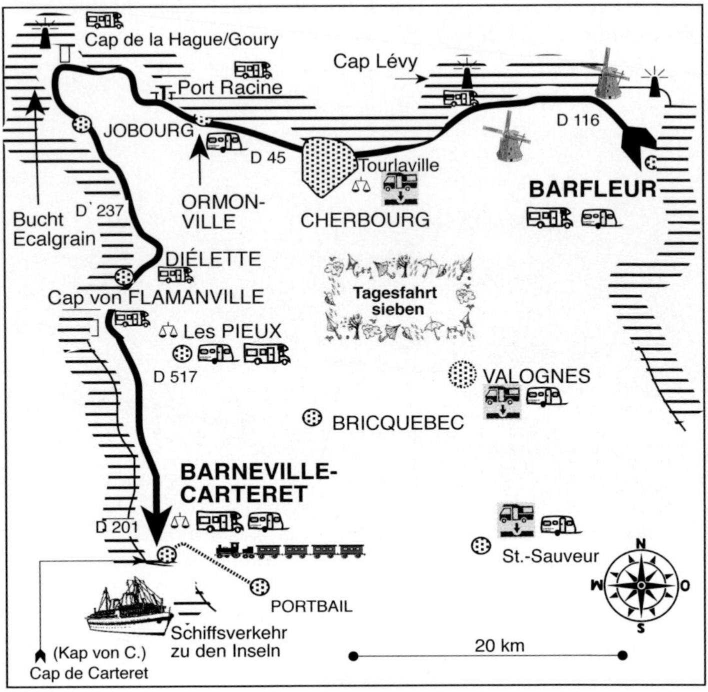

Strecke: **Barfleur** * Gatteville * Fermanville * Cherbourg * Landemer * Flamanville * Surtainville* **Barneville-Carteret.** 80 km

Besichtigen: Leuchtturm / phare Gatteville (365 Stufen), geöffnet Mai-Aug. tgl. 10-12h. 14-19h. Sept bis 18h, Okt. bis 17h. Cap Lévy; Cherbourg Hafenanlagen (1h), evtl. Arsenal (frz. Kriegshafen); Meeres-Museum-Aquarium Cité de la Mer (1h) Juni / Mitte Sept 9h30-19h, sonst 10h-18h; Port Racine (15 min); Cap de la Hague; Wiederaufbereitungsanlage La Hague, 2h (nur Besucherzentrum); Ausflug nach Jersey, Guernsey, Sarcq März-Nov tägl., genaue, aktuelle Info office de tourisme von Carteret am großen Parkplatz / Place Flandre-Dunkerque 1940. Touristischer Zug Juli / Aug, So 15h / Di 10h / Do 8h30, 12h30 ab Careteret.

Wandern: Spaziergang auf dem Strandweg von Barneville bis die Sonne im Meer versinkt (1h).

Picknick: a) Cap Lévy; b) Port Racine; c) Cap de la Hague; d) Bucht von Ecalgrain; e) Cap von Flamanville; f) Schnittpunkt D 901 / D 318

Wasser: a) Ormonville-la-Roque: am Hafen an den Toiletten; b) Diélette: am Hafen.

Camping: Barneville: 7 x Camping;
Stellplatz: Carteret: a) Parkplatz Hafen, b) großer Parkplatz Ortsmitte, b) Parkplatz Bahnhof. d) Néville vor der Kirche; e) Port Racine, Parkplatz; f) Cap de Flamanville; g) Hafen von Diélette.
Märkte: Cherbourg: Di+Do; Carteret im Sommer: Do; Les Pieux: Fr; Barneville-Carteret: Sa.
Abwasser: Cherbourg: Tourlaville, Les Pieux: Camping Le Grand Large, Barneville: Camping.
Info: Office de Tourisme: F 50270 Barneville-Carteret Tel.: (0) 33 04 90 58, Fax (0) 33 04 93 24 www.barneville-carteret.net; , F 50100 Cherbourg-Octeville Tel.: (0)2 33 93 52 02 Fax: (0)2 33 53 66 97, www.ot-cherbourg-contentin.fr - dort auch ein speziellen Restaurantprospekt; Cherbourg Meesresmuseum Cité de la Mer: www.citedelamer.com; F 50440 Beaumont-Hague Tel.: (0) 33 52 74 94 Fax (0) 33 52 09 54, www.lahague.org; F 50340 Les Pieux Tel.: (0)2 33 52 81 60 Fax (0) 33 52 86 79 www.tourismelespieux.com.

Wind-Mühle und Leuchtturm

Falls die Gespenster der Geschichte nicht weiter im Wege stehen, geht es von Barfleur aus über die D 116 Rtg Cherbourg "par la Côte". Am Ortsrand steht eine fast eingewachsene Windmühle. Vor zehn Jahren stand sie noch frei herum. Durch Gatteville. Nur 4 km nördlich des Ortes Gatteville-beim-Leuchtturm / Gatteville-le-Phare steht auf der Pointe de Barfleur Frankreichs mit 71 m größter Leuchtturm aus 11.000 Granitblöcken und 40 km Leuchtweite. Ein 130 m langer Damm verbindet Kontinent und Turm.

Mühle 1993

Der Leuchter ist zweitgrößter in Europa. Mit Laterne sind es 74 m. Seine Basismauer misst 2,60 m bei 9,25 m Durchmesser. Bauzeit 1829-35. Bis 1944 sorgten Dampfmaschinen für Strom. Mindestens sechs Wärter arbeiteten in Schichten rund um die Uhr. Sie wohnten in unmittelbarer Nähe mit ihren Familien. Die

Alles ändert sich: Mühle 2005

Wärter beobachteten auch die Nachbar-Leuchttürme. Drei mussten die Dampfmaschinen in Schwung halten. 1944 ersetzten deutsche Diesel den Dampf. 1984 entfiel die direkte Wache auf dem Turm. Das Ganze wurde automatisiert. Ein Wärter, jetzt Kontrolleur genannt, wohnt noch vor Ort.

Zu massiv frischer Luft, zu mittleren Sturmattacken und bisweilen nebelfreiem Weitblick führen 365 mühselige Stufen. Der Abgang ist, wie im Leben, nicht so toll. Die Fußgelenke lassen grüßen.

Wikingerschwerpunkt Vikland

Die Landschaft wird ziemlich wellig, mit Knicks und Hecken. Immer wieder legt sich ein kleines Dörfchen mit dunklen Gemäuern in die Küstenfelsen. In Fermanville kann man zum Cap Lévi fahren, auch Lévy geschrieben. Dort gibt es eine herrliche Aussicht. Lévi soll aus dem dänischen vik/vig = die Bucht (Lévi = le vig) kommen. Wieder eine Wikingerspur.

Leuchtturm Gatteville

Wie überhaupt ist die ganze Contentin-Nord- und Ostküste mehr gepflastert mit einstigen Wikingersiedlungen als die restliche Normandie. Nicht von ungefähr heißt die Ecke Vikland. Insgesamt sollen in der Normandie mindestens ein halbes Tausend an Orts- und Landschaftsnamen, dazu noch unzählige Personennamen auf die altnordischen Sprachler, also Angelsachsen und Dänen zurückgehen. Ouistreham hat mit "ham" eine Endung, die dem deutschen "-heim" eine germanische Wurzel hat. Oder die Endung "-becq" in Crisbecq ist mit der deutschen Endung "-bach" und der dänischen "-boec" sprachlich verwandt.

Im 16. Jh. starteten von hier Korsaren ihre Beutezüge. Unwetter zerstörten ständig den kleinen Lévy-Hafen. Die Festungswerke gehen auf Napoleon zurück und galten der Britenabwehr. Bei Fermanville entdecken wir ein schönes Eisenbahnviadukt. Am nahen Flüßchen Poult reihen sich 6 Mühlen aneinander. Durch Bretteville auf der D 116.

Cherbourg, Mann oder Supermarkt

Wir erreichen Cherbourg-Octeville über Tourlaville. Von weitem sehen wir nicht die parapluies von Cherbourg, sondern die Hafenanlagen. Der Hafen und Marinestützpunkt ist ein großer Arbeitgeber der Region, die mit über 16% Arbeitslosigkeit geschlagen ist. Die Militäreinsparungen bewirken, dass der Marinestützpunkt nach Brest verlegt, zumindestens sehr ausgedünnt wird. Wir fahren zum Hafen und in das Zentrum von Cherbourg. Am Rande der Straße warb mal ein Einkaufszentrum mit "Changez de mari ou changez d'hypermarché", "Wechseln Sie den Mann oder den Supermarkt". Die Stadt war während der Invasion Festung und erlitt wochenlange Kämpfe. Ergebnis: völlige Zerstörung vor allem der Hafeneinrichtungen. So haben wir eine wiederaufgebaute Großstadt vor uns.

Cherbourg: Napoleon I. zwischen Kriegs- und Handelshafen, stets mit Blick gen Engelland.

Am Hafen reitet Napoleon nach Norden und weist mit weit ausholendem Arm nach London/England. Zwischen Napoleon und Meer weht eine ganze Flaggenreihe. Jede ordentliche Hafenstadt will international sein. Der Besuch des Kriegshafens, westl. des Yachthafens, ist nur Franzosen mit Ausweis vorbehalten.

Cherbourg hat heute knapp 30. 000 Einwohner, die Agglomération - das Verwaltungsgebiet Cherbourg bewohnen 90. 000 Menschen. Die Stadt, mit Bremerhaven liiert, ist seit Ende 18. Jh. Kriegshafen, seit 1858 markant befestigt, dann Handels- und Fischerei-, Yacht- und Fährhafen, aber auch ein wichtiger Stützpunkt für die zivile Atlantikroute. Im 19. Jh. und bis 1929 nahmen hier viele Auswanderer nach Amerika Abschied von Europa. Bereits 1776 wurde mit dem Bau des großen Dammes begonnen, der schließlich nach vielen Rückschlägen 1853 gegen die Naturgewalten stand. Diesem Damm verdankt der Hafen Cherbourg überhaupt seine wirtschaftliche, strategische Existenz und das Eigenlob "Tor Europas". Staatswerft DCN, Elektronik und Elektrotechnik sind weitere Standbeine.

Der Hafenbereich, insbesondere der Yachthafen Port Chantereyne mit den Parkanlagen, ist der attraktivere Teil der Stadt. Dort reitet auch Napoleon. Der spätere Megakatastrophenkahn Taitänik ankerte in der Nacht 14./15. April 1912 am Überseehafen Cherbourg.

In der Cité de la Mer, ein Meeres-Museum, liegt das

Port Racine, der kleinste Hafen Frankreichs

ausgemusterte, französische Atom-U-Boot "Le Redoutable/Der Fürchtenswerte" vor Anker, das 1967 als Kern der frz atomaren, maritimen Schlagkraft in Cherbourg vom Stapel lief. . Man darf das U-Boot per Simulation steuern. Eine U-Boot-Galerie veranschaulicht die Entwicklung von der Phantasie-Nautilus von Jules Verne bis heute. 16 Wasserbecken zeigen eine Menge Meeresfauna und -flora. Die Cité de la Mer liegt am Yachthafen/Gare Maritime Transatlantique/Überseehafen.

Die nahe Altstadt mit der Fußgängerzone ist Bummelbezirk aber nicht sonderlich einladend. Cherbourg hat Universität, die Nuklearforschung La Technopôle. Die Gastro-

Entschleuniger: Fußgänger, mal keine Radfahrer

nomie wirbt heftig mit Fremdsprachenkenntnissen. Überall glänzt man mit Englisch, zusätzlich werden zur Verständigung angeboten: häufig Deutsch, Spanisch, weniger Italienisch, einmal sogar Russisch, das die Pächterin Frau Assow spricht. Die Speisekarte bietet allerdings kurdische und marokkanische Mahlzeiten.

"Die Regenschirme von Cherbourg", 1963 Titel eines rührseligen Filmes mit Chathérine Deneuve, haben inzwischen internationalen Ruhm erlangt. "Der echte Cherbourg/le véritable Cherbourg", kostet ab 85 Eur das Stück. Er soll Rückenwind von 120 km/h aushalten, Gegenwind bis 54 km/h und wird seit 1996 im regenreichen Cherbourg hergestellt. Ahorngriff, Cherbourg-Wappen und Metallring sind die Markenzeichen. Zu erwerben u. a. im Zentrum in der Boutique Ecaille, 30, rue des Portes, in der Nähe des Hafens (www. parapluie-cherbourg.com).

Weiter Rtg Querquerville, Beaumont-La Hague am Hafengelände entlang. Dann Rtg Urville-Nacqueville/Cap de la Hague. Alles prachtvolle germanisch-keltische Namen. Wir fahren parallel zur Küste. Urville ist ein altes normannisches Seedorf. Dort erreicht uns wieder der markierte grand randonné/Fernwanderweg/sentier litoral/Strandweg längs der Küste. Nacqueville hat ein Schloss mit schönem Park. Weiter auf der D 45 Rtg Landemer. Ein Kilometer nach Landemer, 50 m hoher Felsen, schöne Aussicht auf das Meer. Der Parkplatz liegt an einem Bunker. Der letzte Teil führt zu Fuß zum Strand. Immer wieder herrliches Panorama mit Blick zum Meer. Rtg Omonville, D 45, die sehr

Bucht von Écalgrain

schmal ist. Einheimische fahren zügig. Links Großdemo von Kühen, vermutlich wegen der Milchquote. Hinweisschilder von Bauern, die Eigenprodukte verkaufen.

Die Gegend wirkt arm und ist dünn besiedelt. Die D 45 wird beidseitig durch Erdwälle gesäumt und geschützt. Durch Omonville-la-Rogue. Wir fahren zum Hafen, der 1989 restauriert wurde. Neben dem Hafenrestaurant finden wir Toiletten und eine Wasserstelle. Weiter an der Küste entlang, D 45. Nach St.-Germain-des-Vaux. Bizarre Felsen ragen aus dem Wasser. Kiesstrand verdirbt die Badefreuden.

Vorbei am Port Racine. Das ist der kleinste Hafen von Frankreich. Von der Straße ergibt sich ein schöner Blick nach unten auf den kleinsten Hafen. Vorbei am Fort St.-Martin, heute eine Ferienkolonie, früher eine Festung Ludwigs XIV. Am Restaurant moulin à vent in St.-Martin ist ein Aussichtspunkt angelegt. Nach St.-Germain rein und weiter Rtg Cap de la Hague.

Am Ende der Welt: Rendezvous mit dem Golfstrom

Goury: 48 m-Leuchtturm, der westlichste Punkt der Halbinsel Cotentin.
Das Kreuz erinnert an die Besatzung des Tauchbootes Vendémaire, das am 8. Juni 1912 beim Auftauchen mit dem Schlachtschiff Saint Louis kollidierte und sank.

Wir haben ständig das Meer vor Augen. Durch Auderville und nach Goury. Das ist der westlichste, von Menschen besiedelte Punkt der Halbinsel Cotentin. Goury beherbergt einen wichtigen Stützpunkt für den Seenotrettungsdienst. Im Blick steht der große Leuchtturm.

Dem Leuchtturm vorgelagert ist ein windumtobter Parkplatz. Ein schmuckes, kleines Zwischenfrühstück im Wohnwagen/Wohnmobil - mit williger Meer-/Landfrau - und draußen die nassen Winde. Das könnte was haben, als Erinnerung gut tun. Wir treffen hier auf eine Küste, die vom Golfstrom umspült ist. Abfahrt auf der D 401. Die Straße ist eng, aber befahrbar. Rtg Jobourg. D 401. Nach knapp 2 km tut sich die Bucht von Écalgrain auf. Der wilde Meereseinschnitt rahmt mit einer Heidelandschaft einen weitausholenden Sandstrand ein.

Wiederaufbereitungsanlage von La Hague

Atom + Stacheldraht = Arbeitsplätze

Das Zeichen am Straßenrand ist der Totenkopf. Es ist nicht das Wappen der Gegend, sondern der Protest von Atom-Gegnern. Denn wir sind im Bereich der Wiederaufbereitungsanlage La Hague. In Dannery weiter nach Nez de Jobourg. Nach dort führt allerdings, wie zu manch schönem Ziel, eine Sackgasse. Aber was wird geboten: wir und der Atlantik. Dann Rtg Beaumont, D 901.

Nicht alle sind wilkommen

Schließlich erreichen wir die Wiederaufbereitungsanlage. Dreifache NATO-Stacheldrahtrollen um das riesige Werk machen es einschlägig unverwechselbar. An der Straße liegt das Besucherzentrum/ centre d' information der Atom-Fabrik. Der Besucherdienst ist sehr freundlich und prospektinformativ. Die La Hague-Anlage ist von drei Seiten vom Meer umgeben. Als Arbeitgeber ist sie begehrt und hier unverzichtbar.

Nez de Joubourg/Nase von Joubourg, Felsen von 127 m Höhe und Vogelreservat.

Der Protest der Einheimischen, anders der reisender

Atomkraftgegner, hält sich in engen Grenzen. Wie die Einfamilienhäuser zeigen, bringt die Anlage ordentlich Kaufkraft ins Land. Weiter nach Vauville an die Küste. Die D 318 hat 10% Gefälle. Unterwegs findet sich ein Rastplatz am Schnittpunkt D 901/D 318. Weiter nach Biville, D 318, ein richtiges „Von Dorf zu Dorf Gehopse". Biville bietet mit 128 m Gipfelhöhe eine der größten europäischen Dünen auf. Die D 118 Rtg Vasteville. Ein Großtraktor stört die flotte Fahrt.

In Vasteville, D 64/64e, dann 5 km bis Diélette. Rtg Diélette auf der D 23 am Hafen vorbei. Diélette verfügt über den einzigen, ordentlichen, gut ausgebauten Hafen zwischen Goury und Carteret. Ein feinkörniger Sandstrand ergänzt das Angebot. Dann Rtg Flamanville. Unterwegs fallen schmucke Neubaugebiete auf. Bei Flamanville liegt eine centrale nucléaire, ein Kernkraftwerk der E.d.F., Électricité de France. Es ist seit 1985/86 in Betrieb. Das Kraftwerk beansprucht stolze 120 Hektar und ist auf das offene Meer hin orientiert. Die Kapazität beträgt 18 Milliarden KWh. Da kann die 25 Watt-Birne lange brennen. Die Weiterfahrt bis Carteret führt über kleine Dünenstraßen.

Barneville-Carteret: Wasserturm

Wer ungeduldig wird oder abends in dem Doppel-Badeort Barneville-Carteret den aufwendigen Meeresfrüchteteller/plateau de fruits de mer oder bloß moules-frites genießen möchte, der kann auf der D 904 für knapp 20 km zügig den Atlantik Atlantik sein lassen.

Dolmen im Hinterhof

Rtg Sémaphore-Dolmen, der so auf einem braunen Wegweiser ausgeschildert ist. Der bescheidene Dolmen steht auf dem Hinterhof eines Hotels, auf dessen Parkplatz die Ausschilderung führt. Ursprünglich hatte der Dolmen freien Inlandblick, aber dann verbaute ihm späteres Menschenwerk die Aussicht. Doch die Steilküste verbleibt ihm noch als Nachbarschaft. Die Stätte gilt auch als Cap von Flamanville. Vom Hotelparkplatz mit Bunkergrund führt ein Strandpfad die Steilküste hinunter.

Weiter Rtg Houel. Der Verkehr verliert sich über die D 517 Rtg Surtainville. Dort tut sich eine mächtige Festung auf, Atlantikwall der früheren Art (18. Jh.). Durch Surtainville. Dann weiter an der Küste D 517/D 201 oder auf der landeinwärts führenden D 904 Rtg Barneville-Carteret. Wir laufen in Barneville-Carteret ein. Eschede/Niedersachsen ist die Partnerstadt der Doppelgemeinde. Wir finden eine reizvolle Küste vor. Drei Feinsandstrände, 7 Campingplätze, ein echtes Kap, Fischerei- und Yachthafen bilden die Kulisse für einen Badeort mit Flair und Tradition. Die Badekultur wird seit 1820 betrieben. Noch: Die romanische Wehrkirche (12. Jh.) von Barneville.

Barneville-Carteret – Portbail: 50er-Jahre-Zug mit BB 63 069 Diesellok von 1952 für Touristen, soll aus Kostengründen einem Radweg weichen.

Vom Strand von Carteret aus kann man in einer knappen Stunde um das Kap herumwandern. Die vorgelagerten Kanalinseln schützen vor der starken Brandung des Atlantiks. Vom Hafen lassen sich Ausfahrten zu den Resten britischer Kontinentalherrlichkeit, den Inseln Jersey, Guernsey und Sarcq unternehmen. Im alten Bahnhof Carteret endet und startet ein Train Touristique von und nach Portbail. Der Zug besteht zwar aus älteren Waggons, Baujahr 1961, gezogen von einer kleinen Diesellok, ist jedoch kein Nostalgie-Bähnle. Er soll lediglich die Landschaft vorstellen und fährt in den Sommermonaten. Die Fahrzeiten sind jeweils in den Geschäften angeschlagen. Start in Carteret über Barneville, St.-Georges-de-la Rivière, Portbail und zurück. Insgesamt 2h30 Dauer.

Von Rozel im Norden bis nach Carteret erstreckt sich auf 11 km das Dünen-Massiv von Baubigny. Im Süden wird der Sandhaufen die Düne von Hattainville genannt. Den größten Eindruck machen die am Carteret-Cap auf 81 m aufgewehten Sandmengen. Da meint man, der ganze Hügel sei nur aus Sand. Doch wie vieles, was groß erscheint, hat der Sand einen fremden Unter- und Mittelbau. Und der ist Fels. Der lange Sandstrand von Barneville-Carteret lädt zum Promenieren ein. Manchmal peitschen Regen und Wind die Gefilde. Das kräftige Klima bläst dann dem bleichen Büromenschen frische Luft ins Leben.

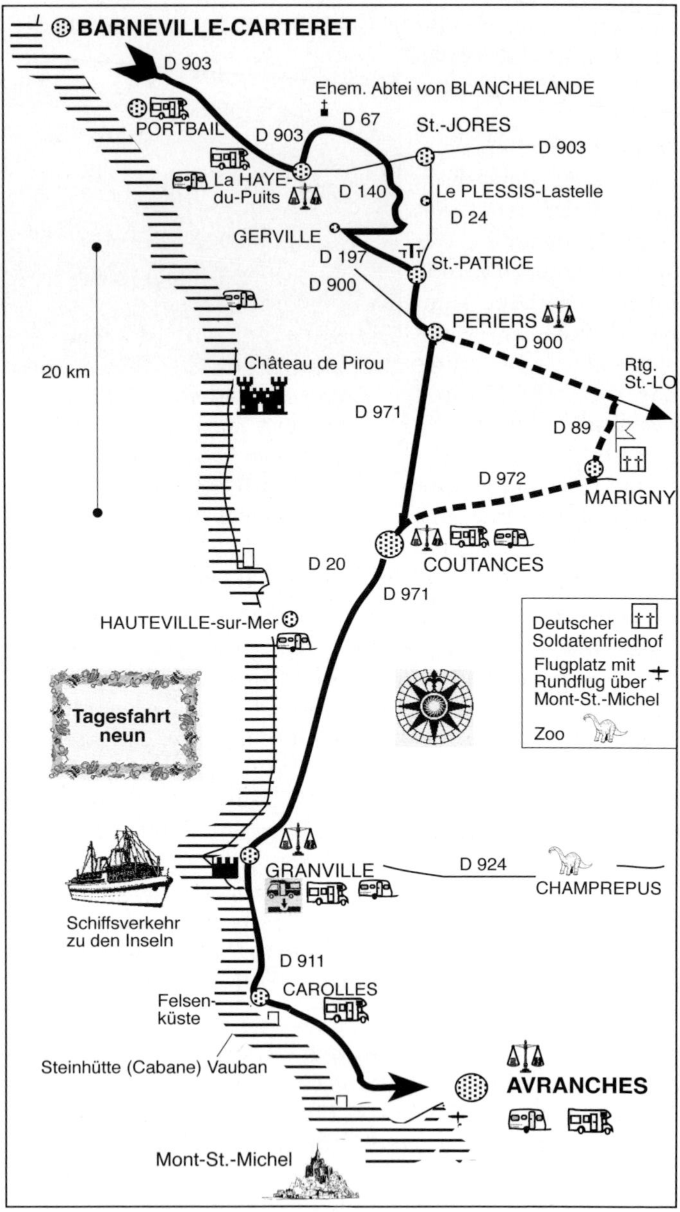
BARNEVILLE-CARTERET
D 903
Ehem. Abtei von BLANCHELANDE
PORTBAIL
D 903
D 67
St.-JORES
D 903
La HAYE-du-Puits
D 140
Le PLESSIS-Lastelle
D 24
GERVILLE
D 197
St.-PATRICE
D 900
PERIERS
D 900
Rtg. St.-LO
20 km
Château de Pirou
D 971
D 89
D 972
MARIGNY
D 20
COUTANCES
D 971
HAUTEVILLE-sur-Mer
Deutscher Soldatenfriedhof
Flugplatz mit Rundflug über Mont-St.-Michel
Zoo
Tagesfahrt neun
GRANVILLE
D 924
CHAMPREPUS
Schiffsverkehr zu den Inseln
D 911
CAROLLES
Felsenküste
Steinhütte (Cabane) Vauban
AVRANCHES
Mont-St.-Michel

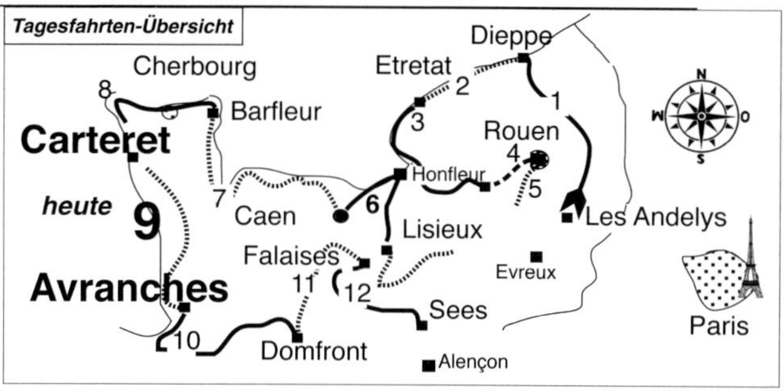

Strecke: **Barneville-Carteret** * D 903 * La Haye-du-Puits * Abtei Blanchelande * St.-Patrice * Coutances * Granville * **Avranches.** 130 km.

Besichtigen: Abtei Blanchelande (1h), Bocage / Heckengelände des Cotentin; Innenstadt von Coutances (2h), Château Pirou (1h, nicht auf der Strecke); Zoo Champrepus bei Villedieu-les-Poêles bzw. 20 km ostw. Granville (2h, nicht auf der Strekke); Oberstadt von Granville, Pointe du Roc (2h); Küste an der Bucht des Mont-St.-Michel (2h); Avranches (1h). Ggf Fahrt nach Jersey, Guernsey, Sarcq von Carteret, Portbail, Granville aus.

Wandern: Markierte Rundwanderung beim Rastplatz von St.-Patrice (1h-2h); Spaziergang am Strand von Granville; Wanderung auf dem GR 223 (Küstenpfad) bei Carolles.

Wasser: a) Périers, Ausschilderung parc de stationnement, place de la Précourerie; b) Périers, Sportplätze-Eingang (innen) Ausschilderung Gymnase; c) Granville Stellplatz.

Abwasser: Haut-Granville / Oberstadt, s. Stellplatzverzeichnis; Camping St.-Sauveur-le Vicomte, La Haye-du-Puits, Granville, Avranches.

Camping: a) Avranches; b) Camping Lezeaux / Saint-Pair-sur-Mer / D 911 südl. Ortsrand von Granville, St.-Sauveur-le-Vicomte, La Haye-du-Puits, Granville, Avranches.

Stellplätze: La Haye-du-Puits, Granville, Avranches. S. Stellplatzverzeichnis.

Markt: Granville, Mi+Sa; La Haye-du-Puits, Mi; Coutances, Do; Avranches, Sa; Périers, Sa.

Info: Office du Tourisme: F 50300 Avranches: Tel. (0)2 33 58 00 22, Fax (0)2 33 68 13 29, www.ville-avranches.fr; F 50740 Carolles: Tel. (0)2 33 61 92 88, Fax (0)2 33 90 111 37, www.ville-carolles.fr; F 50200 Coutance: Tel. (0)2 33 19 08 10, Fax (0) 2 33 19 08 19 F 50406 Granville, tel. (0)2.33.91.30.03; fax (0).33.91.30.19; www.ville-granville.fr; F 50010 St.-Lô: Tel. (0)2.33.77.60.35, Fax (0)2.33.77.60.36. www.saint-lo.fr.

Heckenlandschaft Bocage

Hecken, Hecken

Von Carteret Rtg Carentan/D 903. Auch im Sommer kann es in der Normandie kühl sein. So heute. Wir verlassen den Küstenbereich und gehen in das Innere der Halbinsel Cotentin. Das Heckengelände, bocage, eine ständige Hecken- und Zäunelandschaft nimmt uns auf. Die Straße verläuft auf einer Hochfläche. Man sieht keine Berge, hat Übersicht und Wind vom Meer her. Die Straße ist recht eng und verfügt über keine ausgesprochenen Halte- oder Rastplätze. Das ist allerdings auch ein positives Zeichen. Der große Touristenstrom fließt über die Küstenstraßen. Die D 903 wird zunächst ruhiger. Der rötliche Asphalt wechselt sich mit einem grauen Belag ab. Wir kommen an dem alten Bahnhof von Denneville vorbei. Das Bahngleis ist aufgegeben. Seitlich der Straße verlaufen wieder Hecken und Erdwälle.

La Haye-du-Puits:
Kirche, Marktreste

Die Straße ist mit einem weißen Strich durchzogen. Der einheimische Verkehr erweist sich nicht von schlechten Eltern, oder doch! An solchen Stellen wird gerne gefährlich überholt, um an LKWs, Mammut-Traktoren vorbeizukommen. Die Überholer erweisen sich - wie häufig auch anderswo - aber meist als nicht sonderlich gute Fahrer, und die entgegenkommenden Überholmatadore schon gar nicht. Also Vorsicht. Die D 903 entpuppt sich zuweilen als eine Rennstrecke. Durch Bolleville D 903. Wir erreichen jetzt wieder den parc des marais du Cotentin et du Bessin/Sumpfpark.

Zweiunddreißig Sünder auf Scheiterhaufen

Durch St.-Symphorien-le-Valois, das an einen Priester erinnert, dem Hexerei und allerlei Spielchen mit seinen Schäfchen nachgesagt wurden. Er hatte Kontakt mit einer Madame Chandeleur. Die warf ihrem Diener Zügel um und soll ihn beritten haben. An derlei und ähnlichen Ausschweifungen waren recht ehrenwerte Leute der regionalen Gesellschaft bis nach Carentan beteiligt. Irgendwie schafften sie es, angeklagt zu werden und kamen, insgesamt 32 an der Zahl, wegen Hexerei auf den Scheiterhaufen. Im Zentralort La Haye-du-Puits steht in der Mitte eine klobige, gotische Kirche. Die Hauptstraße bietet beidseitig Geschäfte. Alle Immobilienangebote sind auch auf Englisch. Die Flächengemeinde mit 21 Teilorten wirbt mit "Mer, Monts, Marais/ Meer, Berge, Sumpf".

La Haye-du-Puits: Markttreiben

Von La Haye Rtg Norden nach St.-Sauveur-le-Vicomte/ Valogne/Cherbourg/D 900. 500 m nach dem Ortsrand von La Haye kommen wir in den kleinen Weiler Neufmesnil. Wir biegen vor der romanischen Kirche nach rechts in die enge kleine Straße/D 67 ein, Rtg Abbaye Blanchelande. Die Beschilderung ist von La Haye herkommend nicht zu sehen. Die D 67, wohnwagenbreit, eine Heckenschlucht mit Kühen. Unsere echte normannische Bocage-Fahrt läuft. Eine Pfadfindergruppe wandert entgegen.

An der ersten Kreuzung nach der romanischen Kapelle liegt die ehemalige Abtei Blanchelande, nichts Üppiges, heute teilweise Bauernhof. An der Abtei ist ein Rasenparkplatz mit Baumallee, die zum Eingang hingeleitet. Richard von La Haye und Mathilde von Vernon, Gefolgsleute von König Heinrich II. von England, gründeten sie 1154. Revolutionsgesocks machte sie 1790 dicht. Im 19. Jh. wurden die Gebäude restauriert und von 1890 bis 1990 durch einen Schwesterorden bewohnt. Ab Juli 1993 ist die Anlage wieder dem Publikum zugänglich. Öffnung 10h-18h. Weiter auf der D 67, Kreuzung Rtg Vindefontaine. Rtg Prétot/ D 67. Die D 67 entpuppt sich als eine schöne Baumallee aufgemischt mit Telegrafenmasten. Rtg Prétot/Lithaire. Die D 67 mausert sich zu einer - relativen - Hauptstraße. Seitlich ins Gebüsch zweigen laufend Wege und Stege zu einzelnen Bauernhöfen ab. Durch Lithaire.

Die D 140 Rtg le Plessis-Lastelle. Ein gotisches Kirchlein in Lithaire grüßt. Die D 140 ist ein schmales Asphaltgewächs. Am Berg ragt ein modernes Monument auf, ein Fernmeldemast. Vorbei an einem kleinen Bahnhof, der jetzt als Wohnhaus dient. Ich fotografiere, die ältere Bewohnerin kommt heraus, würde an sich gut ins Bild passen, aber verschwindet sofort wieder, als sie die Fotoaktion bemerkt. Sie setzt die Beobachtung hinter der geschlossenen Scheibe fort. Weiter mit der D 138. Nach rechts Rtg Lastelle. Rechts liegt der Mont Castre. Im römerfreundlichen 19. Jh. fanden sich einige Münzen, und bald vermutete man sich auf Cäsars Spuren. Tiber-Kohorten werden wohl auf der Höhe ein castrum errichtet haben, und der 85 m hohe Hügel hatte einen gebildeten Namen. Der Lager-Berg scheint schon Steinzeitmenschen angezogen zu haben. Wir sind also nicht die ersten. Die Ruinen stammen aus dem Mittelalter.

Mini-Rathaus bei Coutances

Schotter, Bauernhaus, Farnkraut

Die D 138 ist ein kleines Sträßchen durch die Heckenschluchten. In Lastelle zeigt sich wieder ein hübsches, gotisches Kirchlein. Der kleine Ort hat auch eine Grundschule. Von Lastelle nach rechts Rtg Laulne/D 338. Die Weiterfahrt führt wieder über roten Schotter mit Wohnwagenbreite durch die Heckenlandschaft auf die D 97, dann nach rechts Rtg Laulne. Eine Wandergruppe mit weiblichen Pfadfindern durchmisst das Gäu.

Am Wegrand verkümmert ein Bauernhaus mit verrostetem Blechdach. Links baut sich der schon von weitem gesichtete Fernmeldemast auf. So schraubt sich der Mensch nach oben. Bei solchen Türmen, die von Ferne schon wahrgenommen werden, schleicht sich in deren Nähe fast ein

Gefühl auf, wie wenn der kleine Erdenmensch etwas Großes, eigentlich Unerreichbares leibhaftig ins Auge kriegt und über die Bewunderung eine Ebenbürtigkeit verspürt. Weiter D 97, Rtg Gerville-la-Forêt. Dann Rtg Lessay / D 138. In Gerville Rtg Laulne / D 197 nach links. Daselbst wird viel Farnkraut angebaut. Die große Mode, die hier regiert, ist, die Häuser mit Wellblech zu bedecken. Die D 197 ist etwas breiter geworden, doch noch eng genug. Rtg Sainte Patrice.

Dt. Soldatenfriedhof Orglandes mit 10.152 Gefallenen

Die Hecken an den Straßenrändern bewirken zwar Schutz vor dem Wind, aber man verliert den Überblick über die Landschaft. Der Blick wird eng. Scheuklappenartig. Das hat 1944 den Amerikanern wochenlang schwer zu schaffen gemacht. Die Hecken wollten sich einfach nicht auf die Schnelle befreien lassen. Heute sind die Hecken gut gegen den Lärm, der übers Land kommt. Mittlerweile kreuzen wir den Weg an einem schönen Bauernhaus vorbei. Dieses ist zu verkaufen. Und wer Geld hat oder wen man dessen verdächtigt, steht auch gleich dabei. Der Hinweis ist auch auf deutsch gehalten.

Lernen im Urlaub

Ein Gehöft steht mitten in der Prärie mit zwei Wohnwagen am Abstellplatz. Wir erreichen einen Teilort von Ste.- Patrice. Er ist an dem Ortsschild mit weißer Schrift auf blauem Grund zu erkennen. Mitten in dem von Invasionskämpfen schwer mitgenommenen Dorf sehen wir ein herrliches Gebäude. Die Straße dampft. Zuvor hat es geregnet. Wir kommen jetzt an die Kreuzung D 431 / D 197. Da überrascht uns ein Rastplatz. Er ist schön in den Wald hineingelegt mit einem integrierten Lehr- und Lernpfad. Was will man mehr? Der bloße, geistferne, ozontrunkene Urlaub für Körper und Sex hat ausgedient. Was verlangt und geboten wird, ist leichte, schweißfreie Bewegung des Leibes, der Sinne, des Geistes. Und zwar im Verbundsystem.

Das ruft nach Lehr- und Lernpfad. Der Möblierung der Landschaft mit Bänken, Tischen und Orientierungskarten folgt schon seit geraumer Zeit die Pädagogisierung der Täler und Höhen. Die Pfadmarkierung geht in den Wald hinein. Der Pfad/sentier pedestre vermittelt auf 13 Stationen Kenntnisse über Fauna und Flora. Ein Text in Französisch reicht offenbar. Unser Rastplatz ist rotgeschottert. Schließlich die D 24. Wir biegen nach rechts ein Rtg Périers. Damit wäre unsere Bocage-Erkundung geschafft. Die D 24 ist wieder eine ordentlich breite Bahn mit durchbrochener Mittellinie und ziemlich gerade. Pferde grasen auf der Wiese.

Coutances: Kathedrale

D 900 nach links Rtg Périers. Diese Stadt ist mit Fallingbostel verbandelt. Die Gemeinde benannte die D 971 im Ortsbereich die "Straße des (alliierten) Bombardements von 1944". Das ist eine "Würdigung" der alliierten Vorgehensweise. Die britischen, normannischen Inseln wurden vermutlich deshalb nicht zurückerobert, um die Bevölkerung und die Ortschaften diesem Befreiungsbombardement nicht auszusetzen. Die deutsche Besatzung blieb dort bis Kriegsende relativ unbehelligt.

Périers weist schöne, eineinhalbgeschossige Häuschen auf. Der große, selbst der kleine Tourismus findet hier nicht statt. Das Kleingewerbe bestimmt das wirtschaftliche Leben der 2.500 Einwohner. Durch St.-Sauveur-Lendelin Rtg Coutances. Da es in Frankreich viele Orte mit dem Namen St.-Sauveur, der Retter, gibt, haben die meisten noch einen

Zusatznamen. In St.-Sauveur sehen wir einen sehr attraktiven Gemeindecamping.

Coutances: Garten

Coutances: im Garten spielt die Musik

Wir schauen nach einer Steigung auf der D 971 das malerisch gelegene Coutances. Die weitberühmte Kathedrale der Stadt baut sich respekterheischend am höchsten Punkt der Ortschaft in das Landschaftsbild. Coutances ist auf einer Anhöhe zwischen zwei Flüssen erbaut und von knapp 10.000 Menschen bewohnt. Die Gassen sind bergig. Die beiden Flüsse münden hier in die Soulles. Keine drei Schritte in Coutances, und wir merken rasch, dass es sich hier um ein kulturelles Zentrum handelt. Alljährlich finden in der Kathedrale Musikfestivals mit klassischer Musik statt. Der Rathausplatz heißt hier Parvis Notre-Dame.

Coutances: Mann mit Zweihänder

Die Kathedrale wurde ab 1030 gebaut. 1218 wütete eine Feuersbrunst. Dann kamen gotische Türme von heute 78 m Höhe an das Gemäuer. Berühmt ist der dreigeschossige Laternenturm. Heute gehört die Kirche dem Staat. Es gibt andere Variationen in Europa, wo der Staat bezahlt, aber die Kirche der Kirche gehört. Das Office de Tourisme ist im Rathaus untergebracht.

Das Rathaus, Stil 19. Jh., steht ziemlich repräsentativ am Parvis Notre-Dame. Zahlreiche Fähnchen aus Europa und dem Frankenreiche zieren die Verwaltungsheimstätte. Von dort ist ein öffentlicher, im Stil der französischen Hofgesellschaft des 19. Jh. gestalteter Garten/jardin public ausgeschildert. Öffnung Okt.-März 09h00-17h00, April-Sept 09h00-20h00 und Juli/Aug. 09h00-23h30. Jeden Abend wird beleuchtet außer dienstags. Dem Besucher hängen Juli/August ständig Töne wie im Kaufhaus in den Ohren. Abends werden alle 47. 000 einzelne Blümchen angestrahlt, fast wie in der Tanzstunde.

Granville

Englische, französische, italienische Gartenarchitektur sollen nach Beschreibung zusammenwirken. Seltene Bäume, ausgedehnte Blumenbeete, sogar ein Labyrinth geben dem Gartengänger Freude und Genuss. Ein Denkmal des Admiral Tourville, maréchal de France 1642-1701, hat auch ein Plätzchen im Park gefunden. Der Herr vollbrachte mit seinen Mannen für König und Frankreich 1690/92 Seesiege gegen eine holländisch-englische Flotte. Doch mit des Schicksals Mächten.... Bei La Hougue setzten 1692 ihm Briten und Niederländer seine schöne Flotte in Brand. Der Eintritt zum Groß-Garten ist kostenneutral und zu empfehlen. Nebenan liegt der mittelalterliche Bischofspark. Die Bischofsgewächse stehen unter Denkmalschutz. Schwimmvögel, Hirsche, Damwild und Pfaue sind bei Bischofs beheimatet. Coutances ist mit seinen mächtigen Außenmauern ein wichtiger Fremdenverkehrsort.

Heldentum vor Ladenschluss

Weiter Rtg Granville. Die D 971 wird zu einer dreispurigen Angelegenheit. Früher - bevor in Frankreich die Autobahn heimisch wurde - waren das die nervenkitzligen Rennstrecken. Wer die besseren Nerven hatte, konnte ausgiebig überholen. Die Straße steigt. Der Scheitelpunkt gibt einen Blick frei auf die Halbinsel Cotentin. Auf der D 971 sammeln sich übrigens zahlreiche Briten. Sie zählen im Sommer vor Deutschen und Niederländern zur größten Ausländergruppe. Allerdings sind die Rechtsfahrkünste nicht voll entwickelt. Am Wege steht oben eine Kapelle am Berg. Es ist Orval. Die D 971 wird schnell. Wir gelangen in den Dunstkreis von Granville. Die Landschaft wird ebener. Ein Müllauto quert die Straße. Keine Eimer, sondern Müllsäcke und Schachteln stehen zur Abholung oder Leerung bereit. Durch Donville-les-Bains. Das ist ein südländischer Farbtupfer im Cotentin.

Schließlich Granville. Der Weg zum Meer führt zunächst durch eine hässliche Vorstadt. Schließlich wird Granville-Unterstadt ansehnlicher. Geschäft, Restaurants häufen sich. Im Yacht- und Fischereihafen tuckert es und

Granville: Grand' Porte

stinkt es. An der Seepromenade am Casino wartet der Kellner auf Gäste im verglasten Freiluftrestaurant. Rtg Haute Ville/Pointe du Roc. Auf dem Weg dorthin, zwischen der alten Oberstadt und der Pointe du Roc, sind große Parkplätze ausgeschildert und angelegt. Wir betreten durch die Grand' Porte/Große Tor über die herabgelassene Zugbrücke die Oberstadt/Haute Ville/Oberstadt. Besonders attraktiv ist ein Spaziergang entlang der Stadtmauer zur

Gestatten: Georges René Pléville le Pelley

Ich bin am 26. Juni 1726 in Glanville als Sohn eines Kleinadligen geboren. Meine Eltern schickten mich auf die Schule nach Coutance. Aber das war pure Langeweile.

Mit zwölf Jahren riss ich aus, ging zu den Kabeljaufischern, unter falschem Namen, dass meine Familie mich nicht findet. Mit denen fuhr ich bis nach Neufundland/Kanada. Aber nicht sehr lange. Ich heuerte bei den Korsaren an. Das sind Piraten, die auf eigene Rechnung aber mit Duldung und teils im Auftrag des französischen Königs arbeiteten.

Mit 18 verlor ich gegen die Engländer das rechte Bein. Das nächste war aus Holz. Im Siebenjährigen Krieg (1756-1763) kämpften wir vor und in Nordamerika gegen die Engländer, auch vor Afrika und im Mittelmeer.

Zwischendurch heiratete ich. 1766 wurde unser Sohn geboren. Ich übernahm die Hafenkommandantur von Marseille. Da geriet ein britisches Kriegsschiff böse in die Nähe der Riffe. Wir konnten es retten. Zum Dank schrieben mir die Briten einen Brief und später, als mein Sohn in ihre Gefangenschaft kam, ließen sie ihn sofort frei mit allen Kameraden seiner Wahl.

Frankreich unterstützte die Nordamerikaner in ihrem Unabhängigkeitskampf gegen England. Da war ich als Schiffskapitän dabei. Die Revolution brach aus. Die neuen Herren brauchten mich als Admiral und Minister. Mit 72 Jahren nahm ich meinen Abschied aus dem aktiven Dienst. Napoleon berief mich anschließend noch in den Senat.

Mit knapp 80 Jahren, 1805, holte mich der Tod krankheitshalber in Paris. Granville dachte 1907 an mich und stellte das Denkmal auf. Die sind noch heute offenbar stolz. Als dieser Tage ein junger Mann wegen eines amputierten Beines nicht Fischer werden sollte, berief er sich medienwirksam auf mich und bekam seine Stelle.

Meeresseite zur Pointe du Roc, der Felsspornspitze. Die noch heute stark ummauerte Stadt wurde 1695 von den Engländern beschossen, im November 1793 von Revolutionsgegnern vergeblich belagert.

Am 9. März 1945, zwei Monate vor Kriegsende, ereignete sich eine Invasion der Deutschen Wehrmacht im Hafen von Granville. Eine kleine zwar, aber immerhin. Die deutsche Besatzung der britischen Insel Jersey machte einen Betriebsausflug mit Kampfauftrag nach Granville und kehrte

Granville: Hafen

mit einigen US-Gefangenen plus Nachschub wieder gesund und munter nach Jersey zurück.

Mächtigen Gezeiten prallen an mächtige Mauern

Das Meer schlägt hier mit den stärksten Gezeitenunterschieden von ca 15 m an die hohen Felsen. Von der Oberstadt kann man direkt bei Ebbe über eine Treppe zum Strand hinuntergehen, auch bei Flut. Doch da ist die Treppe kürzer. Die Oberstadt Granville steht auf einem Felssporn.

Im 15. Jahrhundert begannen die Engländer, die im 12. Jh. durch den Mann-Wechsel der Eleonore von Aquitanien die Gegend beherrschen konnten, die Festungsmauern hochzuziehen. Doch die tapferen Ritter von Mont St.-Michel holten die Stadt 1442 für immer heim ins Westfrankenland.

Vom 16. bis ins 20. Jh. betrieben zeitweise 5.000 Mann auf 110 Schiffen aus Granville Kabeljaufang bis in die Gewässer von Neufundland. Korsaren/Freibeuter fanden in

Granville Zuflucht und Stützpunkt. Ein Yachthafen bietet 1.000 Booten Platz. Der Fischereihafen ist Stützpunkt von 77 Schiffen und steht an achter Stelle in Frankreich. Fast 500 Familien leben vom Fischfang. Als Handels- und Fährhafen

Avranches: Burg und Bergfried nahe Rathaus, römische Ursprünge. Um 950 setzte der Däne Onfroi darauf eine Burg. Die Nachwelt baute weiter.

hat Granville weitere Bedeutung und Einnahmequellen. Im 18. Jh. kamen noch Pariser und Engländer als Touristen dazu. Granville mauserte sich zum Seebad.

Stolz sind die Stadtväter- und mütter auf Christian Dior. Der Modezar mit Museum stammt aus Granville. Der Granviller Karneval feiert vier Tage bis Aschermittwoch intensiv. Heute leben in Granville knapp 16.000 Menschen. Der Stadtnamen kommt standesgemäß von einem Wikinger. Am Leuchtturm, an der Pointe du Roc, liegen einige Menhire des Atlantikwalles herum. Die einsam gewordene

Kanone hält auf das weite Meer. Der Abfahrts-Kreisel ist nach dem 18. Juni 1940 benannt. Weiter toutes directions, am Hafen vorbei auf die D 911.

Wenn die blutrote Sonne im Meer versinkt

Rtg Jullouville/Avranches am Meer entlang. Viele Fahnen flattern am Hafen, auch die EU-Fahne. Nach Avranches "par la côte", an der Küste entlang. Immer wieder ein herrlicher Blick auf das Meer, auf das weite. In St.-Pair-sur-Mer am Cairon Plage liegt ein Rastplatz am Meer, aber nicht sehr komfortabel. Ein Teil nur für PKW, nachhaltig betont durch eine Einfahrsperre auf 1,9 m Höhe. Eine wahre Seuche. Der zweite Teil ist eigentlich eine Zufahrt/cale d' accès für die Bootstrailer. Aber immerhin ist man am Meer. Cairon hat buchstäblich auf Sand gebaut.

Avranches: Patton-Denkmal

Ein landschaftliches Kleinod ist das Tal des Lude/la vallée du Lude in Carrolles (640 Einwohner). Dort sind längs des Weges Parkmöglichkeiten. Bis dorthin führen kleine, lauschige Wohnsträßchen. Das Tal des Lude ist ein Naturschutzgebiet. Man kann zum Hafen durch das Tal zu Fuß gelangen. Sehr romantisch, bei entsprechender Personallage. Ein Rundweg (2,5 km) bis zur cabane Vauban ist ausgeschildert (GR 223). Ziegen, Schafe, Esel tummeln sich auf einer Wiese am Talanfang. Die heimischen Umweltschützer kämpften hart und erfolgreich für die Erhaltung des Tales des Flüßchens Lude. Blumen pflücken verboten. Am Zugang zum Tal steht eine ausführliche Beschreibung der Tier- und Pflanzenwelt. Bei der Parkstraße braucht man nicht wenden, sondern kann weiter zurück zur D 911 fahren.

Wenige Meter weiter steht bescheiden rechts am Straßenrand der D 911 ein Schild: Cabane Vauban, das zur Küste weist. Es lohnt sich zu folgen. Zunächst nimmt der Besucher einen Parkplatz wahr. Dann kann der müde Spaziergänger nach 200 m am Meerespfad sein, der hoch über dem Wasserspiegel längs der Küste führt.

Ein Blick nach Süden (links): am Horizont taucht aus

den Fluten der Mont-St.-Michel auf – in Modellbaugröße. Entfernung 13 km. Der weitere Hintergrund ist die Küste der Bretagne. Wer jetzt eine Rose sowohl in wie an der Hand hat, sich zur Neigung des Tages an dieser Stätte der Felsenküste einfindet, der kann, während die heißglühende, feuerrote Sonne in die Fluten des Atlantik taucht, bewegende Worte zur Ich- und Du-Findung sprechen.

Der GR 223-Strandwanderweg führt zur Hütte / Cabane Vauban. Der GR 223 geht weiter zum Mont-St.-Michel. Die Hütte ist mit einer Feuerstelle ausgestattet.

Stadt auf Fels

Weiter D 911 nach Avranches. Die D 911 steigt an. Noch einige Kilometer freuen wir uns an dem Panorama mit Blick zum Meer, zur Bretagne, zum Mont St.-Michel. Er kommt näher. Ein Parkplatz kündigt sich bei den jetzt anstehenden Falaises de Champeaux an. Ausblicke, nichts als Ausblicke. Auf dem Höhenrücken vor uns taucht das am Zusammenfluss von Sée und Sélune gelegene Avranches mit der Stadtsilhouette auf. Wir erklimmen motorenmäßig die Steige auf der D 973 hoch nach Avranches.

Avranches: Ortsmitte, Place Littré

Avranches, knapp 10. 000 Einwohner, einstige Normannenfeste, lebt in einem landwirtschaftlich geprägten Landkreis vom Handel, Dienstleistungs- und Kleingewerbe. Vor dem Rathaus, am place Littré / großer Parkplatz, läuft so das Avrancher Leben zusammen. Dort ist auch das Office de Tourisme eingeschossig untergebracht.

Im Verkehrsbüro-Vorraum zeigt die Stadtverwaltung im Jahre 60 nach der Invasion eine Ausstellung nicht mit Bildern von kleinen Mädchen und US-GIs vom Nachschub, sondern die Ruinenstadt Avranches. Sogar ausgebrannte US-Panzer werden Bildmotive. Ein dezenter Hinweis hilft weiter: deutsche Sturmgeschütze.

Das achtbare Rathaus birgt eine Bücherei mit 14.000 alten Büchern und Drucken, dazu Handschriften aus der Abtei des Mont-St.-Michel. Welche deutsche Kleinstadt hatte ein solches Rathaus? Das Geld stammt von dem wohlhabenden, bürgerlich beherrschten Frankenreich des ausgehenden 19. Jhs. Kolonialbesitz und Industrialisierung machten den Bourgeois reich und fett. Vom Rathaus aus kann man über den Littré-Platz an der Unterpräfektur/ Sous-Préfecture, eine Art Landratsamt, zum Huet-Platz gehen. Daneben liegt der Thomas-Becket-Square mit der sogenannten Plate-Forme.

Bannstrahl rächt Mordstahl

Die "Plate-Forme" ist eine Grünanlage mit Monument für Frankreichs Kriege in der zweiten Hälfte des 19. Jhs. (Krim 1853-56, Italien 1959/60, Niederlage gegen Deutschland 70/71, Indochina). Warum Thomas-Becket-Square? Becket war zunächst Mitstreiter von Heinrich II. von England, dann Erzbischof von Canterbury, mutierte zum erbitterten Verfechter der Kirche, wurde Gegner des anglo-normannischen Königs.

Mordstahl traf Becket. Der Papst machte Heinrich verantwortlich und bannte den Herrscher. Ein Papst hat zwar keine Divisionen, verfügte selten über Ritterheere, konnte aber den Bann verhängen. Damit wurde der Sünder aus der Kirche ausgestoßen und die Gefolgschaft vom Treueid entbunden. Heinrich sah seine Machtstellung in Gefahr, beschloss Reue. Diese vollzog er öffentlich auf eben diesem Platze am 22. Mai 1172 vor der damals hier vorhandenen Kathedrale, barfuß im Büßerhemd, um den Bann zu lösen.

Das Schicksal verschonte die Stadt nicht. Am 31. Juli 1944, nach acht Wochen Vormarsch von Hecke zu Hecke, belegte die US-Luftwaffe nördlich Avranches einen Geländestreifen von 7 x 3 km mit 5.000 Tonnen Sprengstoff. Durch die gebombte Frontlücke brach das VIII. US-Korps unter Armeebefehlshaber George Patton aus dem viele Wochen eingeschnürten alliierten Normandie-Landekopf aus. Die Patton-Säule steht im Süd-Osten der Stadt auf US-Erde.

Der eigenwillige, manche sagen NS-nahe, historisch gebildetete Rommelbewunderer wurde nach Kriegsende Militärbefehlshaber von Bayern, erlag Dezember 1945 den Folgen eines Autounfalls, vielleicht Attentats, im Raum Mannheim-Odenwald.

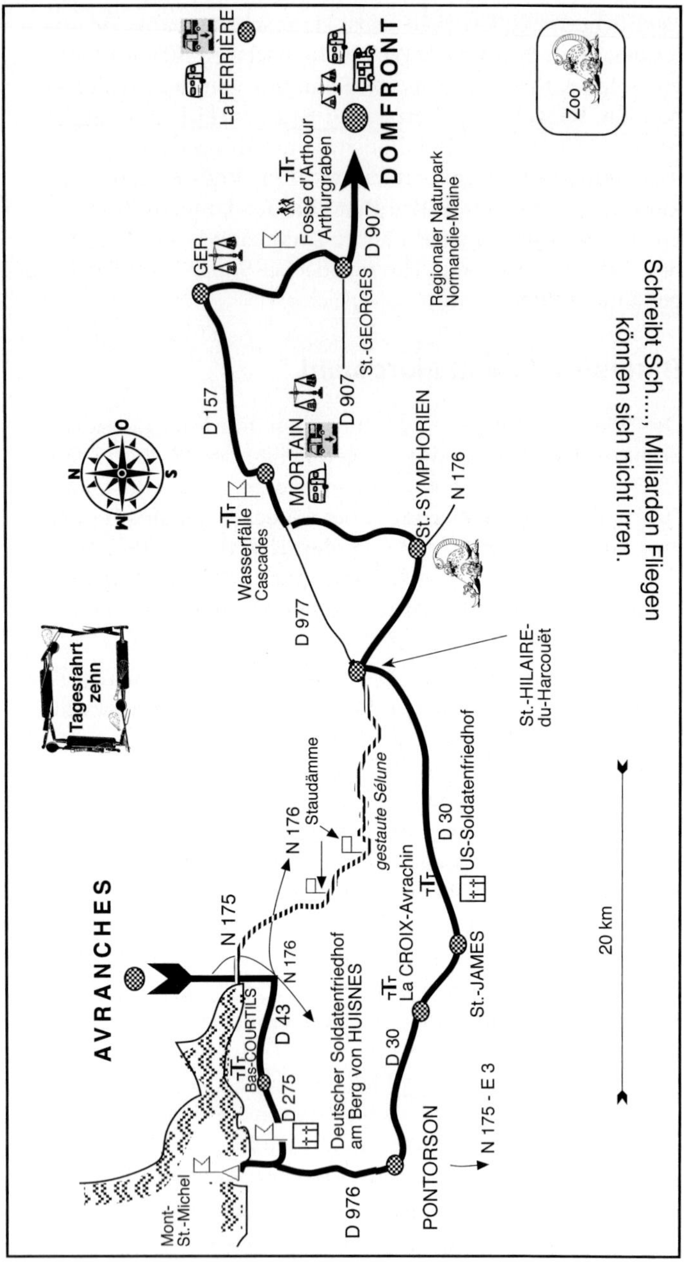

Strecke: Avranches - Mont d'Huisnes - Mont-St.-Michel - Pontroson - St.-James - St.-Hilaire-du-Harcouët - St.-Symphorien-des-Monts - Mortain - Ger - Domfront. 90 km.

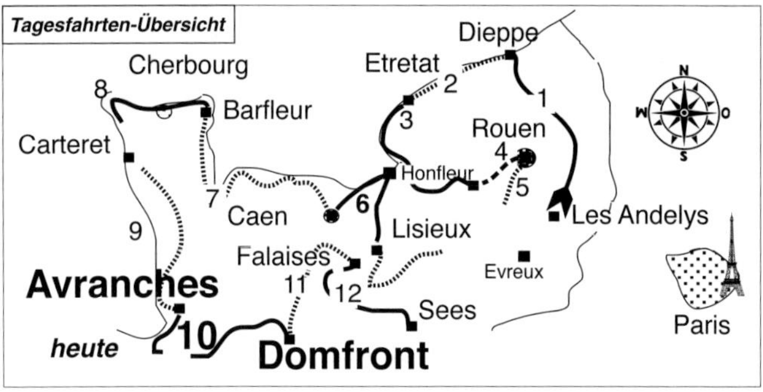

Besichtigen: Deutscher Soldatenfriedhof Mont d'Huisnes (30 min); Mont-St.-Michel (2h), Abtei Mai-Aug. 9-9h, Sept-Apr. 9h30-18h (1h); Mémorial La Croix-Avranchin (30 min); Wasserfall von Mortain (30 min); Tal la Fosse Arthour (1h-2h); Alt / Oberstadt Domfront (1h).

Picknick: a) Ortsmitte Bas-Courtils; b) 500 m ostw. von Montjoie-St.-Martin; c) am Wasserfall von Mortain; d) im Tal von La Fosse Arthour / Zufahrt auberge.

Camping: Mortain, Domfront.

Stellplatz: Mortain, Domfront, La Ferrière-aux-Étangs. S. Stellplatzverzeichnis

Märkte: Ger, Do; Mortain, Sa; Domfront, Sa-morgen.

Wasser: Mortain, Domfront, Champ de Foire an der Mauer (Rtg Flers); La Ferrière-aux-Étangs,.

Abwasser: Camping Le Mont St.-Michel; Camping Domfront; Mortain; aire de Ferrière an der D 21.

Info: Office de Tourisme: F 50170 Mont-St.-Michel Tel. (0)2 33 89 80 00, Fax (0) 33 70 83 08, www.monum.fr; F 61700 Domfront Tel. (0) 33 38 53 97, Fax (0)2 33 37 40 27, www.domfront.com; F 50140 Mortain Tel. / Fax (0) 33 59 19 74, www.ville-mortain.fr; Rundflug St. Mont-Michel: Aérodrome du Val St.-Père. F 50300 Avranches, www.ulm-mont-saint-michel.com

Marschlande am Mont

Start in Avranches Rtg Mont St.-Michel. Da Avranches auf einem Hügel liegt, haben wir einen schönen Blick, als wir die Stadt verlassen. Auf die N 175, eine vierspurig ausgebaute Schnellstraße, das untrügliche Zeichen für Verkehr. Wellig, nicht mehr topfeben breitet sich vor uns die Landschaft aus. Kreisverkehr Rtg Mont-St.-Michel. Vorbei am Gewerbegebiet von Avranches. Weiter N 175-E 401. Zwei Kühe, ein altes Eisenbahnbrückchen aus dem 19. Jh, rechts

Deutscher Soldatenfriedhof Mont d'Huisnes

eine große Eisenbahnbrücke, dazu römerverdächtige, steinerne Bogenbrücke bereichern unseren Blick. Die N 175 Rtg Mont St.-Michel, dann D 43. Auf der D 43 herrschen ländlich sittliche Straßenverhältnisse.

Der Mont taucht schon vor der Windschutzscheibe im Panorama auf. Luftlinie 6 km. An Céau vorbei auf der D 43. Achtung Antiquitäten, ein Merkmal für gesteigertes Touristenaufkommen. Die D 43 passiert kleine Dörfer. In Bas-Courtils Wechsel auf die D 271.

Gräber am Mont d'Huisnes

Nach Bas Courtils geht es nach links zum deutschen Soldatenfriedhof am Mont d'Huisnes. Die Ruhestätte ist sehr zurückhaltend ausgeschildert. Wenige Fahrzeuge belegen den Parkplatz. Im Eingangsbereich mäht der Friedhofsverwalter den Rasen. Wie alle von uns besuchten deutschen Soldatenfriedhöfe, die unter der Verwaltung des Volksbundes stehen, macht die Anlage einen würdigen, sehr gepflegten Eindruck.

Deutscher Soldatenfriedhof Mont d'Huisnes

Wir steigen zum Tor einer Art Ringburg hinauf. In den wuchtigen Außenmauern sind in kleinen Gruften, den Kasematten des Todes, die sterblichen Reste von elftausendneunhundertsechsundfünfzig deutschen Soldaten eingebettet. Selbst Kleinkinder der Jahrgänge 1944/45 fanden hier ihre letzte Ruhe. Die meisten der Soldaten fielen im Alter von 20 bis 30 Jahren im nordfranzösischen Raum. Das sind Altersgruppen, denen das Schicksal im westlichen Nachkriegsdeutschland ein Leben in Frieden, Freiheit und ungeahntem Wohlstand zu bescheren gedachte. Auf den Tafeln finden sich auch russische Namen.

Die Innenseite der zweigeschossigen Ringmauer wird durch zwei Rundgänge geöffnet. Im rasenbedeckten Innenhof steht ein fast schon von diesseitigen Dingen losgelöstes, großes Holzkreuz. Es bildet mit dem mehrtorigen Eingang der Totenfestung eine Gerade, deren Wirkung sich der Eintretende nicht entziehen kann noch entziehen darf.

Weltkultur – Welt-Treff

Zurück auf die D 275. 400 m nach dem Bas-Courtils Parkplatz und Rastplatz mit Blick zum Mont. Jetzt mischen wir uns unter die ambulante Welt. Eine einzige Bus- und Auto-

Karawane von und zum Mont Ende Juli/Anfang August. Der Inselberg nähert sich.

Der Couesnon, Grenzfluss Bretagne/Normandie, hat mit der Änderung seines Laufes den Michel von der Bretagne an die Normandie verschoben. "Le Couesnon dans sa folie a mis le Mont en Normandie / Der Couesnon in seiner Laune setzte den Mont in die Normandie," sagt der Reim über die Zugehörigkeit des Mont-St.-Michel.

Es heißt: Parkplatz suchen. Vor Beginn des Dammes kann es gebührenfrei klappen, ggf am Parkplatz des Supermarktes. Die großen Parkbereiche am Damm kosten während der Saison – keine polizeiliche Parkzeitbegrenzung. Doch: bei Flut – zweimal pro 24h – kehrt das Meer auf einen Teil des Parkbereiches zurück!!

Salz-Schafe auf den Salz-Wiesen am Mont St.-Michel

Spektakulär, mäjestätisch ragt Michel am Ende eines 2 km langen Dammes aus dem Meer. Zu Fuß am besten zu genießen.

Salz-Hammel

Mit uns tummeln sich gerade auf den knapp 4.000 Hektar immer mehr verlandenden Wiesen die berühmten Mont-St.-Michel-Schafe. Sie verköstigen das salz- und jodhaltige Grünzeug. Der kulinarische Ruhm der Salzwiesenhammel / moutons de prés salés und Grévin-Lämmer findet hier seinen Ursprung. Denn so entsteht fettarmes, besonders genüssliches Fleisch.

Am Eingang kanalisieren eine Fußgängerbrücke und ein kleines Tor, das Tor des Königs, die Touristeninvasion. Da wird es eng, und bleibt es während des ganzen Besuches. Die Mönche haben nicht für die Saison des Welttourismus gebaut. Drei Millionen Besucher durchströmen alljährlich unser Bergkloster. Außerhalb der Saison ist es ruhiger. im Winter tot.

Mont St.-Michel: Klostergarten

Michael macht‘s möglich

Erzengel Michael tauchte datumslos einst beim Bischof von Avranches / Normandie auf, hieß ihn, auf der Felsöde mit 800 m Durchmesser eine Kirche errichten zu lassen. Die Hofbediensteten sind halt die anspruchsvollsten. Das normannische Meisterwerk mit Abteikirche plus Klostergebäude / Merveille in Gotik entstand auf der 78 m hohen Felsspitze mit Masse zwischen dem 11. und 16. Jh.

Tausende hatten böse zu rackern. Platz gab es auf dem Mont Tombe nur für eine kleine Kapelle. Seitlich in die Hänge mussten Gebäude gesetzt werden, die als Platform für die gewaltigen Hochbauten dienen. Das Material wurde über Sumpf und Sand herangekarrt. Im sogenannten Hundertjährigen Krieg (England - Frankreich, 1337-1453) kamen Mauern, Tor und Türme dazu. Die Festung blieb feindfrei. Die Freiheit und Menschenrechte bringende Revolution von 1789 nutzte den Berg als Gefängnis. Der Touri-Rollbahndamm entstand erst 1879, zeitweise als Eisenbahnstrecke und soll im Abschnitt vor der Insel rückgebaut, sprich abgerissen werden.

Eine Fußgängerbrücke soll dann Damm und Michaelis-Berg verbinden. Das Meer wird die Verlandung wegspülen. Sonst verliert der Berg seine Insellage. Die knapp 200 Menschen, die auf der Insel wohnen und arbeiten, sehen diese Pläne sehr ungern.

Mont St.-Michel:
In der Sommersaison heillos überlaufen.

Pilger, Buden, Besucher

Wenn der Krieg vorbei ist, kommt die Pest. Wenn die Pest vorbei ist, kommt der Krieg, so die Lebenserfahrung der Menschen im Mittelalter. Pilger aus ganz Europa suchten Glaube und Hilfe auf dem Eiland. Änderungen erfuhr das Werk im 18. und 19. Jh. Der Rauschgoldmichel (19. Jh.) auf der Spitze der Klosterkirche glänzt auf 156 m Höhe über Meeresspiegelmittelmaß. Heute bewohnen wieder Mönche der Berg. So um die sieben sollen es sein.

Wir gehen durch die Porte de l'Avancée/Vorwerkstor. Bei zuviel Besucherandrang kann man durch das Fanils-Vorwerks-Tor, erkennbar am Schild "Gendarmerie nationale" rein- und nach oben zur Abtei gehen. Man spart sich so den ganzen Rummel der Grand' Rue. Zwischen Vorwerkstor und Königstor sind Toilette, Infobüro und klosterstilgerecht zwei am 17. Juni 1434 erbeutete englische Kanonen, Kaliber 380-420, untergebracht.

Die Grand' Rue führt sinnigerweise nach oben. Man kann auf die Wälle ausweichen, falls nicht gerade wie in der Hauptsaison so rund 20.000 täglich durchschieben. Ab 21h hat das Wirtschaftspersonal die Nase voll und räumt die Buden. Die Dichte an deftigpreisigen Restaurants ist kaum mehr zu übertreffen. Die sind alle rappelvoll, wohl als Zuflucht. Vor dem bekannten Restaurant de la Mère Poulard drängen sich viele Schaulustige, um eine Blick auf Holzküche und Köche zu erhaschen. Die drei Museen kann man sich schon aus Kostengründen schenken.

Fosse Arthour/Arturgraben

Sehenswert sind die große Treppe zur Pfarrkirche, dann gegen Obolus die Klosterkirche und die dreistöckige Merveille, das Refektorium, der Kreuzgang. Allerdings sind alle völlig ausgeräumt. Nicht zu vergessen den meeresseitigen Garten Plaine-mer. Klosterführungen dauern 1 Stunde und sollten im Sommer morgens absolviert werden. Von 18h- bis 22h30 bieten die Mönche im Sommer in ihrem Garten Musik. Bei Ebbe, wenn die Flut erst in vier Stunden anrollt, lohnt der Mont zu einem Watt-Rundgang ein. Wenn die akustische Alarmanlage ertönt, 2h vor der Flut, muss aber zügig zurückmarschiert werden. An der Toren des Mont sind die Gezeiten angegeben.

Fosse Arthour/Arturgraben

Am Mont führt der GR 223 vorbei, den wir bereits an der Cabane Vauban kennengelernt haben. Überhaupt werden die Fern-, Nah- und Kurzwanderwege in Frankreich immer besser angelegt, markiert und in Karten vermerkt. Am Dammbeginn wird auf eine Wandermöglichkeit auf dem GR 223 zum Roche Taurin, 11 km, hingewiesen. Markierung rot-weiß. Wir setzen unsere Fahrt Rtg Pontorson, D 976 fort.

Normannisch-bretonisches Grenzgebiet

St.-Barthélemy: Dachdecker. Fürs Foto sind die Männer nochmal aufs Dach geklettert. Hier war ein Schwerpunkt der deutschen Gegenoffensive August 1944.

Die Lande sind ausgesprochen eben. Unser D 976 führt vom Berg bis kurz vor Pontorson über Polder, dem Meer abgewonnenes Marschland. In Pontorson Rtg Antrain, an einer Ampel nach links Rtg St.-Hilaire-du-Harcouët/St.-James auf die D 30. Die D 30/ Ausschilderung St.-James zweigt nach 300 m nach einer weiteren Ampel nach rechts ab. Nicht sehr übersichtlich, aber man findet den richtigen Weg – wenigstens im Urlaub. Wir durchfahren normannisch-bretonisches Grenzgebiet. Beide Flaggen sind aufgezogen. Die D 30 ist ein ruhiges Sträßchen. Nach dem Masse-Schock am Mont kommt die bloße Einsamkeit. Ein ständiges Werben für Gästezimmer betreiben Tafeln und Schilder. Manche Gastgeber bieten Stellplatz mit Frühstück oder Wohnwagen mit Frühstück an. Die Fahrt auf der D 30 ist angenehm.

Dorfgeschichte – Mosaikstein in der großen Welten Lauf

In La Croix-Avranchin kreuzen wir die D 40. Direkt hinter der Kreuzung sind Toiletten und Wasserstelle. La Croix hat die Außenmauern seiner Dorfkirche zu einem Monument des Landes von La Croix/Mémorial du Pays de La Croix gestaltet. Zur Straße sprießt ein Freiheitsbaum, der 1989 zum 200. Jahrestag der großen, blutigen Revolution gepflanzt wurde. Weg und Rasen um die Kirche herum sind einbezogen. Das 20. Jh. ist vor allem im Gedenken an die Weltkriege vertreten, wobei zwei Generationen alle beide durchleben mussten. Dafür konnten die folgenden Generationen Aufstieg und Selbstverwirklichung pur betreiben.

Am Anfang der Geschichtsrunde steht Regionalfürst Adelhelm, der Wilhelm dem Eroberer 1066 nach England folgte. Victor Renault ging um 1900 als Missionar nach Cayenne, eine verrufene, üble, ungesunde französische Strafkolonie im Norden Südamerikas. Eine in Stein gehauene Aufmarschskizze erinnert an eine Schlacht von 1029, die bei La Croix geschlagen wurde - vermutliche eine innernormannische Rauferei.

Elemente einer ehemaligen römischen Straße sind im Rundweg verlegt. Ein weiterer Gedenkstein ehrt die Bauern, die dieses Sumpfland urbar machten, trotz feindlicher Überfälle, Pest und Krieg. Eine Tafel informiert über Söhne und Töchter des Landes, die 18./19. Jh. Arbeit und Zukunft fern der Heimat suchen mussten. Für die zivilen Opfer der Revolution von 1789 steht ein Stein, ebenso für die Toten der revolutionären Republikaner wie auch ihrer erbitterten Gegner, der Chouans. Das waren königstreue Bauern aus der Bretagne und der Normandie, die noch bis 1800 gegen die Guillotine-Heilsbringer aus Paris kämpften.

Ihr Name geht auf ihren Anführer Jean Cottereau, genannt Jean Chouan, zurück. Erst Napoleon brachte das Land zur Ruhe. Ein Monument erinnert an die Wehrpflichtigen der Revolutionsheere des napoleonischen Kaiserreiches, die auf den Schlachtfeldern Europas zwischen 1792 und 1815 von Moskau bis Spanien gefallen sind. Die Revolution hatte die allgemeine Wehrpflicht eingeführt. Kaum war Napoleon vertrieben, schafften die reaktionären Regierungen in West- und Mitteleuropa sie wieder ab. Dafür kämpften die bürgerlich liberalen Bewegungen im 19. Jh. um so heftiger für die Wiedereinführung der allgemeinen Wehrpflicht.

Dann erfahren wir von Etienne Nicolle Lesbois, der hier 1729 das Licht der Welt erblickte, in Illinois/USA sein Glück suchte, bis er dort von seinen Sklaven vergiftet wurde. Da hätte er auch in La Croix bleiben können.

Weiter Rtg St.-James/D 30. In St.-James grüßt ein großer Wasserturm. Wassertürme sind ohnehin Wahrzeichen der Normandie. Dann Rtg St.-Hilaire-du-Harcourët.

US-Soldatenfriedhof

Der Friedhof ist sehr großzügig angelegt. Während die deutschen Soldaten in einer Nibelungen-Atmosphäre ruhen, haben die Amerikaner für ihre Toten einen offenen Park angelegt. Die gotisch nachempfundene Kirche bildet den Mittelpunkt. Statt Heiligenbilder sieht der Beschauer im Kircheninnern die Invasion noch einmal geschlagen, kartographisch, englisch, französisch.

Mortain:
Großer Wasserfall über 20 m

Die vielen weißen Holzkreuze – weiß soll als die Farbe der Unschuld gelten – sprechen die gleiche Sprache wie die schweren Steinkreuze in La Cambe oder die Gruften am Huisner Berg. Die Namen der gefallenen US-Soldaten zeugen von gesamteuropäischen Wurzeln. Die Toten kamen aus vielen Teilen von Nordamerika und waren die Generation ihrer deutschen Kameraden.

Reizvolle Provinz

Von dort Rtg Montjoie / Freudenberg. Vom Aussichtspunkt des Freudenberges werfen wir einen letzten Blick auf den Mont St.-Michel. Auf dem Berg ist ein kleines Dörfchen angesiedelt. Die Freudenberg-Bewohner leben von Granitgestein, das in der Nähe gebrochen wird. Bekannt könnte auch das Getränk Eau de Montjoie sein, das hier in die Flaschen kommt. Weiter Rtg St.-Hilaire. 500 m nach der Kreuzung nach Montjoie, 16 km vor St.-Hilaire geht es nach links rein zu einem Dorf. Dort steht ein kleines, schattiges Kirchlein. An der Kirche ist ein ruhiger, versteckter Rastplatz angelegt. Wir fahren jetzt längs der Grenze zur Bretagne.

Die Landschaft lockert sich auf. Nicht alles ist so zugeheckt wie auf dem Cotentin. Über die D 43. Das Gelände wird welliger. Durch Hamelin auf der D 30. Mäharbeiten an der Straße: Attention Fauchage. Ein Vertreter der arbeitenden Klasse drückt aufs Tempo und überholt. Durch St.-Martin. Der kleine Ort besticht durch eine Neubausiedlung mit holzverkleideten Garagen. Vor dem Verkehrsbüro wehen wie üblich die Flaggen der Europäischen Union, der Französischen Unteilbaren Republik und der Zwei-Löwen-Fahne der Normandie. Die D 30 wird unruhiger. Über den Vaux Roux. Ein ständiges Auf und Ab.

Tiere, Pflanzen, Wasserfall

St.-Hilaire-du-Harcouët hat eine Partnerstadt in den Niederlanden. Das ist in Frankreich wie in Deutschland selten. Ein repräsentatives Altersheim glänzt uns an, doch gemach, später mal. Die Stadt war kriegszerstört. Wir genießen eine 30er Zone. Am Ortsrand der Stadt entdecken wir zwei reetgedeckte Häuser. Weiter Rtg Domfront/N 176.

Mortain

In St.-Symphorien breitet sich auf 40 ha ein Zoo, ein parc du monde animal, aus. Er liegt in einem Park des 18. Jh. Nicht nur Wölfe, Hirsche, Bisons, Yaks, kaukasische Bergschafe, weißfellige Eber, rote Schweine grasen herum, sondern auch Pflanzen, beispielsweise 7.000 Rosen wachsen auf dem Gelände. Öffnung: 1. April bis 15. November, 09h00-19h00. 100 m nach dem Park nach links Rtg Villechien/D 171/Mortain. Die D 171 führt zunächst durch einen Baumtunnel. Die D 171 ist gemütlich und ruhig. Durch Villechien/Hundestadt, sieht aber nicht so aus. Weiter Rtg Mortain/D 46. Am Straßenrand mahnt ein Steinkreuz an 1678. Doch was war damals? Wir erfahren es nicht.

Wir erreichen Mortain über die D 977. Rechts liegt das Gelände der ACOM, einer auch Deutschland vertretenen Kabelfabrik. Mortain hat 2.500 Einwohner und zwei Berühmtheiten, den Wasserfall und den deutschen Panzerangriff von Anfang August 1944 mit 4 (Rest-) Divisionen und insgesamt 120 Panzern.

Die Stadt gehört zum regionalen Naturpark Normandie-Maine. Eine ehemalige Abtei und die romanische Stiftskirche gehören zum kulturellen Erbe der Kleinstadt. Eine Schlange am Ortsrand, ein Trecker an deren Spitze, die

Ahornreihen links und rechts vermitteln die ersten Eindrücke. Mortain ist mit Tannhausen in Bayern verbunden. Die Stadt liegt auf der Höhe. Man hat also einen schönen Blick auf die abfallende Landschaft ringsum. Wir folgen dem Wasserfall-Schild / Grandes Cascades. Diese sind am Ortsrand Rtg Vire / Sourdeval / D 977. Der Parkplatz ist nicht sehr reichlich ausgefallen, soll aber besser werden. Wir überqueren die Straße und vernehmen bereits das Grollen des Falles der Fälle.

Domfront: Architekturbüro

Am Straßenrand beginnt ein Waldstück. Der Wasserfall über 20 m ist das attraktive Herzstück der örtlichen Naherholung. Am Wasserfall führt ein einladender, gut markierter 2-Stunden-Rundweg vorbei. Eine kleine Holzbrücke überquert das Wildwasser namens "Cance", Nebenfluss der Sélune, und lenkt zum 500 m entfernten kleineren Wasserfallbruder. Der Wasserfall ist ein beliebtes Ziel für Kindergruppen, die dann hier im Waldambiente Malereien zu Papier bringen.

Der Wasserfall muss ins Album, sein Bild wenigstens. Die tosenden, über Fels und harten Stein brechenden Sturzwellen eignen sich bestens als mannsbildender Foto-Session-Hintergrund für die nächste Single-Börse.

Lanzelot, der Frauen flüchtiger Liebhaber

Weiter nach Flers. Das geht zunächst vom Ortsschild Mortain 300 m zurück zur Stadt. Dann nach links in einer Haarnadelkurve Rtg Ger / D 246, dann oben links Rtg Ger / Flers / D 157. Wir verlassen Mortain durch ein Waldgebiet. In Ger nach rechts Rtg Barenton / D 36. Aufpassen: Die Ausschilderung ist nur für den Gegenverkehr zu sehen. Vorbei an einem respektablen Steinkreuz.

Die D 34 kommt an ein Waldgelände. Baumgruppen säumen einen Wasserlauf. Abzweigung nach links Rtg Fosse Arthour / Arturgraben / D 134. Wir sind gerade 6 km vor Barenton und stoßen auf einen Rundweg Lancelot du Lac, Lanzelot vom See. Dieser Herr vom See war der bretonischen Sage nach Ritter der Tafelrunde des Keltenkönigs

Arthur. Eine Wasserfee namens Viviane raubte Lanzelot im zarten Kindesalter. Zum Ritter und Manne geworden hatte es ihm die schöne Ginevra angetan. Doch die Edeldame war bereits ordentlich versorgt, Gattin des Tafelrunden-

Domfront: Normannenbleibe

chefs Arthur und blieb es auch. Für seine nur in Unterwerfungsansprüchen erwiderte Liebe zu Ginevra, der er völlig verfallen gewesen sein sollte, erlitt Lanzelot Pein und Schande. Er verlor ein Ritterturnier auf der Schönen Geheiß.

König Arthur: Tod im See?

Der Dichter und Überbringer dieses Sagenkreises ist Chrestien de Troyes. Er lebte wahrscheinlich im 12. Jh. in der Champagne. Die Sagenfigur Arthus soll um 500 n. Ch. König der keltischen Briten/Bretonen beider Bretagnes/Britannien gewesen sein. Die durch Chrestien überlieferten Lebensprobleme der Tafelrunde-Ritter drehten sich um Liebe, Ehre, Dienst an Frau und Schwert.

Domfront: Saint-Julien

Die Straße zweigt nach links Rtg Fosse Arthour ab (Ausschilderung: entrée de la Fosse Arthour par l'Auberge), zur Kontrolle: nach rechts Rtg St.-Georges-de-Rouelley. An der Zufahrt liegt alles, was der Einsiedler so braucht: Parkplatz, Erfrischungsstätte, Reitranch und Wasserhahn an einer kleinen Bachbrücke hinter einer aufgestellten Karte/site de la Fosse Arthour. Die kleine Brücke ist der Anfang des Weges zum Arthur-See und der recht romantischen Landschaft. Rundwege von 1h bis 3h. Karten gibt es in der Gaststätte. Der GR 22 schlängelt sich durch. Der See hat 25.000 m^2 Wasserfläche.

Eine Legende besagt, dass der Vorsitzende des runden Rittertisches im Seegrund begraben liegt. Irgendwann zog sich Arthur aus dem operativen Geschäft zurück in die Felsen-Grotte. In der Nachbarhöhle verschanzte sich sein Weib Ginevra. Sie fanden sich. Doch: eine ungenannte, weil mächtige Fee gebot dem Aussteiger-König, seine Gattin erst aufzusuchen, wenn die Sonne hinter einem hierfür ausgesuchten Berg untergegangen ist. Zunächst gehorchte Artus. Aber dann nutzte er auch den Tag zu Ginevra-Kontakten. Fee Namenlos ward ungehalten. Sie jagte gewaltige Wasser in das schmale Tal, die Artus verschlangen, in den Seegrund spülten. Ginevra stürzte sich dann für die Fortsetzung der Geschichte ins selbe Gewässer.

Die Insel Avalon, wo der ruhende Artus von neun Feen bewacht wird, das ist eine andere Version.

Domfront

Weiter Rtg St.-Georges / Domfront / D 134, dann Domfront / D 907. Wir kommen jetzt in das Département Orne. Domfront besteht aus dem Ort im Tal mit Gewerbegebiet und den Gemäuern auf dem Berg. Beide sind sehenswert. Im Tal steht an einer früheren Varenne-Furt die Kirche Notre-Dame-sur-l'Eau aus dem 11. / 12. Jh. Domfront mit seinen 4.500 Einwohnern nennt sich Hauptstadt der Unteren Normandie. Der attraktive, historische Teil ist die Oberstadt / centre ancien. Ursprünge sind bis um 1010 belegbar, vermutlich bei einer solchen Lage einiges älter.

Wir gehen zur großen Kirche, St.-Julien, die erst 1924 im byzantinischen Stil errichtet wurde. Warum Byzanz-Vorbild ist unklar. Über die Straße des 14. Juni 1944 gelangen wir zum Panoramaplatz. Dort ist eine herrliche Aussicht zu genießen. Dann zum Rathaus. Das hatte im 19. Jh. ein Bürger gestiftet. Dafür trägt der Rathausplatz seinen Namen. Der Stadtpark ist nur 100 m entfernt an den ehemaligen Festungsmauern angelegt.

Domfront: Aussicht

Alte Ahornbäume zivilisierten die Militärbauten. Eine vermutlich erste hölzerne Befestigung wurde auf dem amorikanischen, (nicht: amerikanischen) Felsvorsprung in vorhistorischer Zeit errichtet. Ab 1092 entstand ein gewaltiger, noch in beachtlichen Resten vorhandener Bergfried. Im Mittelalter war Domfront mit 24 Türmen eine der am stärksten befestigten Stadt des europäischen Westens. Sieben Türme stehen noch. Rund zwanzig Mal belagerten Feinde die Bergfeste – allesamt vergeblich.

1574 lag der katholische Maréchal de Matignon mit seinen Mannen vor den Toren. Drin harrte Montgomery aus, Chef der Protestanten. Nicht ewig. Der katholische Marschall versprach Freiheit, kassierte Festung und Montgomery. Dieser wurde in Paris noch 1574 hingerichtet. Versprechen als Kriegslist. Der Weltkrieg II-Montgomery's Vorfahr hat eine Lücke hinterlassen, die ihn zur Gänze ersetzt haben soll. 1608 ließ der König von Frankreich den Bergfried bis auf die heute existierenden Reste schleifen.

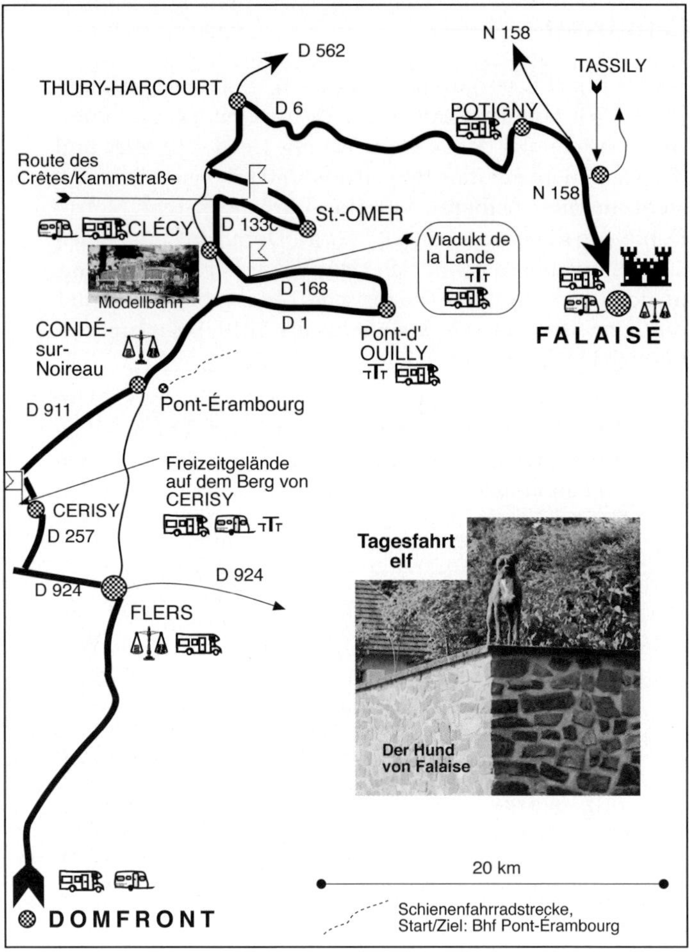

Strecke: **Domfront** * Flers * Condé-sur-Noireau * Pont d'Ouilly * Clécy* Thury-Harcourt * Potigny * **Falaise.** 100 km

Besichtigen: Berg von Cérisy (1h); Kapelle St.-Roch (15 min); Clécy: Eisenbahnmodellanlage HO / Musée du Chemin de Fer Miniature, März-November Kernzeit 14h-17h30, Juni-Aug tgl dazu 10h-12h, (1h); Normannische Schweiz; Orne-Tal mit Viadukt von La Lande bei Clécy; Promenade des Crêtes / Kammstraße; Thury-Harcourt Orne-Promenade (30 min); Falaise: Privates Militärmuseum August / Août 1944, Juni-Aug tgl 10-12h, 14-18h. April / MaiSept-Anfg Nov tgl außer Di, (1h), ggf Burg (30'), Innenstadt (1h), Automatenmuseum / Automates, Apr-Okt: tgl 10-12h30, 13h30-18h, Okt-März: Wochenende, Feiertage, Schulferien.

Wandern: Rundgang am Berg von Cérisy (1h); Uferpromenade an der Orne in Pont-d'Ouilly und Thury-Harcourt. Vélorail/Schienenradfahren Hin- und Rückfahrt 13 km, Ausleih/Start/Ziel: Bhf. Pont-Érambourg, F 61790 St. Pierre du Regard, Juli/Aug tgl. 10h30-18h, März-Nov. Wochenende/Feiertage, sonst 14-16h.

Picknick: a) Berg von Cérisy; b) Rastplatz am Viadukt von La Lande; c) Rastplätze an der Kamm-Straße.

Wasser: a) an den Toiletten auf dem Berg Cérisy; b) s. Picknick (b).

Camping: Clécy, Falaise.

Stellplatz: Falaise: a) Parkplatz am Freibad Maurice Nicolas, b) See unterhalb der Stadtmauern, Zugang über die N 158/ Rue des Herforts. c) an der Stadtmauer gegenüber Krankenhaus.
Sonst: a) Berg von Cérisy; b) Rastplatz am Viadukt von La Lande; c) Rastplätze an der Kamm-Straße. S. Stellplatzverzeichnis.

Märkte: Wochenmarkt: Clécy, So; Pont-d'Ouilly, Mo; Thury-Harcourt, Di; Flers, Mi-morgen + Samorgen; Potigny, Mi; Condé-sur-Noireau, Do; Falaise, Fr.
Historischer Markt: Cambremer So-morgen Ostern, Pfingsten, Juli-Aug.

Info: Office-du-Tourisme: Für die Normannische Schweiz/Suisse normande F 14220 Thury-Harcourt Tel. (0) 31 79 70 45, Fax (0)2 31 79 15 42; www.suisse-normande.com; F-14700 Falaise Tel. (0)2 31 90 17 26, Fax (0)2 31 90 98 70, www. otsifalaise.com; Vélo-Rail: Tel. (0)2 31 69 39 30, Fax (0) 33 35 82 12, www.rails-suissenormande.fr

Wander-Info: Normannische Schweiz: Verkehrsbüros, Campingplätze, Hotels halten reichhaltig kostenlose Prospekte (dépliant de randos, dépliant de randonnées) mit markierten Tageswanderwegen (sentiers) bereit. Im "Maison de la Presse" werden auch gute Wanderkarten (carte topographique, topoguide) angeboten.

Falaise: Hello again, hallo Eugen, schau, das Schönheitsinstitut Lydia für gepflegte Verwahrlosung.

Mal wieder Kühe

Rtg Flers/D 962. Blick zurück auf Domfront, das auf dem Bergkamm thront. Wir verlassen über das Tal Rtg Flers die Festung. Wir verbleiben in den Schluchten eines aufgeschobenen Mittelgebirges. Die Fahrt ist zunächst noch Erholung. Wir sehen die Landschaft an ohne mühereichen Kunst- und Kulturgenuss. Die D 962 ist eine gutausgebaute Strecke. Auf den Wiesen grasen allerlei gescheckte Milchproduzentinnen. Schwarz-weiße, braun-weiße. Das Klima ist in der Normandie im Sommer angenehm, nicht zu heiß, nicht zu kalt, hin und wieder - öfter wieder - nässlich, sogar neblig. Durch St.-Bômer-les-Forges, ein kleines, gemütliches Landstädtchen.

1 km nach St.-Bômer-les-Forges ist ein Rastplatz: Aire du Moulin. Nicht sonderlich.

Flers: Markt mit nebenan Vieh von Feinsten

Markt am Mittwochmorgen

Rtg Flers/D 962. Wir verlassen den circuit du Lancelot. Links steht ein großer Wasserturm. Durch La Chapelle-au-Moine. Immer mehr fällt auf, dass hierzulande Gärten und andere private Anlagen ausgesprochen gepflegt sind und werden. Dies war vor Jahren noch anders. Viele Anwesen sind Zweitwohnsitze. Manche Normandieorte bestehen zur Hälfte daraus. Wir fahren durch Flers, eine Blumenstadt/ville fleurie. Anfangs lernen wir das Gewerbegebiet kennen. Das knapp 18.000 Einwohner zählende Flers hatte früher ein ausgeprägtes Textilgewerbe. Heute sind Metall- und Elektrobetriebe dazugekommen. Es ist nicht uninteressant und weckt bei der Kulturgöttin keine verderbliche Rachegelüste, durch ein Gewerbegebiet einer normannischen Kleinstadt mal zu fahren. Flers strahlt gediegene Nachkriegsarchitektur aus, die auf der zu 80% durch Luftangriffe 1944 zerstörten Gemeinde entstanden ist.

In den Auseinandersetzungen nach der Französischen Revolution, die in diesen Gebieten bis 1800, also bis zur Herrschaft Napoleons (ab 1799) andauerten, blieb Flers eine heftig zwischen den Chouans und den Revolutionsanhängern umkämpfte Stadt. Im Juni 1940 rollte Rommels Geisterdivision, die 7. Panzerdivision durch Flers. Der bauliche Stolz ist das Schloss, das an der Straße nach Vire liegt. An dieser findet sich ein großer Parkplatz. Heute sind dort Rathaus und Heimatmuseum untergebracht. Man kann es nachmittags - außer dienstags - von Ostern bis September besichtigen.

Besonders eindrucksvoll und unterhaltsam ist das Marktgeschehen Mi-morgen und Sa-morgen vor der Kathedrale. Da werden lebendiges Federvieh, nicht minder lebendige Hasen, Krebse, darüber hinaus Meeresfrüchte, Obst, Gemüse, Kleidung und vieles mehr angeboten. Das Publikum, Verkäufer und Kunden, spielt wie beim Theater verblüffend wirkungsvoll mit. Es ist wohl die märktliche Hauptattraktion. An den marktlosen Tagen ist die Innenstadt ohne richtigen Mittelpunkt. Bäcker, Metzger haben Sonntagvormittag auf. Das Kino heißt "Les 4 Vikings/Die vier Wikinger" und will vielleicht an die Zeit erinnern, als die Normannen England eroberten/befreiten.

In Flers muss man mit der Verkehrsführung aufpassen. Die Hinweisschilder nach Vire sind nicht sehr auffallend. Vorbei am Schloß mit Kinderspielplatz, Rtg Vire. Durch Lande-Party, Rtg Vire/Tinchebray/D 924. Durch ein Wäldchen und in Landisacq, mit 30 km/h.

Kreisel der ehemaligen Bergbaugemeinde La Ferrière-aux-Étangs

Die Zebrastreifen wölben sich zu Hügeln auf. In Landisacq nach rechts Rtg Frênes/D 257. Die Kirchturmspitze von Frênes ist bemerkenswert. Das Dach ist mehrfach untergliedert, auffallend, jedoch in der Gegend nicht völlig unüblich. Weiter nach Cérisy-Belle-Étoile, D 257. Die Straße wird ruhiger und hügelig. Eine kleine Eisenbahn-Unterführung, doch für Gespanne und Wohnmobile hoch genug. Vor Cérisy kommen wir auf die D 18.

Vier mal tausend Rhododendrongewächse

Nach 200 m nach links zum Mont de Cérisy. Die Auffahrt beginnt mit einer Schranke. Sie ist offen. Doch das Haus rechts hat auch eine offene Tür. Diese führt zur Kasse. Denn für die Auffahrt muss berappt werden. Die Gemeinde hat den Berg als Freizeitgelände ausgestaltet. Dafür möchte sie jetzt ein kleines Entgelt. Die Auffahrt ist landschaftlich gewinnend. Ein altes Steinkreuz vermittelt Geschichte, und die zahllosen Rhododendren im dichten Wald zeugen von einer ungewöhnliche Landschaftspflege. Von denen erstmals im 19. Jh. über 4.000 eingesetzten Rhodo-Pflanzen darf nicht eine gepflückt werden!!! Droben auf dem Berg ist weiche Freizeit. Auf einem weiten Gelände verstreuen sich Picknickplätzchen, Camping, Tennis und auf dem flachen Gipfel in Resten ein altherrschaftliches Haus aus dem großbürgerlichen Kreis des 19. Jahrhunderts. Es wurde 1944 US-mäßig zerbombt. Die Gemeinde kaufte die Ruine und bezog sie - baulich gesichert - in die Anlage ein.

Normannische Schweiz:
Kleine Mädchen auf großen Wegen

Historische Reminiszenzen sonstiger Art? Caesar schickte die römische Flotte nach Amerika, De Gaulle trat in die CDU ein, Adenauer wurde Kaiser Konrad V., nichts dergleichen ist hier am Ort geschehen und zu vermelden. Wir genießen also die prächtige Aussicht ohne geschichtlichen Halt. Wobei in Urzeiten ganz bestimmt Kelten oder Vorkelten hier ihren ungestümen, sicherlich blutigen Zeremonien gehuldigt haben müssen. Eine gefühlte Realität. Für den Wanderer sind markierte Rundgänge von 1h-2h angelegt. Der Berg wird regelmäßig von Hochzeitsgesellschaften angefahren. Wenn da die Braut bei der Entführung über die Wanderwege abhanden kommt, ...

Weiter Rtg Vassy/D 18. St.-Pierre-d'Entremont von der D 18 nach rechts Rtg Condé-sur-Noireau/D 911. Parallel laufen zu der D 911 schmucklose Telegrafenmasten. Ramsch früherer Jahre -französisch Brocante- wird angeboten. Wir fahren längs der Verwaltungsgrenze des Départements Calvados. So werben an der Straße D 911 bäuerliche Direktangebote von Calvados Fermier, Calvados. Alte, eiserne Wegweiser für die nähere Umgebung sind aufgestellt. Sie bieten aber nur dem Wanderer oder dem haltenden Fahrer Information. Wir kommen vor Condé in das Département Orne. Das werbliche Erkennungszeichen/Logo ist das schnelle Pferdegespann, eine Referenz für die zahlreichen und berühmten Pferdegestüte.

Die normannische Schweiz

Durch Condé-sur-Noireau, das im Herzen der normannischen Schweiz liegt. Wir sind jetzt in dem wohl schönsten

Bei Clécy: Orne-Viadukt/Viaduc de la Lande von 1866.
Heute Eisenbahn ohne Eisenbahn.

Teil der inneren Normandie, der Suisse Normande, der normannischen Schweiz angelangt. Die Namensgebung stammt aus dem 19. Jh., als alle Verkehrsdirektoren wohl gemeint haben, eine schöne, landschaftlich abwechslungsreiche Gegend müsse mit der Bezeichnung „Schweiz" belegt werden. Hier sind die Berge etwas höher, felsiger, die Täler gehen bisweilen ins Schluchtige. Wassersport auf Orne und Noireau, vielerlei Wanderwege ziehen die Menschen an. Die Achse der normannischen Schweiz ist die tief in die Felsen eingeschnittene, teils malerisch mäandernde Orne von Thury-Harcourt bis Putanges-Pont-Ecrépin.

Weiter die D 562 Rtg Thury-Harcourt. In Le Fresne biegen wir ab nach rechts Rtg Falaise / Pont-d'Ouilly. Durch das Gebüsch ergibt sich immer wieder ein reizvoller Blick

Tretbahn zwischen Pont d'Erambourg und Pont d'Ouilly. Manchmal geht's leicht, manchmal nicht so - über 8 Brücken und 1 Viadukt.

auf die normannische Schweiz. Rechts am Wege tut sich ein Kirchlein aus dem 16. Jh. auf. Drum herum ist eine Art Rastplatz angelegt mit Ziehbrunnen. Der funktioniert auch. Ob das Wasser verwendbar ist, das dürfte unklar sein. Auf jeden Fall kann man am Eimer das Wasser hochziehen. Der Genuss wird zum Erlebnisurlaub. In Pont d'Ouilly angelangt. Das Kleinstädtchen ist ein Eldorado für Wassersportler vor allem für Kajakliebhaber. Die Orne macht's möglich. Sie durchfließt sehr romantisch die Gegend und besonders Pont d'Ouilly. Dort wird sie noch durch den Noireau verstärkt. Die Kajaksportler haben den Fluss in eine regelrechte Trainingstrecke verwandelt. In Pont d'Ouilly ist der örtliche Gemeindecamping ein Kajakcamping. In Ort selbst ist die Orne aufgestaut. Am Ufer lädt ein kleiner, lauschiger Rastplatz ein. Unterhaltung bieten die Kajaksportler, wie sie die Stauwehrschleuse überwinden oder auch nicht. Aber kein Spott. Richtig machen ist sehr schwer. Weiter nach Clécy auf der D 168.

Eisenbahn HO, klein aber für große Kinder

Die Orne hat große Felsen. Mitten in der Schlucht steht bei Clécy der Eisenbahn-Viadukt de la Lande. Am Viadukt ist ein Ferienlager für Kajaksportler aufgebaut. Einige ganz Mutige klettern freihändig die Orne-Felsen rauf. Das Orne-Tal bis Clécy ist an schönen Saisontagen vollgepackt. Nach Clécy-centre.

Potigny: Grubenwagen erinnern an die Bergbautradition der französisch-polnischen Gemeinde.

Das gerade 2. 000 Einwohner-Dorf beherbergt eine Eisenbahnanlage Größe HO von 310 Quadratmetern. Der private Anbieter preist sie als eine der größten in Europa an. Nur zum Vergleich: zwischen Weihnachten bis Anfang Januar hat in Winnenden bei Stuttgart eine Anlage geöffnet, deren Lokomotiven- und Waggonbestand so um 10 mal größer ist. Vom Hamburger Miniaturland ganz zu schweigen. Die Clécy-Anlage ist dennoch für alle großen Kinder sehenswert. Die Anlage ist weitgehend -nicht nur!- eine Fleischmann-Kibri-Anlage, hat 220 Lokomotiven, 350 Wagons, 610 Häuser und 430 m Gleislänge. Der heutige Betreiber hat sie von seinem Vater übernommen. Die Anlage ist also eine gewachsene. Vieles aus den letzten 30 Modellwelt-Jahren steht noch herum, was vielleicht die Bezeichnung Museum rechtfertigt.

Die Landschaftsgestaltung orientiert sich an Vorbildern zwischen der Schweiz und Flandern. Das trifft auch für die Gebäudeauswahl zu. Ungewöhnlich für solche Anlagen ist der Einbau eines Flugplatzes. Das treibt die absolute Flächengröße in die Höhe, ohne dass da viel Infrastrukur aufgebaut ist. Vom Tapetenhintergrund grüßt Neuschwanstein. Anzufügen ist, dass Modellbau und Modelleisenbahnanlagen in Frankreich nicht so verbreitet sind wie in Deutschland. Vorführung und Besuch der Clécy-Anlage sind auf ca 30' beschränkt.

Durch Berg und Tal

In Clécy um die Kirche nach rechts, dann geradeaus auf die nicht gekennzeichnete D 133c, die aus Clécy herausführt, Rtg St.-Rémy. Man fährt über eine schmale Orne-Brücke auf das Orne-Felsenpanorama zu. Wir biegen nach der Brücke nach links ein auf die D 133b Rtg St.-Rémy. An einem kleinen Bahnwärterhäuschen vorbei. Die Gleise sind zugewachsen. Die Bahnführung begleitet uns bis St.-Rémy. Unterwegs überholen wir wandernde Pfadfinderinnen. Wir kreuzen den Wanderweg GR 36.

Potigny: Sandeln mit Stahlkugeln

Die D 133b steigt steil. 100 m vor St.-Rémy biegt eine Abzweigung nach rechts in Haarnadelform ab Ausschilderung: route des Crêtes, die Kamm-Straße. Der Weg ist schmal und bietet auf der Kammhöhe zwei Rastplätze, einer ist für Drachenflieger vorgesehen, wörtliche Übersetzung des französischen Hinweises: "reserviert für die, die den freien Flug ausüben", also für Vögel aller Klassen. Mit Gespann stellt sich ein leichtes Gebirgsgefühl ein. Der Ausblick ist herrlich. Das Schönste einer Fußtour ist, wenn man im Auto sie genießt. In einem hügeligen Gelände gewinnt diese alte Weisheit neuen Reiz.

Nach links Rtg St.-Omer, mit 45 km/h. In St.-Omer Rtg Thury-Harcourt. Durch Nid de Chien/Hundenest. Schließlich die D 562 Rtg Thury-Harcourt. Da wird es schnell und zügig. Wir kehren wieder an die Orne zurück, links der Fluss, rechts die Bahngleise. Durch Thury-Harcourt, das mit Heimbuchenthal/Nordbayern verbunden ist. Hier wohnen 1.800 Menschen auf 100 m über Meeresspiegel. Auf die D 6 Rtg Falaise. Vom Berge schaut noch die

Kapelle des Heiligen Josephs hinterher. Durch Meslay / D 6. Die D 6 führt über eine Hochfläche. In Ussy die D 242, dann D 237 Rtg Potigny.

In Potigny lernen wir einen Ort kennen, der nicht mit landschaftlichen Leistungen glänzen kann. Gleich am Eingang des Ortes liegt links ein Sportgelände. Als wir vorbeifuhren, spielte die ganze männliche Jugend bis 70 in verschiedenen Mannschaften Boules. Wir schauten eine Zeitlang zu und kamen auch mit den anderen Zuschauern ins Gespräch. Irgendwie war man durch das auswärtige Interesse - positiv - überrascht. Die meisten der knapp 2.000 Einwohner haben polnischen Ahnen. Zwischen 1920 und 1930 kamen polnische Arbeiter zur Arbeit in das nahe einzige

Falaise: Normannenhütte auf Fels.
Namensgeber der Stadt.

normannische Bergwerk. Sie siedelten schließlich in Potigny. Die Bergwerktradition unterstreichen zwei Grubenwagen, die an der Straße blumengeschmückt aufgestellt sind. Ein Parkplatz ist nach der ersten polnischen Panzerdivision benannt, die an der Invasion 1944 teilnahm und in Potigna einrückte. Diese polnischen Soldaten in britischen Uniformen sind nach Kriegsende mehrheitlich im Westen, vor allem in Holland geblieben. Ihre militärischen Verdienste blieben praktisch bis 2004 unerwähnt, auch seitens des Westens. Erst im Zusammenhang mit den 60-Jahr-Feiern 2004 erreichte die polnischen Veteranen eine offizielle Würdigung durch die französische, britische und polnische Regierung.

Weiter nach Falaise / N 158 im Stau. Der produziert echte Heimgefühle. Die Stadt Wilhelms des Eroberers ist mit Bad Neustadt / Nordbayern liiert. Der erste Eindruck geht von den imposanten mittelalterlichen Stadtmauern aus, die für die N 158 quasi aufgebrochen sind. Wir folgen dem Wegweiser "Château" und gelangen zu Bergfried, Burg, Stadtmauer. Die Burg wurde kräftig restauriert, ist zu besichtigen, aber den besten Eindruck gibt das Gemäuer von außen. Ein Blick von der Burg zum Freibad im Tal spielt zum Verständnis des Fortlaufes der Dinge eine Rolle.

Weltgeschichte am Waschhaus

Diese Blickrichtung hat vieles bewirkt. Der Originalblick wurde, vermutlich mehrere Male, vom Bergfried aus gestartet. Der Sohn des Herzogs, der 17jährige Robert, be-

Falaise: Burg, 2 x Bergfried, Stadtmauer

trachtete im Sommer 1027 die umweltlichen Schönheiten. Das tat er bestimmt nicht erstmalig, aber bald auf absehbare Zeit zum letzten Male. Neben dem heutigen Freibad stand und steht ein Waschhaus, le vieux lavoir, an dem Bache Ante. Just zufällig, wenn er seine Lande beschaute, wuschen dort unten die Töchter des Landes Wäsche. Eine der schmucken Jungfrauen hieß Arlette, 16 Lenze, von gutem bürgerlichen Stande und noch besserem Wuchse. Robert war zu Waschzeiten auf Posten am Turmfenster. Ob die beachtliche Entfernung den Reizen Arlettes erst so richtig zur Wirkung verhalf, wer weiß?

Die Arlette-Strahlung brachten bei Robert alles Männliche in Bewegung. Unpolitsch Heiraten gab es für einen Herzogssohn nicht. Unpolitisch lieben aber doch. Robert versuchte es mit Stil. Er sprach bei ihrem Vater vor, dem Gerbermeister Herlève, erbat die Tochter zur Freundin. Der Vater kannte seine Arlette und wusste um seinen Einfluss. Meister Herlève beschied den Herzogssohn, seine Tochter möge selbst über den Antrag zur Freundschaft befinden. Arlette, ganz in der Rolle der heiß Umworbenen, reizte der Gedanke, die personelle Zukunft des Herzogtums zumindest zeitweise in ihrem Banne zu haben. Was dem Manne die Macht der Waffen, ist der Frau die Begierde des Mannes. Ihrer ist Frau Herr zu werden. Sie sei einverstanden. Aber einfach ins Burgbett zu huschen, um später in der Zwischenablage zu landen, das sei der Weg der Kühnen nicht. Nein! Sondern: Hoch zu Rosse, in neuem Kleide, über die niedergelassene Zugbrücke, die mächtigen Burgtore weit geöffnet, so wollte Arlette ihre Gunst dem Sohn des Herzogs näher bringen. Es geschah. Der Sieger nach blutigem Waffengang, er könnte nicht großartiger in die Mauern einrücken.

Falaise:
Das wichtigste Waschhaus der Geschichte

Diesem stolzen Start folgte noch 1027 beider stolze Frucht: Wilhelm, anfänglich Bastard, künftiger Herzog der Normandie, einstiger Eroberer der angelsächsischen Insel. Der Ritt der Arlette über die Zugbrücke geriet so zu einem Betreten der Bühne der Weltgeschichte. Kein Zweifel, ohne entschlossene Arlette kein entschlossener Wilhelm. Wer Helden zeugen will, braucht die passenden Mütter. Das wusste schon Phillip II., der Vater Alexanders der Großen. Ohne die machtbewusste, rachgierige Olympia hätte es allenfalls einen mazedonischen Räuberhauptmann Alexander gegeben und nicht den Eroberer eines Reiches vom Bosporus bis Indien. Das entspricht der Entfernung Lissabon - Moskau. Mütter machen eben Männer - oder auch nicht.

Eine große Grünfläche ist dem alten Gemäuer in Richtung Vire vorgelagert. Zu Fuß gelangt man runter zum Freibad. Daneben ist eine Gedenkstätte für die Ursprünge Wilhelms des Eroberers aufgerichtet.

Wilhelm, ein Eroberer

Falaise: Wilhelm, 1028 - 1087

Arlette konnte nicht Herzogin werden. Sie bekam nach einem zweiten Kind mit Robert einen Grafen als nominellen Mann. Robert erhielt Herzogswürden ein Jahr nach seiner schicksalshaften Begegnung mit Arlette. Die verwandtschaftlichen Beziehungen unter dem normannischen Adel waren nicht die besten. Familienbande im Wortsinne. Wer überlebte, wurde oder blieb Herzog. Robert blieb und lebte weiter in der Geschichte mit dem Beinamen "der Teufel". Arlette konnte oder wollte ihn nicht zähmen.

Doch mit des Schicksals Mächten, das war schon vor Schiller wahr, ist kein ew'ger Bund zu flechten. Robert starb 25-jährig auf der Rückkehr vom Kreuzzug in Kleinasien. Den 7-jährigen Wilhelm setzte er zuvor als Erben ein. Der kleine Junge musste anfangs vor seinen Rivalen versteckt werden. Robert sprach noch das Dänische, während Wilhelm und seine Generation immer mehr dem damaligen Französischen verfielen. 1047 schlug der zwanzigjährige Bastard in einer Schlacht seine

Gegner aus dem Feld. Mit 21 Jahren wollte er heiraten. Seine Auserwählte war Mathilde von Flandern. Er warb, sie wollte nicht, eher ins Kloster als die Teufelsbrut, tönte kess die Schöne zu Lille.

Doch so nicht mit Arlettes Sohn. Kaum erhielt Wilhelm die Absage, saß er auf dem Pferd und ritt in wilder, verwegener Jagd gen Lille. Jeder spätere Westernheld war dagegen nur Zwergenformat, mit Ameisen auf Augenhöhe. Mathildes Vater, ein Herzog, ahnte das kommende Geschick. Die Zugbrücke wurd' herabgelassen, das mächt'ge Eisen-Tor geöffnet. Wilhelm stürmte Kemenate und Mathilde. Ergebnis: die Jungdame wollte und zwar heftig. Einen solchen Mann gab's auch im harten Mittelalter nicht alle Tage. Die beiden waren um Ecken verwandt. Der Papst hatte Bedenken. Wilhelm versprach den Bau von Abteien, der Papst verlor seine Zweifel. 1066 landete Wilhelm seinen weltpolitischen Coup. Er setzte über den Kanal, eroberte Krone, England und tausendjährigen Ruhm.

Der Tod rechnet ab

Der Triumphator seiner Zeit und Tatmensch konnte sein Ende nicht aussuchen. Im Kampfe stürzte sein Pferd getroffen zu Boden. Der Sattelknauf zerriss das Zwerchfell des Furchtlosen. In der Abtei Saint Gervais in Rouen abgelegt, zerstörte die Verwundung langsam den Körper, nicht seinen Verstand. Der Sechzigjährige ging 1087 elend zugrunde. Der Tote wurde gefleddert und verlassen. Wilhelm verweste. Seine Leiche wurde noch gefunden und in Caen in der Abbaye aux Hommes mit geplatztem, aufgeblähtem Körper beigesetzt.

Falaise 2004: Dt. Panzer + US-Kriegsgerät (Modelle) im Schaufenster eines Schreibwarengeschäftes.

Falaise gestern und heute

Der Name Falaise hat das germanische Wort Fels zum Ursprung. Die Stadt stand im Mittelpunkt der Endphase der Normandie-Kämpfe. So ist alles wiederaufgebaut, freier, luftiger. Die Innenstadt der 8.500 Einwohner zählenden Gemeinde lädt zum Bummeln.

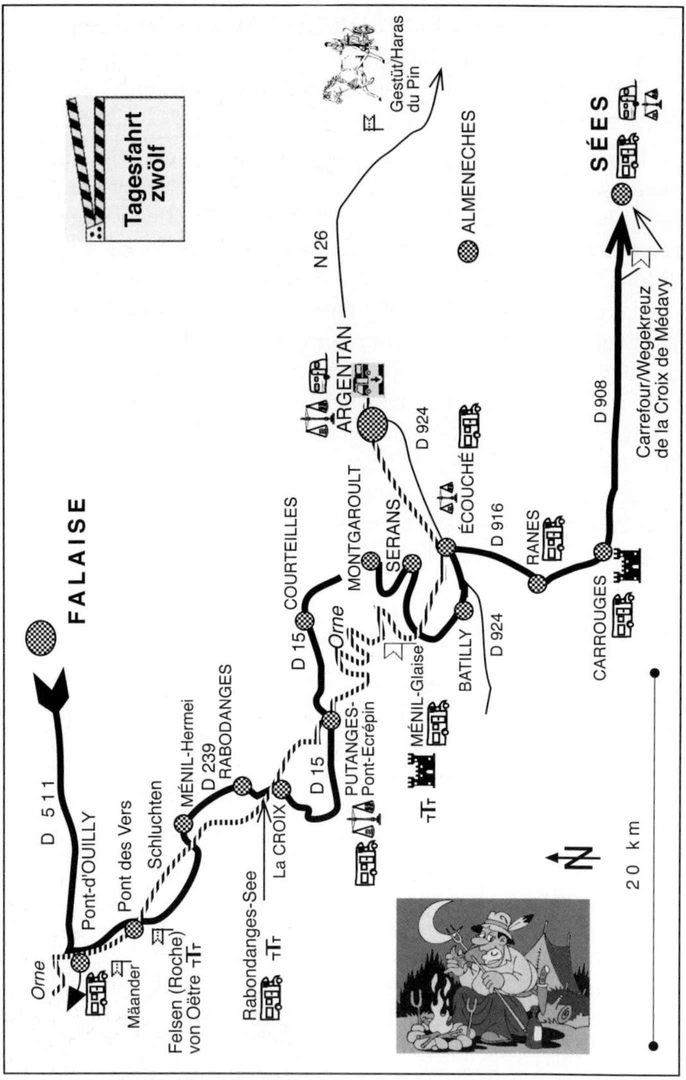

Strecke	**Falaise** * Pont-d'Ouilly * Roche d'Oëtre * Putanges-Pont-Ecrépin * Batilly * Écouché * Carrouges * **Sées**. 110 km
Besichtigen:	Pont-d'Ouilly, Tal der Orne, Roche/Felsen von Oëtre (30 min), Felsen und die Orne von Ménil-Glaise (15 min), Rabondanges-See, Ecouché, Gestüt von/Haras du Pin (außerhalb der Strecke) Vorführungen Juni-Sept Do-15h00 (2h), Schloss Carrouge (30'), Carrefour de la Croix de Médavy (15'), Sées (2h).

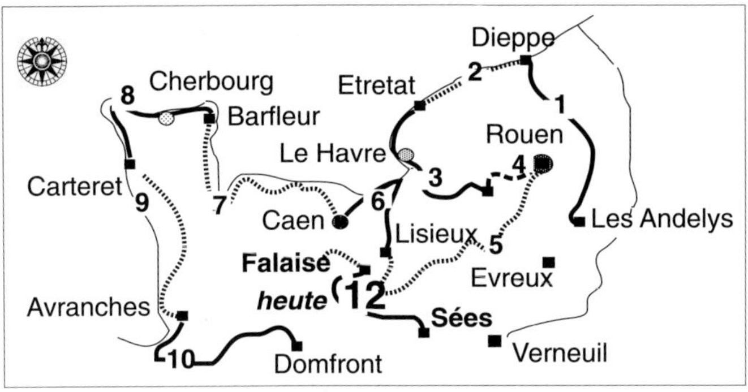

Picknick:	a) am Roche d'Oëtre; b) am Rabondanges-See, c) am Felsen von Ménil-Glaise; d) Carrefour de la Croix de Médavy.
Wasser:	Sées: bei Rathaus / Kathedrale gegenüber der roten ehemaligen englischen Tel.-Zelle.
Camping:	Sées: Essi le Clos Normand am Supermarkt Champion / Rtg Alençon.
Stellplätze:	Écouché, Carrouges, Sées. S. Verzeichnis.
Einkauf:	Sées: Supermärkte Champion, Intermarché.
Märkte	Argentan, Di-morgen + Fr-morgen; Putanges, Mi-morgen; Sées, Do-morgen; Ecouché, Fr-morgen.
Abwasser:	Argentan, camping municipal / Gemeinde-Camping; Sées, Camping Essi le Clos Normand / Rtg Alençon.
Info:	Office de Tourisme: Normannische Schweiz: Tel.: (0)2 31 59 13 13, Fax (0)2 31 59 13 14, www.normandie-montagnes.fr. F-61500 Sées: Tel. (0)2 33 28 74 79, Fax (0)2 33 28 18 13, e-.ail: sees.tourisme@wanadoo.fr; www.paysdalencontourisme.com Deutschsprachige Auskünfte über regionale Veranstaltungen bei "L' Orne, Comité Départemental du Tourisme, 88, Rue Saint-Blaise F 61002 Alençon / Fax (+33)33 29 81 60".

Im Tal der Orne

In der Innenstadt von Falaise herrscht ein beschauliches Leben. Wir drehen noch eine Runde und entschwinden Rtg Vire / Pont d'Ouilly / D 511 am Schloss vorbei. Das Ziel Pont d'Ouilly ist nicht neu. Aber ein so schön gelegenes Kleinstädtchen lässt sich gut zweimal oder öfter besuchen. Die D 511 ist gesäumt von jungen Bäumen - mit gebührendem Abstand von der Straße. Die Landschaft ist eben. Ein 10%-Abstieg führt in das Tal der Orne. Der Fluss entspringt bei

Aunou-sur-Orne bei Sées und schlängelt auf 152 km, um bei Ouistreham in den Ärmelkanal zu münden. Im westlichen Calvados mäandert die Orne durch hartes Felsgestein und trägt wesentlich zur Schönheit der so genannten Normannischen Schweiz bei. Der Fluss betreibt in Argentan ein Wasserkraftwerk, speist bei Rabondanges einen achtbaren See und ein weiteres Wasserkraftwerk. Ab Caen ist das Gewässer auf 12 km für 15.000-Tonnen-Schiffe kanalisiert.

Pont d'Ouilly: Orne, Teil 1

Pont-d'Ouilly wirkt etwas verlassen. Kajaksportler und andere aktive Müßiggänger sitzen beim Croissant im Café. Urlaubs- und Freizeitstimmung, die vergehende Freizeitgesellschaft in voller Entfaltung. Rtg Roche d'Oëtre/Le Bateau. Dazu bis zur Ornebrücke, vor der Orne nach links, dort Ausschilderung zum Roche/Felsen. Wir fahren am linken Ufer der Orne flußaufwärts. In der Orne sehen wir die Verkehrszeichen der Kayakmenschen. Da sind die Weg- und Unwegsamkeiten des nicht ungefährlichen Gewässers markiert.

Pont d'Ouilly: Orne, Teil 2

In Le Bateau verengt ein Bus die Fahrbahnlage. In Pont-des-Vers fahren wir nach rechts Rtg Mäander/Méandre von Rouvrou/D 43. Über ein kleines Brückchen über die Orne führt uns die D 43 nach oben, die sich mit einem GR/Fernwanderweg schneidet. Vor Rouvrou öffnet sich links der Blick auf die kurvige Orne. Allerdings nicht direkt. Man sieht eigentlich nur den Camping im Tal. Einen Parkplatz und Hinweis auf den Mäander gibt es nicht. Die Straße wirkt verlassen. In Rouvrou nach links führt ein kleines Sträßchen nach unten zur Orne und in ein idyllisches Tal mit Zweit- und Dritthäuschen. Das Tal lässt sich nur zu Fuß genießen.

Am Fels der heißen Erde

Weiter Rtg la Roche d'Oëtre. Der Fels von Oëtre ragt 118 m steil über der Rouvre. Manche sprechen im Majestäts-Plural von den Oëtre-Felsen. Die Touristenattraktion ist in privatem Besitz. Auf dem Felsgelände findet sich in einem Info-Laden – offiziell: Point d'Information Régional – die seltene Möglichkeit, irgendwelche Andenken zu erwerben. Doch im Verkaufsraum werden auch Wanderkarten und Spezialitäten der Region angeboten. Dazu kauert ein - nachgemachtes - Wesen aus menschlicher Vorzeit. Wandzeitungen informieren bestens über Fels, Umgebung und Umwelt.

Pont d'Ouilly

Wer an den Felsrand gehen möchte, soll die Warntafeln beachten. Der erfahrene Bergsteiger wird wohl darüber lächeln. Der Felsen ist zum Abgrund hin kaum gesichert. Die Chance, am Felsen auszurutschen und in die Tiefe zu stürzen, ist real. So heißt für den normalen Fußgängerzonenbenutzer und für Kinder Vorsicht. Doch der Blick auf Wälder und Schluchten ist prachtvoll. Vor dem Zugang ist an der Straße um einen großen Kastanienbaum eine Picknickszene eingerichtet. Auf der Hochfläche wird heftig gebaut. Ein ausgeschilderter Pfad führt in den Abgrund. Wie überhaupt zahlreiche Wander- und Reiterwege der naturschönen Normannischen Schweiz über den Felsen führen.

Roche d'Oëtre,
Urahne ohne
Mutter, ohne Kind

Das Parade-Gestein heißt Oëtre, denn es liegt auf der Gemarkung des 300 m nahen Weilers Oëtre, heute Teilort von Saint Philbert-sur-Orne. Der Name Oëtre ist griechischen Ursprungs und soll heißen: trockene, heiße Erde. Im Felsen existiert eine Grotte, la chambre aux fées, das Zimmer der Feen. Sie boten 1615 einem Falschmünzer der Gegend Unterschlupf, 1789 einem Adligen, 1795 einem General der Chouans, bretonische Königstreue, die Ende des 18. Jh. gegen die Revo-

La Roche d'Oëtre/
Oëtre-Felsen

lution kämpften und verloren. Weiter Rtg Ménil-Hermei. Im Tal links fließt die Orne auf 1,5 km durch die Felsenschluchten, den Gorges. Von der Straße aus sieht man allerdings nichts. Es führen einige Abzweigungen zur Orne hinunter. Diese enden in Gehöften. Die Wendemöglichkeit für Gespanne unten oder auf den kleinen Wegen ist sehr begrenzt. Wir entdecken unterwegs keine Aussichtsstelle mit Plattform und Parkplatz. Unsere Strecke stößt im Tal auf die D 21. Die nutzen wir Rtg Ménil. Dabei überqueren wir die Brücke des Auvray-Waldes / Forêt-Auvray. Die D 21 steigt und in Ménil-Hermei treffen wir wieder auf eine Pfadfindergruppe. Die Jungs machen gerade Marschpause. Der Anblick weckt Jugenderinnerungen.

Mit Weib und Ross und Wagen
am Oëtre-Felsen

Das Glück am See

Wir fahren in der Ortsmitte nach rechts Rtg Rabodanges / Argentan / D 239. Vorbei am Gestüt / Haras de Rabodanges. In Rabodanges Rtg Briouzes / D 121. Nach wie vor durch die normannische Berg- und Talwelt. Von weitem sehen wir wieder die Orne. Sie ist hier, 2 km vor Ste.-Croix, durch den Staudamm / barrage von Rabodanges auf eine respektable Breite, zum See von Rabodanges, gestaut. Nur 1 km vor Ste.-Croix hat die Gemeinde einen Bootsplatz an der Orne eingerichtet. Unmittelbar vor der aussichtsträchtigen Brücke ist rechts ein Parkplatz. Keine Wasserstelle am Parkplatz. Daneben eine achteckige Erfrischungsstätte für den Anspruch zwischendurch. Am See-Ufer hat die Gemeinde Tische und Bänke aufgestellt. Bei angenehmer Wetterlage picknicken hier ganze Familienstämme. Junge Paare freuen sich an ihrer Zweisamkeit. Der Motorwassersport der Unteren Normandie nutzt das Gewässer für Wasser-Ski und Surf-Sport. Raubfische, Weißfische, Karpfen warten ganzjährig und sogar nachts auf den Angler mit Schein. Der See erstreckt sich auf knapp 100 Hektar. Nur unweit Rtg Ste Croix kann man nach links über eine kleine Straße an den Staumauer-Fuß kommen. Das Gelände ist Eigentum der Electricité de France. Überall warnen Tafeln mehrsprachig, auch auf Deutsch, vor dem Öffnen der Staumauer. Da kann also ohne Ankündigung Wasser in die Orne stürzen und den Spaziergänger am Flussufer mitreißen.

Rabodanges-Stausee

Nach Ste.-Croix hinauf. Dort Rtg Putanges/C 1. An der Straßenkreuzung ist eine kleine Kapelle. Die C 1 ist eine wohnwagenbreite, kurvige Angelegenheit. Auf und ab. Dann D 15 nach Putanges-Pont-Écrépin. Der 900 Einwohner kleine Ort ist für seine schmucke Lage an der Orne bekannt. Er dient auch als Start und Ziel von Wanderungen zu den Schluchten flussabwärts, als Basis für Tennis, Radfahren, Kayak- und Angelsport. Der Glockenturm, kleine Waschhäuser, die Orne-Idylle und eine nicht allzu preiswerte Gastronomie markieren die Brücken-Gemeinde. Dann Rtg Argentan/Écouché/D 909/D 15. Durch Courteilles/D 15, drei, vier Häuser. Die D 15 erlaubt einen weiten Blick in die Gegend.

Putanges-Pont-Écrépin,
Orne-Promenade

Das Tal der Schafe und Angler

Hauptrichtung Argentan/Écouché.

Eine Möglichkeit - für Gespanne: Die einfachere Strecke ist Rtg Argentan auf der D 15 und dann Abzweigen nach Écouché, D 29. Von dort Stichfahrt nach Serans, zu Orne und Ménil-Glaise-Felsen und wieder zurück nach Écouché.

Die andere Möglichkeit ist durch Wald und Feld und für Gespanne nicht ratsam. Da führen die nächsten Kilometer über allerlei kleine Straßen und Abzweigungen. Unsere Beschreibungen sind zwar genau, aber es ist hier vielleicht mühsam, ihnen zu folgen. Also: Durch Montgaroult weiter Rtg Ménil-Glaise/Serans/C 9. Die geht über die Felder, vorbei an einem verfallenen Bauernhof. Die C 9 zweigt nach links ab Rtg Écouché. Links steht ein alter, gusseiserner Wegweiser. An der nächsten Kreuzung entdecken wir links im Feld eine windbetriebene Bewässerungspumpe. Nach rechts geht eine Haarnadelkurve Rtg Ménil-Glaise/Serans. Klatschmohn am Straßenrand. Vorbei an einem Gehöft mit Ferienwohnungen. Durch einen Laubwald. Schließlich fahren wir auf ein Schloss zu. Durch Ménil-Glaise/Serans an die Orne. Die trennt uns von dem gegenüberliegenden, mächtig aufragenden, privaten Schloss auf einem Felsen. Und der wird der Felsen von Ménil-Glaise genannt. Dieser Felsen gilt als östlicher Anfang der normannischen Schweiz. Das Schloss stammt aus dem 18. Jh. Die Vorgänger hatten mehr kriegerischen Charakter. An dieser Flussstelle ist auch ein kleiner Rastplatz angelegt. Er wird vor allem von Anglern genutzt. Die stehen geduldig in der Mitte

Orne und Angler am Ménil-Glaise-Felsen

Écouché:
Restaurierte Bogen-Brücke

Écouché:
Aug. 44: Ende einer Dienstfahrt eines französischen Panzers. Drei Einschüsse. Das Gerät wird alle zwei Jahre ehrenamtlich frisch gestrichen.

des Gewässers in großen Stulpenstiefeln und warten. Die Hälfte seines Lebens, tja, steht der Angler wohl vergebens. Die Brücke trägt 3.5 t. Für diesen Anblick von Schloss, Ornewiesenfelsental und Angler haben wir Sie über Weg und Steg nach Serans gelockt.

Weiter über Serans nach Écouché, das mit Else in Niedersachsen liiert ist. Am Ortsrand überqueren wir ein reizvolle Bogenbrücke. Écouché wurde auch in die Normandie-Kämpfe hineingezogen und blieb zerstört zurück. Als Mahnmal haben die Einwohner die spätgotische Kirche nur zum Teil wieder aufgebaut. So stehen die Mauern des einstigen Mittelschiffes vor der heutigen Kirche. Am ostwärtigen Ortsausgang blieb ein Panzer als Denkmal liegen. Der gehörte mal zu der zweiten französischen Panzerdivision. Drei Treffer setzten den Tank im August 1944 außer Gefecht.

Das Glück dieser Erde liegt auf dem Rücken der Pferde, wo denn sonst?

Ein kleiner Abstecher geht zum Haras du Pin/Gestüt der Kiefer. Es liegt bestens ausgeschildert an der N 26, nur 15 km ostwärts von Argentan/Rtg L'Aigle.

Mutter aller Gestüte: Haras du Pin

Bald breitet sich das Gestüt/Haras du Pin, das berühmte PferdeVersailles aus. Eigentlich ist die ländliche Ornelandschaft ein einziges Groß-Gestüt. Überall lassen sich Ställe und Reitbahnen entdecken. Rennbahnen, Cross-Country-Plätze, Turnierplätze und Wanderwege zeugen von der Pferdeleidenschaft im Frankenland. Die Wälder von Ecouves und Andaine sind geradezu geschaffen für Großjagden. Zahlreiche Veranstaltungen mit Pferden, so Turniere, Rennen, Ausreiten etc, füllen die Programmtafeln der Gemeinden

Wochentags-Fuchs-Jäger nahe Rânes. Die Weidmänner schossen bei rollendem Straßenverkehr.

und Gestüte. Im Haras du Pin finden jeden Donnerstag, ab 15h00, Juni - September, Vorführungen von Vierspännern und Hengsten statt. Bis 14h30 sollen die Besucher an Ort und Stelle sein. Die ganzjährige Besichtigung mit Führung, 09h00-12h00, 14h00-18h00, ist kostenlos. Pferdeställe, Ausstellung und Schmiede können gegen Eintrittsgeld, 11. Juli - 10. Oktober, betreten werden.

Das Staatsgestüt du Pin ist wohl das glanzvollste in Frankreich. Neben der Pferdeaufzucht betreibt die dem Gestüt angeschlossene Ecole nationale Aus- und Fortbildung aller an der Pferdeaufzucht beteiligten Berufsgruppen. Die

Ursprünge gehen auf Jean Baptiste Colbert zurück, dem Finanzminister Ludwigs XIV., und Vater der königlich gelenkten Volkswirtschaft. Der Bau des Haras du Pin erfolgte 1715 bis 1730. Die Revolution von 1789 schaffte die Gestüte als staatliche Einrichtungen ab. Erst der Enkel des kleinen Korsen, der irdischer Eitelkeit und weiblicher Einzelgesellschaft verfallene Napoleon III., ließ die staatliche Gestütsorganisation 1865 wieder aufleben.

Und die Schmiede war verschlossen

Von Écouché fahren wir weiter nach Rânes, D 916. Das ist eine nette Landgemeinde von 1.000 Bewohnern. Rânes wurde 1944 US-zerstört und musste völlig neu aufgebaut werden. Das nächste Ziel ist das Schloss in Carrouges, über die D 909. Auf knapp halber Strecke finden wir die Abfahrt zu einer archäologischen Fundstätte der Schmiede "Forges du Champ de la Pierre". Die Aussschilderung ist gut und lenkt auf privates Gelände. Der Weg ist zunächst noch öffentlich. Eine Tafel weist auf die Schmiede hin, und dass sie Juli-Aug, Samstag 17-19 Uhr zugänglich ist, oder auf Anruf.

Tor zum Schlossbereich Carrouges

Der Weg wird plötzlich privat und wir gehen zu Fuß zur Schmiede. Da stehen hübsche Häuschen recht idyllisch im und am Wald. Ein Flüsschen plätschert an der vermutlich mittelalterlichen Schmiede vorbei. Und die ist mit Zaun und Tor verbarrikadiert. Wie bei Räuber Hotzenplotz stürzt ein wurziges Weibchen, Mitte 40, aus einem der Häuser am Wege auf die Besucher zu und keift muttersprachlich, wedelt mit Tickets. Doch verkaufen will sie nicht, da nur Samstag offen ist, der Zugang sonst verboten. Irgendwelche historische Auskunft über die Schmiede? Fehlanzeige. Also, zurück Rtg Carrouges.

Die schwarz-rote Backstein-Renaissance

Das kleine Carrouges besitzt eine herrliche Aussichtslage, eine romanische Wehrkirche und seit dem 14. Jh. ein Schloss. Das liegt inmitten eines eher langweiligen Parks von 10 Hektar. Bis 1936 saßen hier die Herren Le Veneur de Tillières/Jäger von Tillières, eine aus dem normannischen Dienstadel, d. h. niederer Adel, hervorgegangene Familie. Die Erbauer starben im 14. Jh. aus, und durch zuvorige Heirat kamen die Blosset in den Besitz. Der Familienchef war Vertrauter des Königs Ludwigs XI. Kinderlos vererbte er an seine Schwester, und die übergab sich und den respektablen, schwarz-roten Backsteinbau an den Clan Le Veneur/Jäger.

Spezielle, 30 cm hohe Stühle für Damen. Die Kleider mussten den Boden erreichen. Dafür gab's mehr Sicht am Décolleté.

Mit Schloss kommt Frau halt auch zu einem Mann.

Der Staat erwarb 1936 die Immobilie und hat sie noch heute. Der gegenwärtige Bau stammt mit Masse aus dem 17. Jh. Das imposante viertürmige Torensemble rührt aus dem 16. Jh. Ob hier im 14. Jh. eine ordentliche Wehrburg stand, scheint nicht geklärt.

Jedenfalls umfließt die Hütte ein Wassergraben, der allenfalls Diebesgesindel oder die lausige Verwandtschaft abhalten konnte, aber keine Kanonen des 17. Jh. Alles diente wohl der Repräsentation.

Schloss Carrouges

Die Außenansicht von Schloss und Torbau lohnt auf jeden Fall. Die ist auch kostenlos. Im trostlosen Innenhof ist der Schloss-Shop mit Kartenverkauf für Besichtigungen untergebracht. Die sind nicht überlaufen. Die Innenausstattung bewegt sich von Renaissance bis Barock. Noch zu sehen: Porträts, Kaminzimmer, ein mächtiges Treppenhaus und nicht zuletzt für den modernen Mann, eine Küche mit viel Kupfergeschirr, die Einblick in das damalige, karge Domestikenleben gibt.

Am Wegkreuz des Kreuzes von Médavy (Carrefour de la Croix de M.): Französisches Mobil aus US-Produktion, Geknickte Kanone, Einschüsse an Rohr, Turm und Frontpanzerung.

Offenbar zum nachhaltigen Studium der Wirkungsmöglichkeiten deutscher Kanoniere ließen die Franzosen das Gerät interessanterweise in der Waldlichtung stehen, wo es Mitte August 1944 germanischerseits abgeschossen wurde.

Der Panzer steht im Walde

Weiter Rtg Sées über die D 908. Ein kleiner Schlenker geht, 10 km westl. Sées nach rechts, zur Wegkreuzung des Kreuzes von Médavy / Carrefour de la Croix de Médavy im Wald von Écouve. An der Waldlichtung steht eine achtbare, fest gemauerte Wanderhütte mit Feuerstelle. Der Écouve-Forst umfasst auf 12.000 Hektar, auf 16 km Ost-West-Ausdehung und 13 km Nord-Süd, ungestielte Eichen, Buchen, Laricio-Kiefern, gemeine Rottannen, Fichten, Zitterpappeln, Birken, Sylvester-Kiefern, Douglas-Fichte, Rehe, Hirsche usw. Die Karte IGN 1716 bietet alle Écouve-Waldwanderwege. Wegbeschreibungen gibt es nur in Französisch.

Weiterfahrt durch den Wald nach Sées.

Der Sitz des Erzbischofs

Die Stadt Sées zählt rund 5.000 Einwohner und ist uraltes Siedlungsgebiet. Bereits vor 4.000 Jahren sollen sich hier Jäger und Sammler getummelt haben. Später zogen Kelten viereckige Palisadenzäune und Gräben um ihre hiesigen Gehöfte.

Die Gewalthaufen des Schriftstellers Gaius Julius Caesar nannten die angetroffenen Gallier "sagii" und verrömerten so die keltische Bezeichnung. Daraus wurde schließlich Sée und endlich Sées. Das Schluss-S wird gesprochen. Die Sées-Einwohner nennen sich heute "Sagiens". Während der Völkerwanderung rückten im 4. Jh. Sachsen ein und herrschten bis um 1000 nach Christus.

Die große Kathedrale

Mittelpunkt ist die prachtvolle Kathedrale. An ihrer Stelle standen bereits vier Vorgängerinnen. Die erste erhob sich Anfang des 5. Jahrhunderts auf den Mauern eines römischen Tempels. Diese haben die Normannen 878 zerstört. Nummer vier wurde von den Kriegsleuten Heinrichs II. von England eingeäschert (s. Tagesfahrt fünf).

Das heute, über einige Zerstörungen in den Jahrhunderten immer wieder aufgebaute Meisterwerk der normannischen Gotik wurde im 13. und 14. Jahrhundert errichtet. Die Akustik soll von höchster Qualität sein.

Sées: Gotische Kathedrale.
Am Eingang liegen gute Beschreibung in fehlerfreiem Deutsch aus.

Zwei verschiedene Licht- und Tonveranstaltungen/Musilumières - ehemals: son et lumière - finden im Juli ab 22h30 und August ab 21h30 am Freitag- und Samstagabend 50 min lang statt.

Im Inneren spielt sich das "Vitrail Bleu/blaue Glasfenster", an der Außenfront die "Compagnons Batisseurs/Kameraden Bauarbeiter" ab. Durch die großen Fenster der hohen Türme der Kathedrale überstrahlt das gelbhelle Licht die tieferliegende, ordinäre Straßenbeleuchtung gleich einer Fackel am Nachthimmel. Einfacher ausgedrückt, wie ein beleuchteter Kürbis. Die Außenmauern werden ihrerseits gelb angestrahlt. Um die Kathedrale herum sind kirchliche Gebäude, bischöfliches Palais, ehemalige Klosteranlagen, so ein Holz-Gebäude mit einem überdachten Rundgang. Sie alle verleihen dem Sitz des Erzbischofs einen Hauch von Weihe.

Nebenan steht das wuchtige Rathaus aus dem 19. Jahrhundert. Sées ist mit Tonisvorst bei Duisburg verbunden. Ein unscheinbarer und in seiner Richtung nicht eindeutiger Wegweiser will auf die Partnerstadt aufmerksam machen. 685 km sind es bis dorthin.

Die alten, ausgeschilderten Hallen sind sehr gut restauriert. In einem Teil davon ist die städtische Bücherei untergebracht. Im übrigen Teil findet Mittwoch-morgens Markt statt. Der aus dem 19. Jahrhundert stammende Hallenrundbau erinnert äußerlich irgendwie an das Kolosseum in Rom. Innen tragen alte, wuchtige Steinsäulen das Dach. Sées ist Bahnstation.

Denkmal in Sées: Nicolas-Jacques Conté, 1755 - 1805, kommandierte die Ballons der Revolutionstruppen, begleitete Napoleon beim Feldzug in Ägypten 1798, in dessen Folgen die Briten die neu gebaute französische Flotte versenkten, erfand den Bleistift, wurde in Aunou-sur-Orne bei Sées geboren.

Der unterirdische Wasserlauf

Die in der Nähe entspringende Orne ist in der Stadtmitte, quer zur Rue de la République, unterirdisch verlegt. An der Orne ist ein reizvoller Spazierweg/promenade du Vivier mit einem ehemaligem Waschhaus eingerichtet.

Mit dem Mobil gelangt man auf einen Parkplatz an der Orne wie folgt: Zufahrt von der Kathedrale: Nach halblinks in die Rue de Billy. Nach 200 m, zweite Straße, Rue d'Écouves, scharf nach rechts. Dieser nach 100 m nach rechts folgen. Nach weiteren 100 m nach links in die Rue des Cordeliers. Nach 1000 m nach links, Parkanlage Cours des Fontaines, dann nach 100 m Parkplatz. Schön gelegen mit Fischteich und Waschhaus.

Allgemeine Anmerkung

Im Ort sind die ausgewiesenen aire de camping-cars/Stellplätze (Parkplätze + Ent/Versorgungssäule) ausgeschildert. „Freies" Parken 24h - 48h ist grundsätzlich möglich an

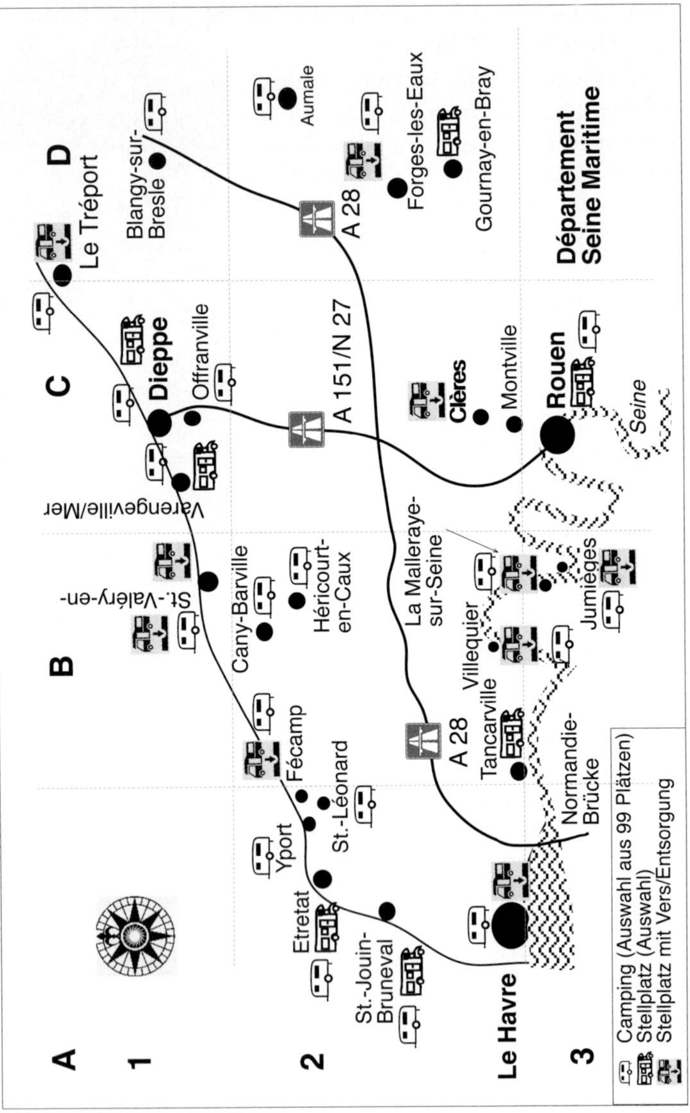

für Wohnmobile nicht verbotenen, öffentlichen Straßen und Plätzen. Die Gemeinde + die örtliche (Départements-)

Polizei können bis 7 Tage gestatten. Verbotsschilder werden in der Bretagne von Urlaubern oft ignoriert - weniger von der Polizei. Normal gibt es Platz und Toleranz. Mitte Juli bis Mitte August sind alle attraktiven Stellen, vor allem Strände, massiv überlaufen, Parkplätze zusätzlich mit Schranken gesperrt. Toleranz eingeschränkt. Nicht so im

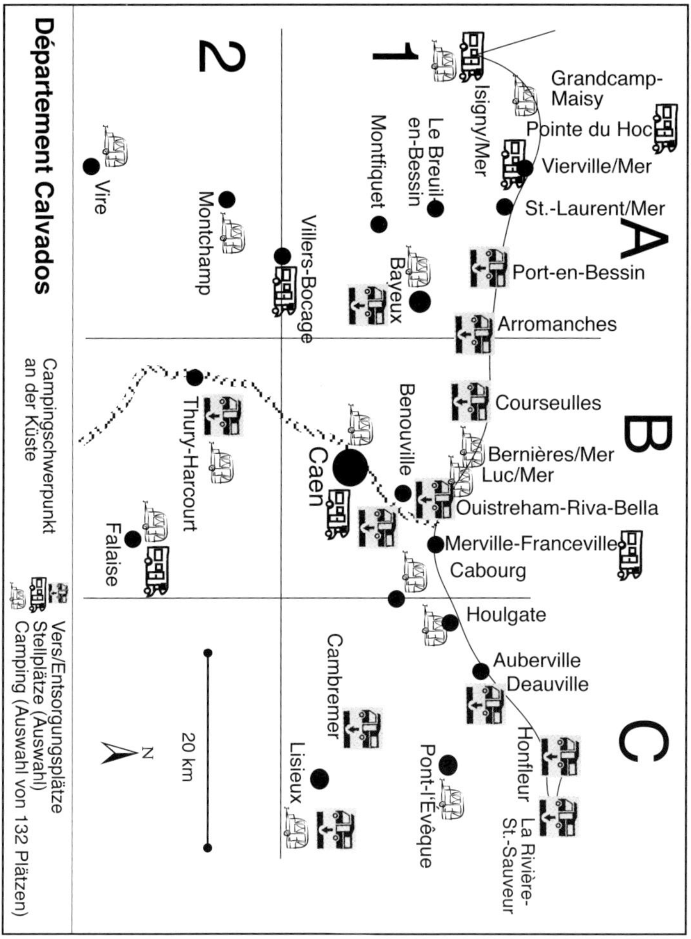

Hinterland. Schilder "Gens du Voyage" gelten für "Landfahrer"!
Die Entsorgung von Abwasser und Chemie-WC ist nur auf Campingplätzen und an Plätzen/aire de service mit Säulen von Euro-Relais/Flot bleu oder an einer dafür vorgesehenen und angezeigten Einlaßöffnung am Boden möglich. Die Wasserhähne sind häufig asymetrisch. Der übliche

Schlauchanschluss passt dann nicht. Also ist wieder die gute alte Gießkanne gefragt. Zahlreiche Campingplätze bieten ihre Ent/Versorgungsmöglichkeiten kostenlos oder gegen Bezahlung an. Dieses Angebot gilt nur für den technischen Aufenthalt. Wer den Camping zusätzlich nützen will, muß den normalen Tagespreis bezahlen.

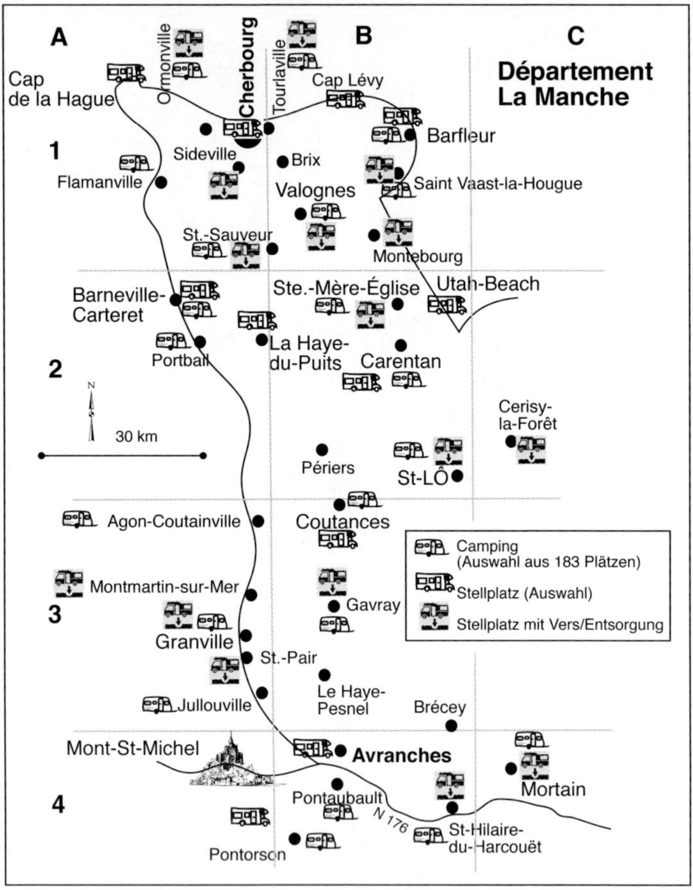

Entsorgung von Abwasser ist auch in öffentlichen Toiletten bei Marktplätzen möglich, ebenso Wasserversorgung in öffentlichen Toiletten an Marktplätzen. Rastplätze am Wegesrand in nicht unmittelbarer Ortsnähe sind aus Sicherheitsgründen nicht als Stell-Platz bei Nacht empfehlenswert. Übernachtung in Feld, Wald, Wiese sind strikt untersagt. Außerhalb der Gemeinde regiert die kompromisslose Nationale Polizei (CRS).

Freie Stell-Plätze haben Regeln: Sauberkeit um das Wohn-

mobil. Parken ohne den Verkehr zu behindern. Ohne Belästigungen durch Lärm etc für die Umgebung. Tiere nach Möglichkeit an der Leine. Ohne Tische und Stühle vor dem Mobil.
Müll-Entsorgung: Ein heikles Thema. Nichts kann Wohnmobilisten in der Öffentlichkeit mehr schaden, als nicht ordnungsgemäßer entsorgter Müll am eben benützten Stellplatz oder in dessen Nähe. Entweder wird der Hausmüll in kleinen Portionen in Mülleimern oder in größeren Mengen in den vorgesehenen Containern entsorgt.
Unsere Stell-Plätze sind öffentliche Parkplätze und exakt recherchiert. Alle Angaben ohne Gewähr. „Stell-Plätze im Weinberg und auf dem Bauernhof" s. Infos – gewußt wie, wann, wo.

Caesars Stellplatzsuche

Wer **eine sichere Nacht** verbringen will, gedenke der alten Römer. Die meist nur 1.60 m großen Legionäre hatten sich niemals angemeldet oder entschuldigt, wenn irgendwo die Erde vom Tritt genagelter, römischer Ledersandalen erzitterte. Das klappte meistens.

LEG • VIII • AVG
(Freizeit-Legionäre der VIII. Augusteischen Legion)

Warum? Bevor der Tag sich neigte, beendeten sie den Marsch, schlugen Zelte auf, buddelten Gräben, warfen Erde auf zum Wall, rammten ihre mitgeschleppten (!) Hölzer zu Palisaden, stellten Wachen auf, reinigten Hacke, Schaufel, Gladius, Pilum, Scutum – Schwert, Speer, Schild, grüßten Caesar, Consul, Centurio. Erst jetzt hatte der Römer Ruhe.
Im Teutoburger Walde bauten die Lateiner weder Wall noch Graben, pflegten kein Kurzschwert, nicht Schild, nicht Speer. Nach drei Tagen fehlten mit Mann und Ross stolze drei Legionen, 15% der römischen Reichswehr. Germanen hatten sie versenkt. Rom verfiel in Trauer, Cäsar Kleopatraverweigerer Octavianus Augustus in Wut.
Also: **Rechtzeitig Platz suchen.**
Nicht an Autobahn-Rastplätzen übernachten. Überfallgefahr!

Erklärung zur Liste

• *Die genannten Stellplätze verfügen über einen festen Untergrund, sind geteert, seltener geschottert und bieten Platz für*

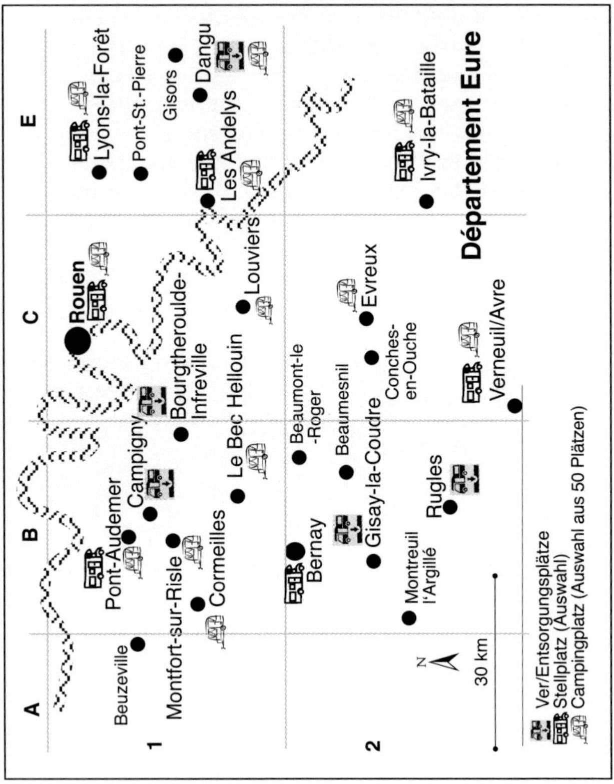

mindestens für 5 Wohnmobile. Sie befinden sich meist in oder an Wohngebieten. Ausnahmen werden gesondert angegeben.

• *Supermärkte, Restaurants, Telefonhäuschen, Bushaltestellen, kleine Müllkörbe sind überall und werden nur im Ausnahmefall erwähnt. Auf Müllcontainer wird hingewiesen.*

• *Die Unterteilung in a/b/c geben verschiedene Stellplätze in der Gemeinde an.*

• *Chemie-Entsorgung und Abwasserentsorgung können nur auf dem Campingplatz, an der Ver/Entsorgungssäule oder an dem von den Gemeinden eingerichteten Bodeneinlass erfolgen. Umweltschutz wird immer größer geschrieben!*

• *Alle Orte haben Versorgungsgeschäfte. Längs den Durchgangsstraßen stehen meist supergroße Einkaufsmärkte oder unübersehbare Werbeplakate, die den Markt-Standort angeben.*

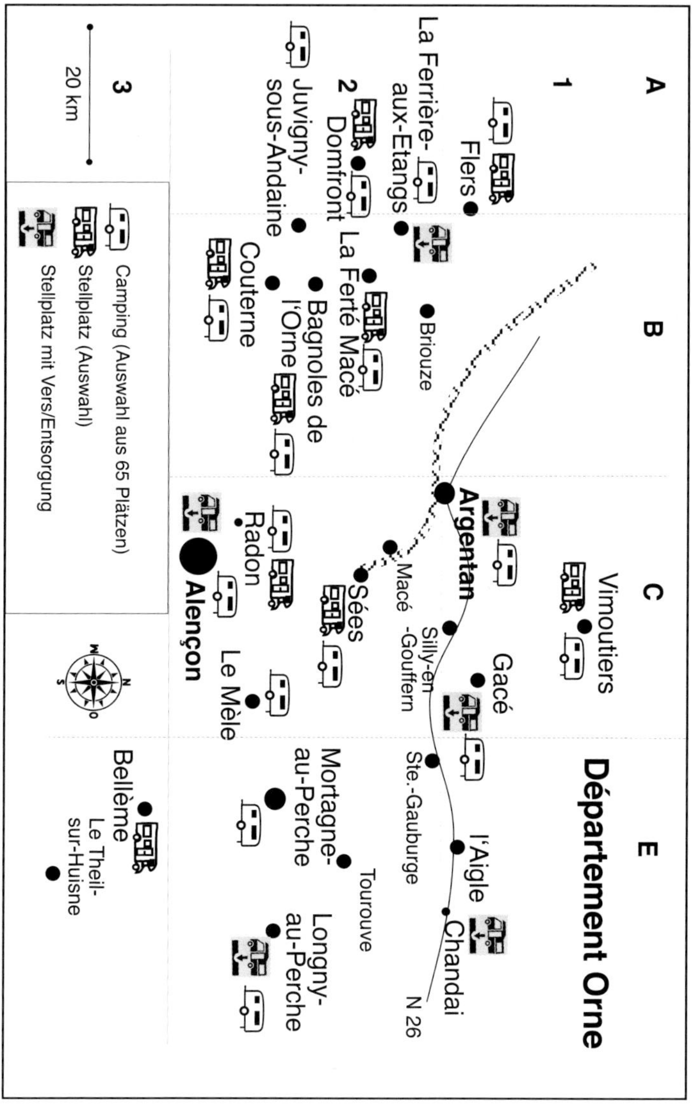

- *Campingplätze am Stellplatzort werden erwähnt und haben in der Regel Mai - Sept. geöffnet, meist 1. April - 30. Okt.*
- *Sämtliche Angaben ohne Gewähr.*
- SP = Stellplatz. xx = *Ver/-Entsorgungspunkt Wasser/Abwasser/WC/Strom - meist Euro-Relais oder ähnliche Einrichtung.*

♨ = *Entsorgungspunkt Abwasser, ggf WC, Frischwasser.*

- ***Gliederung der ersten Zeile*** *der Kurzbeschreibung: Gemeinde + Département + Ziffer + Koordinaten in der betreffenden Stellplatz-Karte + weitere geographische Angabe.*

Verzeichnis:

Agon-Coutainville, Manche, 10 km westl. Coutances

a) xx im Camping Le Martinet **.
b) SP in der Ortsmitte.
c) SP an der Pointe d'Agon / Landspitze von Agon mit Meeresblick, als Pointe ausgeschildert.

Ailly, Leuchtturm/phare, s. Ste-Marguérite

Alençon, Orne

a) SP+xx Ecke rue de Guéramé / avenue de Koutiala, neben der Polizei. Am Parkplatz des Gemeinde-Camping de Guéramé.
b) xx im Gemeindecamping / Camping municipal de Géramé**.
Zufahrt über die N 12. 1 km zur Ortsmitte. Am Flussufer.

Anet, Eure, 30 km s-o Evreux

a) SP auf dem Busparkplatz am Schloss, neben dem Camping.
b) xx im Camping**.

Antifer, Cap d'Antifer, Seine Maritime

a) SP am Parkplatz des Aussichtspunktes aufs Meer am Leuchtturm. Außerhalb des Tages recht verlassen.
b) Parkplatz am Hafen. Tagesfahrt drei.

Argentan, Orne, 44 km nördl. Alençon

a) SP im Parkbereich des Camping Val de Baize.
b) xx im Camping Val de Baize am südlichen Stadtrand Argentan Rtg Alençon an der N 158.
c) xx Camping Municipal / Gemeindecamping de La Noë.
Jeweils (a+b+c) im Süden, Nähe Seeanlage / Plan d'Eau und Freibad. 700 m zur Ortsmitte.

Arromanches-les-Bains, Calvados, 9 km n-o Bayeux

a) SP am großen, gebührenpflichtigen Park- und Aussichtsplatz mit Blick auf Kriegshafenreste, sehr belebt, am ostw. Ortsrand, am 360^0-Invasionskino / cinéma 360^0.
b) SP+xx am Parkplatz rue François Carpentier an der Tennishalle / court couvert de tennis, an der Nordseite des Camping / camping municipal. 14 Mobile. 500 m zur Ortsmitte. 24h.
c) Camping***.

Auderville, Manche, Cap de la Hague

SP+🚰 am Hafen von Goury am Cap de la Hague.

Aumale, Seine Maritime, 50 km s-o Dieppe

a) SP+xx am Eingang zum Gemeindecamping Colline Le Grand Mail, rue Soeur Badiou. Zufahrt auf enger Straße mit

starker Steigung (12%). 500 m zur Ortsmitte.
b) SP+xx in der Ortsmitte/rue de l'Hôtel de Ville.

Auberville, Calvados, 9 km s-w Deauville

SP+xx am Camping Les Ammonites****. März-Anf. Nov. Liegt an den Felsen der schwarzen Kühe/Falaises des Vaches Noires.

Aunay-sur-Odon, Calvados, 20 km s-w Caen

SP in der Ortsmitte am Rathaus.

Avranches, Manche

a) SP+xx am Platz/place Carnot. Nebenan Pflanzengartenpark/Jardin des Plantes. 300 m zur Ortsmitte.
b) SP am Parkplatz "cinéma panorama 360 Grad"
c) SP am Parkplatz vor der Kathedrale.
d) SP am Place Littré in der Ortsmitte am Rathaus und Touristenbüro. Tagsüber stark genutzter Parkplatz. Ab 18h entspannt sich Lage. WC am Touristenbüro. Tagesfahrt neun.

Bagnoles-de-l'Orne, Orne, 40 km n-w Alençon

a) SP+🚰 am Marktplatz/Place du petit Marché.
b) SP am Wohnmobil-Parkplatz am Camping.
c) xx im Camping***. Fluss La Vée 50 m entfernt. 1.200 m zur Ortsmitte. Bagnoles ist Kurort.

Balleroy, Calvados, 15 km s-w Bayeux

a) SP+xx Privatplatz Montfiquet. Tel 02 31 21 39 78, Fax 02 31 21 44 19. Ausgeschildert.
b) SP in der Ortsmitte.
c) Camping**.

Barenton, Manche, 30 km ostw. Avranches

SP in der Ortsmitte an der D 907.

Barfleur, Manche, 29 km ostw. Cherbourg

a) SP am Hafen oder am Leuchtturm und an der Statue Notre Dame.
b) SP am südl. Ortsrand an der D 1, direkt am Meer.
c) xx im Camping*** La Blanche Nef.

Barneville-Carteret, s. Carteret

Bas-Courtils, Manche, 15 km ostw. Mont-St.-Michel

SP in der Ortsmitte.

Bayeux, Calvados, 30 km n-w Caen

a) SP+xx am Marktplatz/place Gauquelin Despallières. Zufahrt über Rundstraße, Teil Boulevard d'Eindhoven, Abfahrt Rue Montfiquet, dann rue Eterville. 12h, außer Sa.
b) Parkplatz am Busbahnhof/gare routière
c) Camping***, dort vor dem Eingang Parkmöglichkeit.

Beauvoir, Manche, beim Mont St.-Michel

xx am Eingang des Camping*** Mont St.-Michel. Übernachtung nur im Camping gestattet.

Bellême, Orne, 40 km ostw. Alençon
SP am Platz/place Champ de Foire/Jahrmarktplatz, nahe der Polizeidienststelle.

Bellencombre, Seine Maritime
450 m nach dem ersten Ortsschild Wasserstelle linke Straßenseite. Tagesfahrt eins.

Bénouville/Caen-Benouville, Calvados, 30 km nördl. Caen
a) SP+xx , privat, beim Händler/concessionnaire Leneveu. Im Gewerbegebiet/zone industrielle, Route de Ouistreham. Ganzjährig außer Winter. Kostenlos.
b) Camping***.

Berneval, Seine Maritime, 10 km östw. Dieppe
xx vor dem Camping.

Bernay, Eure, 50 km westl. Evreux
a) SP bei der Kirche, Place Lobrot.
b) xx im Camping**.

Bernières-sur-Mer, Calvados, 20 km nördl. Caen
xx im Camping Le Havre de Bernières****, Übernachtung zusätzlich kostenpflichtig.

Berville-sur-Mer, Eure, 10 km ostw. Honfleur
SP am ehemaligen Hafen/Seine-Ufer. Schöne Aussicht.

Beuvron-en-Auge, Calvados, 25 km ostw. Caen
SP+ am großen Rathausparkplatz, sehr ruhig. 24h.

Biville, Manche, 20 km s-w Cherbourg
SP in der Ortsmitte. Ruhig.

Blangy-le-Château, Calvados, 10 km s-o Pont-l'Évêque
SP in der Ortsmitte, Grande Rue de Blangy. Ruhig.

Bolleville, Seine Maritime, 30 km ostw. Le Havre
xx Raststätte/aire de Bolleville an der A 29.

Bourgtheroulde-Infreville, Eure, 24 km s-w Rouen
SP+xx auf dem Gelände des Supermarktes/intermarché Shopi, route de Montfort. Eigentum des Supermarktes.

Bretteville-Plage, Manche, 5 km ostw. Cherbourg
SP+xx am Strandparkplatz/Rastplatz, am ostw. Ortsrand.

Brionne, Eure, 25 km s-w Rouen
SP am Parkplatz Freibad/Freizeitzentrum/Base de Loisirs an der Risle. Camping. Tagesfahrt fünf.

Broglie, Eure, 35 km s-w Rouen
SP+xx im Park der Bibliothek. Der Park ist eingezäunt und 0103-3110 von 7h-22h, sonst 8h30-19h. Herrliche Lage. Es

gibt einen Wachmann am Eingang. Falls geschlossen, kann man das Rathaus/Mairie aufsuchen. Zufahrt vom Zentrum: Rtg Beaumesnil/Barre-en-Ouche, dann Ausschilderung.

Cabourg, Calvados, 23 km n-o Caen
a) SP am Parkplatz beim Cap Cabourg
b) xx im Camping La Plage****. 0104-3110. Übernachtung zusätzlich kostenpflichtig. 3 Camping.

Caen, Calvados
a) SP am Bus-Parkplatz Mémorial pour la Paix (ausgeschildert). Zufahrt über den Périphérique, Rtg Cherbourg, Ausfahrt/sortie 7.
b) SP am Parkplatz quai Vendœuvre im Zentrum.
c) Camping**.

Caen-Benouville, Calvados, s. Benouville

Cambremer, Calvados, 30 km ostw. Caen
SP+⛽ am Parkplatz Europa-Platz/Place de l'Europe, bei der Polizei/Gendarmerie (D 85). Rtg Crevecœur.

Camembert, Calvados, 60 km s-o Caen
SP am Rastplatz an der Viette. Reizende Lage.

Campigny, Eure, 40 km ostw. Caen
SP+xx an der Kirche. Kein Strom. 24 h, an D 810 Rtg Bernay, D 29 Rtg St.-Georges du Vievre. Ausgeschildert.

Cany-Barville, Seine-Mar., 45 km westl. Dieppe
SP in der Ortsmitte.

Cap de la Hague, Manche, s. Germain-des-Vaux

Cap Levy, Manche, 15 km ostw. Cherbourg
a) SP am Hafenparkplatz von Fermanville
b) SP am Leuchtturm

Carentan, Manche, 30 km nördl. St.-Lô
SP am Platz/place Grand Valnoble.

Carolles, Manche, 20 km n-w Avranches
SP am Parkplatz an der Kirche.

Carrouges, Orne, 20 km n-w Alençon
SP am Parkplatz der Kirche. Großartige Aussicht.

Carteret, Manche, 40 km süd-ostw. Cherbourg
a) SP+WC am Hafenparkplatz. In der Saison überfüllt.
b) SP am Parkplatz in der Ortsmitte.
c) SP am Bahnhofsparkplatz. Endstation des train touristique Carteret-Portbail. Tagesfahrt neun.
d) Camping.

Caudebec-en-Caux, Seine Maritime, 35 km westl. Rouen
SP am Parkplatz an der Seine, Ortsrand Rtg Villequier / Rouen.

Caumont-l'Éventé, Calvados, 15 km s-w Caen
SP am Rathaus / Kirche.

Cauville-sur-Mer, Seine-Mar., 20 km nördl. Etretat
SP an der Kirche.

Cérisy-la-Forêt, Manche, 30 km s-w Bayeux
SP+xx an der Abtei und am See. Ausgeschildert. Einkauf in der Nähe.

Chambois, Orne, 45 km nördl. Alençon
SP in der Ortsmitte, Parkplatz zwischen Burg und Kirche.

Chandai, Orne, 8 km ostw. l'Aigle
SP+xx Ortsmitte / Kirchplatz / Place de l'Église an der Route Nationale 26. Münzmarken beim Metzger / boucher und Bäcker / boulanger. Ruhig.

Cherbourg, Manche
a) SP+xx im ostw. Ortsteil Tourlaville in Espace Loisir de Collignon / Bereich Freizeit von Collignon. Zufahrt: Von der D 116 am ostw. Ortsrand am Großen Kreisel nach rechts, dann nach 300 m unmittelbar vor dem Camping. Im

Nahbereich zahlreiche Parkplätze.
b) SP am Parkplatz Grand Perroquet, Zufahrt über avenue J. F. Millet/boulevard Mendès France/boulevard Guillaume le Conquérant/Rue de l'Abbaye.
b) SP am Parkplatz Petit Perroquet, Zufahrt über avenue De Cessart/place Napoléon.
c) SP am Yachthafen, nahe Zentrum.
Tagesfahrt acht.

Cherbourg (a)

Clères, Seine Maritime, 24 km nördl. Rouen
a) SP+xx am Fußballplatz.
b) Gemeindecamping**, 0104-3110.

Clécy, Calvados, 30 km südl. Caen
SP am Wiesenparkplatz des Eisenbahnviaduktes/Viaduc de la Lande über die Orne, Rtg Musée du Chemin de fer miniature, dann Rtg Croix de la Faverie. Etwas außerhalb.

Colleville-sur-Mer, Calvados, 20 km we. Bayeux
a) SP+xx in der Rue de Saint Aubin, am Sportplatz/stade. 300 m zur Ortsmitte (Fußweg). Ruhig. Münzen/jetons in der Bäckerei/boulangerie, im Tabakladen/tabac, im kleinen Supermarkt/superette.
b) SP am Parkplatz des US-Soldatenfriedhofes, des Stützpunktes WN 62.
c) Camping***.

Conches-en-Ouche, Eure, 15 km s-s-w Évreux
a) SP in der Ortsmitte. Ruhig.
b) xx im Gemeindecamping**.

Corneville-sur-Risle, Eure, 6 km ostw. Pont-Audemer
SP am kleinen Parkplatz an der Brücke Rtg Campigny.

Coudeville Plage, Manche, 5 km nördl. Granville
SP am Parkplatz am Meer, belebt.

Courseulles-sur-Mer, Calvados, 20 km n-w Caen
SP+ am + xx im Camping Le Champ de Course****, Avenue de la Libération. Am ostw. Ortsrand. Ostern-30. September. 100 m zum 700 m langen Sandstrand.

Coutances, Manche, 50 km südl. Cherbourg
a) SP am Sportplatzparkplatz, Zufahrt über rue Coutainville. Ausschilderung "stade".

b) SP am Camping
c) Camping**. Tagesfahrt neun.

Couterne, Orne, 40 km s-w Argentan
a) SP+⛽ am Rathausparkplatz.
b) xx im Camping***.

Creully, Calvados, 15 km ostw. Bayeux
SP am Parkplatz nahe der Burg.

Criel-sur-Mer, Seine Maritime, 20 km ostw. Dieppe
a) SP am Strandparkplatz. Kiesstrand, Wasser, WC. Ruhig.
b) Camping***.

Dalles, s. les Petites Dalles

Dangu, Eure, 53 km s-o Rouen
SP+xx im Gemeindecamping. Ver/Entsorgung ohne Übernachtung möglich.

Deauville, Calvados, 38 km s-w Le Havre
a) SP am Yachthafen/Bassin des Yachts. Am Quai de la Gare. Eigentlich Busparkplatz. Nur für kleinere Mobile.
b) SP+xx/aire de Deauville, 300 m südl. der Sportanlagen/stade. Am Bahnhof/Gare. Zufahrt westl. der Sportanlagen über Boulevard des Sports + Rue Normande. Ausgeschildert. 24h.
c) SP am Parkplatz der Pferderennbahn/Hippodrome. Rugig. 1 km zum Hafen bzw Zentrum. Ausgeschildert.
d) Camping*** im Nachbarort Trouville. Tagesfahrt sechs.

Diélette, Manche, 25 km s-w Cherbourg
SP am Hafen.

Dieppe, Seine Maritime
a) SP+xx am Parkplatz am ostw. Yachthafenbereich, Kanalmündung, Quai de la Marne, ausgewiesener Stellplatz am Parkplatz car-ferries. Ausgeschildert car-ferries. 48h.
b) Am westl. Ende der Strandpromenade (Boulevard de la Mer) nahe dem Touristenbüro, unterhalb der Burg: Parkplatz, WC.
c) In Dieppe vom westl. Ende der Strandpromenade stadteinwärts, nach 50 m nach rechts Rtg Pourville, ansteigende, kurvige Straße. Nach einigen Kurven nach rechts Ausschilderung Château-Musée/panorama folgen: Parkplatz vor Burgzugang neben einem Bun-

Domfront (b)

ker. Herrliche Aussicht auf den Diepper Hafen.

d) Camping***, Zufahrt Rtg Rouen.

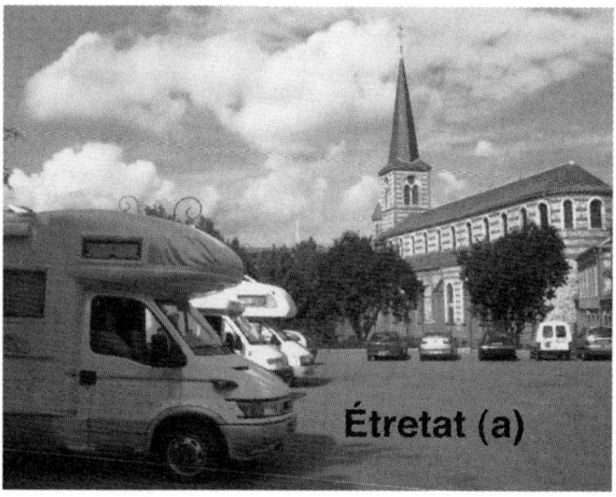

Domfront, Orne, 50 km westl. Alençon

a) SP am Parkplatz rue de Mont Margantin

b) SP am Parkplatz hinter dem Rathaus, Panorama-Parkplat/place du belvédère, rue maréchal Foch. Herrliche Aussicht. Tagesfahrt zehn.

Doudeville, Seine Maritime 30 km s-w Dieppe

SP+xx am Parkplatz des Berges/Mont Criquet. Ortsmitte, 48h.

Duclair, Seine Maritime, 10 km westl. Rouen

SP am Parkplatz an der Seine, am Touristenbüro.

Ecouché, Orne, 40 km nördl. Alençon

SP am Parkbereich des Stade/Sportstadions am großen Wasserturm. 200 m ostw. Ortsmitte.

Ecouis, Seine Maritime, 80 km südl. Dieppe

SP hinter der Kathedrale, schattig, geschottert, ruhig. WC gegenüber am Rathaus. Tagesfahrt eins.

Étretat, Seine Maritime

In Étretat herrscht in der Saison einer wilde Parkerei von Wohnmobilen in allen möglichen und unmöglichen, weil fürs Halten verbotenen Nebenstraßen. Das führt dazu, dass die Wohnmobilfahrer nicht allzu willkommen sind. Die küstennahen Parkplätze sind im Sommer gerammelt voll.

a) SP am ehemaligen Bahnhof, jetzt Busbahnhof. Zufahrt von Osten her am ostwärtigen Ortsrand links. Ausschilderung: train touristique. Von dort ca 2 km zu den Felsen.

b) SP am ausgeschilderten Womo-Parkplatz. Anfahrt Rtg Camping/Criquetot/A 29.

c) Camping*** mit Womo-Stellplatz. Tagesfahrt zwei.

Falaise, Calvados

a) SP am Parkplatz des Freibades/Piscine Maurice Nicolas, am berühmten Waschhaus unterhalb der Burg.

b) SP am Parkplatz an der Stadtmauer, die von der Burg Rtg Stadtmitte führt, gegenüber des Krankenhauses. Zufahrt über die N 158/Rue des Herforts.
c) Camping***. Tagesfahrt elf.

Fécamp, Seine Maritime, 40 km n-o Le Havre
a) xx am Yachthafen zwischen Meeresküste/Promenaden-Damm (Chaussée Levasseur) und Hafengewässer. Zufahrt: Zunächst Rtg Êtretat, dann am Yachthafen/quai de Plaisance geradeaus bis zum Promenaden-Damm, dort nach rechts, dann noch 100m. Genau zwischen Hafenmeisterei und Leuchtturm. Münzen beim Touristenbüro (9h-18h30), ca 2 km entfernt. Das ist gegenüber des Palais Bénédictine (ausgeschildert).
b) SP am Quaim Sadi-Carnot/Ufer des Yachthafens Rtg Bootssteg, am Lagerschuppen der Handelskammer/Chambre de Commerce. Gegenüber dem Quai de Plaisance am Yachthafen. Relativ ruhig. Zufahrt vom Zentrum her Rtg Etretat am Busbahnhof vorbei, links Kathedrale, dann am Kreisel nach rechts. Nach ca 100 m nach links.

c) SP am Busbahnhof. Gare routière. Zufahrt: Vom Ende des Yachthafens stadteinwärts 200 m, dann links. Oder: Vom Zentrum her Rtg Etretat, links Kathedrale, dann rechterhand.

Fermanville, Manche, 15 km ostw. Cherbourg
SP am Parkplatz am Hafen. Tagesfahrt acht.

Flamanville, Manche, 20 km s-w Cherbourg
SP am Parkplatz Cap de Flamanville.

Flers, Orne, 30 km s-w Falaise
a) SP am Parkplatz/Marktplatz, rue Richard Lenoir. Mittwochs Markt bis 14 Uhr. Wasser.
b) SP am Parkbereich des Bahnhofs/Gare SNCF. Zufahrt aus Rtg Domfront, Kreisel nach Brücke über die Bahngleise nach links.
c) xx im Camping.

Forges-les-Eaux, Seine Maritime, 44 km n-o Rouen
a) SP+xx am Camping La Minière/aire de camping-car. Anfahrt von Argueil kommend zweite Straße nach links, Boulevard Nicolas Thiéssé, nach 400 m links SP, ruhig. Kinderspielplatz, Tische, Bänke. Kaum Schatten. Ausgeschildert.

b) SP am Parkplatz am See/lac de l'Andelle. Rtg Dieppe an der D 915/Avenue des Sources.
c) SP am Picknick-Platz an der Avenue Mathilde. Rtg Dieppe, Abzweigung nach rechts von der Avenue des Sources zwischen den Seen de l'Andelle und de l'Epinay. Nach 1200 m nach links.

Fosse Arthour, Orne, 10 km westl. Domfront
SP am auberge-Parkplatz von Fosse Arthour. T-fahrt zehn.

Franceville-Merville s. Merville

Gacé, Orne, zwischen Rouen und Alençon
SP+xx in Ortsmitte am Schlossparkplatz/place du château/Square de Kingross, rue du Marché aux Bestiaux/Viehmarktstraße/N 138. Münzen in der benachbarten Bäckerei. Ruhig.

Gatteville, Manche, 20 km ostw. Cherbourg
a) SP am Leuchtturm/phare. Windig. Nachts urig.
b) SP in der Ortsmitte. Tagesfahrt acht.

Gavray, Manche, 40 km nördl. Avranches
SP+xx in der Ortsmitte, Abzweigung und Ausschilderung an der Durchgangstraße D 7.

Genêts, Manche, 10 km westl. Avranches
a) SP+xx am Weg zum Strand. Blick auf den Mont St.-Michel.
b) SP in der Ortsmitte. Tagesfahrt neun.

Gisay-la-Coudre, Eure, 60 km s-w Rouen
SP+⛲ am Teich. Münzen in der Bar de la Tortue.

Gournay-en-Bray, Seine Maritime, 52 km ostw. Rouen
SP+⛲ an der Geflügelhalle/Halle à la volaille/avenue Sadi Carnot. Ortsmitte. 24h. Markt freitags und montags.

Goury, Manche, 27 km westl. Cherbourg, s. Auderville

Grandcamp-Maisy, Calvados, 30 km n-w Bayeux
xx im Gemeindecamping Le Joncal**. 0104-3009. Übernachtung zusätzlich kostenpflichtig.

Granville, Manche, 25 km nördl. Mont-St.-Michel
SP+xx am Aquariumsparkplatz/Parkplatz Pointe du Roc. in der Oberstadt/Haute Ville. 24h. Zufahrt: Rtg Oberstadt/Haute Ville, am Tor mit Zugbrücke vorbei, dann nach halbrechts längs der Stadtmauer. Nach Ende der Stadtmauer nach rechts, dann nach 100 m nach links, dann noch 300 m

zum Platz. Man muss einen Parkschein am Parkautomat holen und ins Fenster legen. Tagesfahrt neun.

Hambye, Manche, 15 km s-o Coutances
SP auf dem unbefestigten Platz in der Ortsmitte.

Hautot-sur-Seine, Seine Maritime, 10 km südl. Rouen
SP am Parkplatz gegenüber dem Rathaus.

Herenguerville, Manche, s. Montmartin-sur-Mer

Honfleur, Calvados, 15 km n-o Deauville
a) SP+xx am ostwärtigen Ortsrand Rtg Rouen/Normandiebrücke, Parkplatz am Osthafen/Bassin de l'Est/Bassin Carnot. 24h. Zufahrt vom alten Hafenbecken/vieux Bassin: Rtg Osten längs des Ufers. Am nächsten Kreisel nach links über die schmale Brücke, dann nach rechts. 1 km vom alten Ortskern entfernt. Zufahrt aus Rtg Normandiebrücke ausgeschildert. Während der Saison sehr belebt, kein Genuss.
b) ⛴ beim Café Les Visiteurs. Der Pächter bietet Wasser/WC-Benutzung. Café-Besuch erwünscht.
c) Camping**.

Houlgate, Calvados, 30 km n-w Lisieux
a) SP am Parkplatz der Tennishalle/Tennis Municipal couvert beim Gemeindecamping/camping municipal in der Süd-West-Ecke von Houlgate. 1000 m zum Strand.

b) xx im Camping La Vallée****, 0104-3009. Südl. Ortsrand.
c) Camping municipal Les Chevaliers. Camping de la plage/am Strand. 3 Campingplätze***.

Isigny-sur-Mer, Calvados, 33 km westl. Bayeux
a) SP an der kanalisierten Aure, Quai neuf. Zwei ausgewiesene Picknick-Plätze/aires de pique-nique am Freizeitzentrum mit See/base de loisirs.
b) Camping Le Fanal** am Freizeitzentrum, 0104-1510.

Ivry-la-Bataille, Eure, 30 km s-o Évreux

SP am Obelisk-Parkplatz, Ortsmitte an der Kirche, an der Duchgangsstraße D 143/rue de Garennes. Gegenüber Supermarkt Intermarché. Preiswerte Tankstelle.

Jobourg, Manche, 52 km westl. Cherbourg, s. Nez de Jobourg

Jullouville, Manche, 10 km südl. Granville

a) SP+xx am Parkplatz in der Ortsmitte, Platz Docteur-Laumonnier. Zufahrt gesperrt: Di+Fr, 6h-14h.
b) Weiterer Parkplatz ca 1 km Rtg Carolles bei "La Vallée des peintres". Tagesfahrt neun.

Jumièges, Seine Maritime, 25 km ostw. Rouen

a) SP+xx am 100 m vom Klosterparkplatz/l' Abbaye entfernten Mobil-Stellplatz. Geschottert, am Ortsrand. Ruhig. Wenig belegt. Ausgeschildert.
b) Camping de la Forêt***. 1503-1511. Tagesfahrt drei.

La Bouille, Seine Maritime, 10 km s-o Rouen

SP am Parkplatz der Schiffsanlegestelle/embarcadère.

La Ferrière-aux-Étangs, Orne, 40 km westl. Argentan

SP+xx am Rastplatz/aire de Ferrière/Rue de l'Étang am See zwischen Tennisanlage und Camping. Tagesfahrt zehn.

La Ferté-Macé, Orne, 6 km n-w Bagnoles de l'Orne

a) SP am Platz/place de Neustadt.
b) SP am Parkplatz des Freizeitzentrums/Base de Loisirs.

La Feuillie, Seine Maritime, 50 km südl.

Dieppe
SP im Parkbereich der Kirche an der D 921. Ruhig.

La Hague, Manche, s. Germain-des-Vaux

La Haye-du-Puits, Manche, 45 km südl. Cherbourg
SP am Champs de Foire/Jahrmarktplatz. Zufahrt: Ortsdurchfahrt Rtg Valognes, dann am Kreisel bei der Kirche Rtg Barneville-Carteret, dann erste Straße nach links.

L'Aigle, Orne, 50 km ostw. Argentan
SP in der Ortsmitte.

Le Havre

La Mailleraye/Seine, Seine-Marit., 30 km westl. Rouen
SP+xx an der Seine. Herrliches Seine-Panorama. Ruhig. Zufahrt: Von der Ortsmitte auf der Rue de la République zum Seine-Ufer. Dann nach links am Seine-Ufer/Rue de la Libération. Münzen/jetons in der Bäckerei Edmond in der Rue de la République, der Bäckerei Covelli, in der Bar Flefontenoy an der Ecke Rue de la Libération/Rue Pasteur.

Langrune, Calvados, 12 km nördl. Caen
SP am Friedhof an der Kirche in der Ortsmitte. Zufahrt von der D 514 Rtg Bayeux.

La Rivière-St.-Sauveur, Calvados, 4 km s-o Honfleur
SP+xx an der D 180 von Tancarville-Brücke kommend ab 2. Kreisel. Chemin du Banc. Am Sportplatz, am Besucherparkplatz der Normandie-Brücke/parking visiteurs. Ausgeschildert. Münzen/jetons im Einzelhandel.

La Roche-Guyon, Eure, 50 km s-o Rouen
SP an der Seine, 200 m zur Ortsmitte und zum Schloss, nahe des Restaurants Le Vieux Logis.

Le Bec Hellouin, Eure, 30 km, s-o Pont Audemer
SP+🚰 im Teilort St.-Nicolas am ehemaligen Bahnhof, 200 m zur Abtei.

Le Havre, Seine Maritime
a) SP+xx am Parkplatz des Camping Fôret/Waldpark de Montgéon.
b) SP+🚰 am Strandparkplatz, kleiner See, 500 m südl. des

Campingplatzes in einem Wäldchen. Zufahrt über die D 231 Rtg Fontaine-La-Mallet, nördl. Stadtrand. 3,6 km zur Stadtmitte. Großes Einkaufszentrum 2,4 km westl. des Stellplatzes im Ortsteil Mont-Gaillard.

Le Mêle sur Sarthe, Orne , 20 km n-o Alençon

a) SP am Parkplatz des Freizeitbereiches/Espace loisirs/Base Nautique am See/Lac du Pays Mêlois. Baden, Surfen, Segeln.
b) Camping*** La Prairie.

Le Merlerault, Orne, 20 km ostw. Argentan

SP in der Ortsmitte.

Le Neubourg, Eure, 40 km südl. Rouen

SP am Complexe sportif et culturel.

Lessay, Manche, 50 km südl. Cherbourg

SP in der Ortsmitte am Fluss.

Le Tilleul, Seine-Maritime, 5 km südl. Êtretat

SP am Strand. Tagesfahrt drei.

Le Treport, Seine Maritime, 30 nördl. Dieppe

a) SP+xx am Office du Tourisme, am (nicht im) Camping Municipal des Boucaniers/Gemeindecamping (Apr-Sept), rue Pierre Mendès France in der Nähe des Chemin des Etangs/Teichweg und des Parcours de Santè/Gesundheitsrundkurs, Casino nebenan, unter den Felsen. Standgebühr.
b) SP am Parkplatz des Calvaire des Terrasses auf den Kreidefelsen. Sehr belebt. Prachtblick. Treppe zur Ortsmitte.

Les Andelys, Eure, 40 km s-o Rouen

a) SP am oberen, ausgeschilderten Parkplatz der Festung Château-Gaillard. Herrliche Aussicht auf das Seine-Tal.

Longues-sur-Mer, Anfang Juni

b) SP in Petit Andely am großen Parkplatz ortseinwärts an der Hängebrücke vor dem Camping. Ausschilderung Camping. Herrlicher Blick aufs Château.

c) Aus Rtg Tosny 100 m ortsauswärts vor der Hängebrücke nach rechts unter der Brücke hindurch, dann sofort rechts Parkplatz an der Seine. Schöne Sicht auf die Kreidefelsen.

d) SP am Yachthafen - verboten aber geduldet. Zufahrt auf der D 35 Rtg Zentrum Le Petit Andely, an der Rechtskurve nach links, dann sofort am Hotel Normandie nach links.

Longues-sur-Mer, Mitte August

e) xx im Camping***.

Einkauf, Tanken in Le Petit Andely, Hauptstraße.

Les Petites Dalles, Seine-Mar., 20 km ostw. Etretat

SP am Parkplatz am Strand. Zufahrt "plages)

Les Pieux, Manche, 20 s-w Cherbourg

SP am Parkplatz des Freizeitbereiches / aire loisir, 50 m zum Meer, Rtg anse de / Bucht von Sciotot.

Lévy, s. Port Lévy

Lion-sur-Mer, Calvados, 12 km nördl. Caen

a) SP am Rathausparkplatz / Mairie, Strandnähe.

Marchainville

b) SP am Parkplatz des Sportbereiches / Complexe sportif / salle de sports / rue du stade. 500 m zum Strand.

c) SP am Bus-Parkplatz an der D 514 am Kreisel mit altem Britenpanzer. Strandnähe.

c) 3 Campingplätze***, 1 Camping à la ferme / auf

dem Bauernhof / rue de la mer.

Lisor, Seine-Maritime, 80 km südl. Dieppe

SP am Place des Libertés, Ortsmitte, weiträumig.

Lisieux, Calvados, 50 km ostw. Caen

a) SP+xx, privat, am Parkplatz am Camping "La Ferme sous les Pommiers". 0103-1511. 88, Avenue Jean XXIII. Tel 0033 06 74 24 38 25. Zufahrt Rtg Basilique Ste Thérèse. Dann noch 300 m rechts. Pauschalpreis für Service und Übernachtung.

Mortain

b) SP+xx am Gemeindecamping neben Verkehrsbüro / office du tourisme. Parking du Carmel.

c) SP im Zentrum auf großem Parkplatz, wird gegen Abend leer.

d) SP im Juli / Aug: nach erstem Ortsschild nach links auf die Ave Georges Pompidou, nach 700 m nach rechts / Rue St.-Hipolyte. Dann nach 20 m Parkplätze des Collèges / Schule Michelet. Ruhig.

e) SP am Parkplatz gegenüber des offiziellen Basilika-Parkplatzes. Zufahrt über Kreisel an der Basilika.

f) Camping***. Zufahrt Rtg Trouville / Deauville.

Mesnil-Glaise

Livarot, Calvados, 45 km südostw. Caen

a) SP am Parkplatz vor dem Camping.

b) Kleiner Camping. Ausschilderung camping / stade.

Longues-sur-Mer, Calvados, 10 km nördl. Bayeux

SP am Parkplatz beim Felsenpanorama über dem Meer, am Parkplatz der Batterie-Stellung. Zufahrt über Ausschilderung Ex-Bunker-Batteriestellung der Wehrmacht. Tagesfahrt sieben.

Longny-au-Perche, Orne, 50 km n-o Alençon

a) SP am Monaco-Park, am Freibad / piscine (Freizeitpark + Camping).

b) SP+xx im Parkbereich der Ortsmitte.

c) xx im Camping***.

Luc-sur-Mer, Calvados, 30 km n-o Bayeux
xx im Camping municipal La Capricieuse**** in der 2 rue Brummel, 0104-3009, 100 m zum Strand. Übernachtung kostet zusätzlich.

Lyons-la-Forêt, Seine Maritime, 50 km südl. Dieppe
a) SP am großen, ausgeschilderten Parkplatz am Feuerwehrhaus (Pompiers). Rtg Etrépagny.
b) Ortsrand Rtg Forges-les-Eaux am Sportplatz / stade, am Camping. Tagesfahrt eins.

Marchainville, Orne, 30 km südl. Verneuil-sur-Avre
SP am Fischteich. Tagesfahrt dreizehn.

Martigny, Seine-Marit., 10 km südl. Dieppe, D 915
a) SP am Parkplatz Plans d'Eau de la Varenne / See. Rtg Camping bzw Base Varenne Plein Air.
b) Camping.

Ménil-Hermel, Orne, 30 km südl. Caen
SP in der Ortsmitte. Ruhig.

Merville, Calvados, 15 km nördl. Caen
a) SP am Parking camping-car / Wohnmobilstellplatz am Sportplatz / Terrain de Sports-Stade. Zufahrt über die D 514 Cabourg-Ouistreham. Neben déchetterie / Müllverwertungsanlage und Polizei.

Omonville (b)

b) SP am Parkplatz Batterie de Merville (Musée) / ehemalige, verbunkerte Wehrmachtsbatteriestellung. Ausgeschildert. Camping nebenan. An der D 223. Die Batterie-Stellung selbst ist eingezäunt und erst ab 18h kostenlos zu betreten.
c) 3 Camping***.

Mesnil-sous-Jumièges, Seine Maritime, 26 km westl. Rouen
SP am Gewerbegebiet und Freizeitzentrum / base de loisirs UCPA.

Meulles, Calvados, 30 km westl Falaise
SP am Ortsausgang Rtg Vimoutiers. Tagesfahrt fünf.

Montchamp, Calvados, 15 km n-o Vire
xx im Camping Au Hameau la Saffrie. Pauschalpreis für Service und Übernachtung.

Montebourg, Manche, 27 km s-o Cherbourg

a) SP+xx am Platz / place St.-Jacques an der Kirche.
b) SP+⛲ am Sportplatzparkplatz / stade Louis le Cacheux.

Montjoie, Manche, 20km südl. Avranches
SP in der Ortsmitte. Tagesfahrt zehn.

Montmartin-sur-Mer, Manche, 10 km südl. Coutances
SP+xx Gemeindeplatz auf der Höhe von Montmartin-sur-Mer, schöne Aussicht.

Mont St.-Michel, Manche, s. Sains/Bretagne

Montville, Seine Maritime, 15 km ostw. Rouen
SP+xx am Seeparkplatz / plan d'eau beim Feuerwehrmuseum und im Freizeitbereich / base de loisir. Neben dem Freibad / piscine.

Mortain, Manche, 50 km ostw. Mont St.-Michel
a) SP+xx am Schlossplatz / place du Château. Zufahrt über die rue du Bassin. Abzweigung von der Durchgangsstraße, am Camping***. Wenig genutzt.
b) Camping***

Mortemer Abtei, Seine Marit., 15 km n-o Les Andelys
SP am Parkplatz der Abtei / Abbaye. Tagesfahrt eins.

Neufchatel-en-Bray, Seine Maritime, 35 km s-o Dieppe
SP am Pasteur-Platz. Tagesfahrt eins.

Néville-sur-Mer, Manche, 20 km ostw. Cherbourg
SP+Rastplatz am Parkplatz vor der Kirche.

Nez de Jobourg, Manche, 52 km westl. Cherbourg
SP in der Ortsmitte Jobourg. An der Nez / Nase von Jobourg, das ist die kleine Halbinsel, verstellen im Sommer unzählige Wohnmobile den Blick aufs Meer. Der Eindruck auf andere Urlauber ist entsprechend. Es ist eine Frage der Zeit, wann die Behörde die Zufahrt unterbindet.

Nolleval, Seine Maritime, 35 km nördl. Les Andelys
a) SP am Sportplatz mit Sanitäranlagen am nördl. Ortsrand

am Camping.
b) Am ehemaligen Bahnhof / place de la gare.
c) Camping***. Tagesfahrt eins.

Notre-Dame-de Bliquettit, Seine-M, 25 km west. Rouen
SP am Parkplatz / Picknickplatz des Hauses des Brotonne-Parks.

OCTEVILLE, Manche, 3 km s-w der Cherbourger Fährschifflandestelle
SP+⛴ am Parkplatz / place de la République.

Omonville la Rogue, Manche, 30 km westl. Cherbourg
a) SP+xx am Hafenparkplatz.
b) SP am Sentier litoral / Uferweg ca 2 km westl. des Ortsrands, am Strand. Einsam und schön. Zufahrt von der D 45, Abzweigung Ausschilderung "la mer".
c) SP am Manoir de Tourp / Haus Tourp, 2,5 km ab Ortsausgang Rtg Beaumont.

Quevillon

Orbec, Calvados, 20 km s-o Lisieux
SP am Parkplatz am ersten Kreisel aus Rtg Serquigny / D 131. Wasser. Tagesfahrt fünf.

Orival, Seine-Maritime, 10 km südl. Rouen
SP an einem Rastplatz an der D 18 am Seine-Ufer in Orival, unterhalb der Felsen von / Roches d' Orival. Zufahrt: In Orival an die Seine, dann zum Ortsrand Rtg Rouen. Die D 18 ist eine kleine Straße, die von Orival der Seine entlang nach Rouen führt. Landschaftlich sehr reizvoll.

Quillebeuf-sur-Seine

Ouistreham, Calvados, 14 km n-o Caen
a) SP+xx am Hafenparkplatz am Bahnhof, neben der Fußgängerbrücke der Fähren. Münzen im Touristenbüro und Gemeindecamping / camping municipal des pommiers. Parken nur tagsüber gestattet.
b) Camping***.

Pacy, Eure, 10 km ostw. Évreux

SP in der Ortsmitte.

Perruel, Eure, 25 km ostw. Rouen

SP am Parkplatz am Fluss Ry.

Rouen (a)

Petites Dalles, s. Les Petites Dalles

Pirou, Manche, 15 km n-w Coutances

SP am Parkplatz des Schlosses.

Pointe du Hoc, Calvados

SP am großen Parkplatz der Ex-Batterie-Stellungsbunker. In der Saison tagsüber reger Betrieb. Das Gelände ist jetzt US-Eigentum.

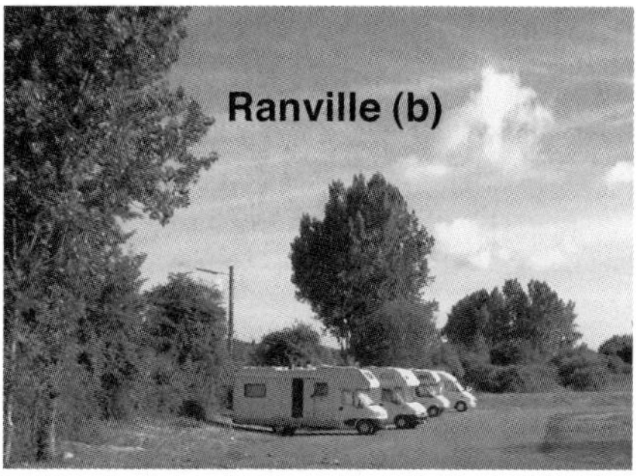

Ranville (b)

Pont Audemer, Eure, 50 km westl. Rouen

a) SP am Parkplatz am Risle-Ufer.
b) xx im Camping***.

Pont-d'Ouilly, Calvados, 25 km südl. Caen

a) SP am Parkplatz in der Ortsmitte.
b) Camping***

Pont-l'Évêque, Calvados, 50 km ostw. Caen

a) SP am Parkplatz Place Foch/Marktplatz. Ortsmitte. Montagvormittag Markt.
b) Camping.

Pontorson, Manche, 10 km südl. Mont St.-Michel

SP+ am Parkplatz des Supermarktes Champion. Tagesfahrt acht.

St.-Germain-des-Vaux/
Cap de la Hague

Portbail, Manche 25 km süd-westl. Cherbourg

SP in der Ortsmitte.

Port-en-Bessin-Huppain, Calvados, 10 km nördl. Bayeux

Den SP am Parkplatz am Hafen bei der Drehbrücke gibt es nicht mehr.
a) SP am Picknickplatz am Ortsrand.
b) xx place Cousteau/im Gemeindecamping de la Prairie,

an der Durchgangsstraße Arromanches - Colleville. Jetons/Münzen im Rathaus/Mairie oder beim Campingverwalter/régisseur., 0104-3009. Übernachtung kostet zusätzlich. In der Saison voll.
d) SP am (privaten) Parkplatz des Supermarktes Shopi. Tagesfahrt sieben.

Port Lévy, Manche, 10 km ostw. Cherbourg
SP am Hafen von Lévy, nahe Cap Lévy.

Port Racine, Manche, 20 km westl. Cherbourg
SP+WC am Parkplatz. Schöne Aussicht aufs Meer.

Poses, Eure, 10 km s-o Rouen
SP am Freizeitzentrum/base de loisirs "Les Etangs des 2 amants"/Teiche der zwei Liebenden am Seine-Damm.

Putanges-Pont-Ecrepin, Orne, 25 km südl. Falaise
SP am Parkplatz zwischen Orne-Brücke und Kriegerdenkmal. Ortsmitte.

Quettehou, Manche, 10 km südl. Barfleur
a) SP am Meeresufer Rtg Aumeville links von La Redoute.
b) SP+WC in der Ortsmitte. Schöne Lage. Tagesfahrt sieben.

Quevillon, Seine Maritime, 10 km westl. Rouen
SP in der Ortsmitte am Rathaus.

Quillebeuf-sur-Seine, Eure, 20 km ostw. Le Havre
SP am Parkplatz nahe der Fähre. Ruhig.

Racine, s. Port Racine

Ste.-Mère-l'Église

Radon, Orne, 9 km nördl. Alençon
a) SP am Camping am Wald/forêt d'Ecouves.
b) xx im Camping*** (01.04-31.10).

Ranville, Calvados, 10 km nördl. Caen
a) SP am Parkplatz am Café der Pegasus-Brücke.
b) SP am Pegasus-Museum am Kanal.

Ravenoville, Manche, 39 km, südostw. Cherbourg
a) SP am südl. Ortseingang von Ravenovilleplage an der D 412, am Strand mit Tischen, Bänken.
b) xx im Camping Le Comoran***. Juli/Aug. kosten Wohnmobile den vollen Übernachtungspreis.

Réville, Manche, 30 km ostw. Cherbourg

SP in der Ortsmitte an der Kirche.

Rouen, Seine Maritime

a) SP auch als Parkmöglichkeit für Gespanne am linken Seine-Ufer/rive gauche zwischen der hellgrünen (Pont-) Corneille-Brücke (Einbahnstraße Rtg rechtes Ufer/Zentrum) und der (Pont-) Boieldieu-Brücke. Das historische Zentrum liegt am rechten Seine-Ufer/rive droite. Zufahrt vom rechten Ufer, von Süden aus: keine Unterführung benutzen, auf der rechten Uferstraße bleiben, Seine-aufwärts kurz vor der (Pont-) Boieldieu-Brücke hört die Baumreihe auf, dann nach rechts über die (Pont-) Boieldieu-Brücke, dann nach links, dann nach 200 m 180 Grad zum Ufer hinunter.

b) Camping*** in Déville-lès-Rouen. Bus zum Zentrum Rouen. Tagesfahrt vier.

Rugles, Eure, 50 km ostw. Argentan

SP+xx am Schwimmbad/piscine, 48h.

Sains, Bretagne, 5 km westl. Pontorson

SP+xx Parkplatz einer Grünanlage 200 m von Kirche, Ortsmitte, am Rathaus, gegenüber Schule. Rue du Puits Rimoult. Anfahrt Pontorson Rtg Dol-de-Bretagne/N 176, nach ca 5 km Abzweigung nach Norden. Ruhig. Spielplatz, Bänke.

St.-Céréri-le-Gerei, Orne, 10 km s-w Alençon

SP am Parkplatz am Flussufer. Hübsche Lage.

Ste-Foy-de-Montgomery, Calvados, 45 km süd-ostw. Caen

SP am Ortsrand Rtg Vimoutiers.

St.-Georges-de-Livoye, Manche, 16 km n-o Avranches

SP+xx Privatgelände Imkerei/Apiculteur Ruchers des Collines de Normandie. Duschen, Einkauf, Honigverkauf. Ausgeschildert l'expo-miel. Zufahrt über die Route Départementale 911 zwischen Avranches und Brecey. Übernachten kostenlos. Geöffnet 01.04.-31.10.

St.-Germain-des-Vaux, Manche, 20 km westl. Cherbourg
a) SP Parkplatz/Place de la Hague am Hafen von Goury. Entsorgungssäule außer Betrieb. Verweis auf Camping von Omonville.

b) SP am Parkplatz Dorfkirche von Bizeaux. Ruhig.
c) Parkplatz mit Wasser an der D 402 am ostw. Ortsrand an der Kirche. Tagesfahrt acht.

St.-Hilaire-du-Harcouët, Manche, 28 km s-o Avranches
SP+xx am Rathausplatz/place Louis Delaporte, hinter der Kirche. Zufahrt über die N 176 und D 977. Ausgeschildert.

St.-Jean-le-Thomas, Manche, 20 km südl. von Granville
SP am Gemeindecamping**.

St.-Jouin Bruneval, Seine Maritime, 10 km südl. Êtretat
a) SP am Parkplatz des Terminals von Antifer.
b) xx im Camping Le Grand Hamaeu**. 0104-3010.

St.-Léonard, Manche, 10 km westl. Avranches
SP am Parkplatz zum Meer. Während der Saison überfüllt.

St-Lô, Manche
a) SP+xx in der Nähe des Bahnhofes/Gare SNCF an der Vir (Fluss). Quai d'Agneaux (= ostw. Verlängerung der am Bahnhof verlaufenden Avenue de Briovere). Münzen im office du tourisme am Rathaus/Hôtel de Ville.
b) SP am Marsfeld-Platz/Champ de Mars, 300 m ostw. des Rathauses.
c) SP am Platz/Place du Quai à Tangue, 100 m ostw. des Bahnhofplatzes/Place de la Gare am Rande der Innenstadt.
d) SP am Platz/Place de la Dollée, 200 m nördl. des Rathauses, am Rande der Innenstadt.
e) Gemeindecamping***.

Ste-Marguérite, Seine Maritime, 10 km westl. Dieppe
SP am Parkplatz des Leuchtturmes von/phare d'Ailly. Ausgeschildert. Schöne Meersicht. Während der Saison belebt.

Ste.-Marie-du-Mont, Manche, 60 km s-o Cherbourg
a) SP am Parkplatz des Invasions/Débarquement-Museums dazu im Strandbereich.
b) Camping Utah Beach **, 0104.-3009.

Ste.-Mère-les Église, Manche, 30 km s-o Cherbourg
a) SP+WC am Bus-Parkplatz neben der Kirche mit der Fallschirmjägerpuppe. Gegenüber US-airborne/Fallschirmjäger-Museum. Nächtl. Glockengeläut.
b) Camping***.

St.-Pair-sur-Mer, Manche, 20 km nördl. Mont-St.-Michel
SP+xx am Tennisplatz/zone de loisir hinter der Kirche, Münzen/jetons im Einzelhandel und Verkehrsbüro.

St.-Pierre-Église, Manche, 15 km ostw. Cherbourg
SP+xx am Parkplatz Michigan beim Collège/Schule. Münzen beim Office de Tourisme/Verkehrsbüro. Ruhig. Sauberer und ebener Platz. Kleiner Einkauf im Ort. 4 km zum Meer.

St.-Pierre-de-Manneville, Seine Maritime, 10 km westl. Rouen
SP am Parkplatz Eduard Lacroix in der Ortsmitte.

St.-Sauveur-le-Vicomte, Manche, 30 km südl. Cherbourg
a) SP+⛽+WC am Rathaus in der Ortsmitte.
b) Camping*** an der Douve.

St.-Symphorien-le-Valois, Manche, 29 km nördl. Coutances
a) SP in der Ortsmitte.
b) Camping L'Etang des Haizes ****.

St.-Vaast-la-Hougue, Manche, 31 km s-o Cherbourg
a) SP+xx am Camping Gallouette. Ausgeschildert. 48h.
b) SP+xx im Ort. Neu + schön angelegt. Den SP am Yachthafen gibt es nicht mehr. Tagesfahrt sieben.

St.-Valéry-en-Caux, Seine Marit., 30 km westl. Dieppe
a) SP+⛽ am Meer. Zufahrt von Osten her über die Hafenbrücke, dann nach rechts an der westlichen Hafen-Mole am Kanaleingang/Yachthafen entlang, linken Ufer des Hafens.

Anfahrt am Verkehrsbüro vorbei zum Leuchtturm / phare an der Mole. Jetons / Münzen beim Office de Tourisme / Maison Henri IV. 2 km zur Ortsmitte. Kann ziemlich voll sein. Ausgeschildert. Tagesfahrt zwei.
b) 2 Campingplätze***.

Sées, Orne, 70 km s-s-o Caen

a) SP am Parkplatz beim Campingplatz.
b) SP am Cours des Fontaines. Zufahrt von der Kathedrale: Nach halblinks in die Rue de Billy. Nach 200 m, zweite Straße, Rue d'Écouves, scharf nach rechts. Dieser nach 100 m nach rechts folgen. Nach weiteren 100 m nach links in die Rue des Cordeliers. Nach 1000 m nach links, Parkanlage Cours des Fontaines, dann nach 100 m Parkplatz. Schön gelegen mit Fischteich.

c) SP am großen Parkplatz. Zufahrt von der Kathedrale. Nach rechts. Nach 100 m nach links Rtg Alençon. Nach 100 m rechts der Parkplatz.
d) xx im Camping le Clos Normand **. Tagesfahrt zwölf.

Sideville, Manche, 8 km südl. Cherbourg

SP+xx (privat, kostenpflichtig). Zufahrt von Cherbourg: Rtg Les Pieux / Barneville-Carteret, D 650. Ausschilderung "Ferme de l'Orimier". Ganzjährig. Tel. 02 33 52 02 59 und 06 08 70 28 33.

Siouville-Hague, Manche, 20 km s-w Cherbourg

SP am Parkplatz der Freizeitanlage / Base de Loisirs.

Sotteville-s-Mer, Seine Maritime, 15 km westl. Dieppe

a) SP + Rastplatz in der Ortsmitte am Rathaus / Mairie.
b) SP am Parkplatz am Meer. Zufahrt Rtg Meer / mer an der Kirche rechts ab, an der D 75. Der hintere Teil ist für Mobile. Ruhig. Tagesfahrt zwei.

Tancarville, Seine Maritime, 20 km ostw. Le Havre

SP in der Ortsmitte. Das Dorf befindet sich unweit der berühmten Seine-Brücke von Tancarville. Ruhig.

Thury-Harcourt, Calvados, 20 km südl. Caen

a) SP+xx am Gemeindecamping "Traspy", centre de loisirs / Freizeitbereich, rue du Pont Benoit. Übernachtung vor dem Camping möglich. Am Hallenbad und kleinen See. Zufahrt: Abzweigung von der Durchgangstraße.

Tilly-sur-Seulles, Calvados, 20 km westl. Caen
SP+xx am Sportplatz / Stade, Rue du Stade. In der Nähe des Rathauses / mairie, D 13.

Tourville-la-Rivière, Seine Maritime, bei Rouen
xx beim Campinghändler Camping-Cars Pierre.

Toutainville, Eure, 5 km westl Pont-Audemer
SP am Parkplatz der Wassersportanlage / espace de loisirs nautiques an der Risle.

Treport, s. Le Treport

Trouville-la-Haule, Eure, 30 km ostw. Le Havre
a) SP in der Ortsmitte. Ruhig. Tagesfahrt drei.
b) Camping***.

Utah-Beach, Manche
SP am Parkplatz des US-Erinnerungsgeländes / Les Dunes de Varreville an der D 412. Gemeindemarkung Ste.-Marie-du-Mont.

Valognes, Manche, 20 km südl. Cherbourg
a) SP+xx am Parkplatz der Félix-Buhot-Halle / Skate Park. 300 m n-w des Zentrums. Zufahrt von der Route Nationale 13, Teil Boulevard Félix Bluhot, bei Lidl, aus Rtg Cherbourg nach rechts über die Rue de Gerville. Die Rue de Gerville mündet in die Rue Mauquet de la Motte. In diese Straße nach rechts und nach 100 m liegt der Parkplatz.
b) Camping*** liegt ca 200 m entfernt.

Varengeville, Seine-Maritime, 10 km westl. Dieppe
SP am Parkplatz Romanische Kapelle. Anfahrt in Rtg Parc Floral des Moutiers. Vom Park aus gerade weiter noch 300 m. Meeresblick. Tagesfahrt zwei.Vauville, Manche, 15 km westl. Cherbourg

Vauville, Manche, 15 km westl. Cherbourg
a) SP am großen beleuchteten Parkplatz.
b) Camping**.

Verneuil, Eure, 100 km südl. Rouen

SP am Bahnhof/gare, Madleine-Platz, schattig, 200 m zur Ortsmitte, Piscine/Stade. Tagesfahrt dreizehn.

Vernon-sur-Avre, Eure, 40 km südl. Evreux
SP am Parkplatz am Bahnhof/gare, Madeleine-Platz/place de la Madeleine. 300 m zum Zentrum.

Veules-les-Roses, Seine-Marit., 5 km ostw. Ste-Valéry

a) SP+xx am Parkplatz des Camping Les Mouettes. Kostenlos für 10 Mobile. Münzen/jetons im Camping und Office du Tourisme. 48h. Tagesfahrt zwei.
b) SP am kleine Parkplatz am Ortsrand Rtg Fécamp. Mobile verboten doch augenscheinlich toleriert.
c) 3 Camping***.

Veulettes-sur-Mer, Seine-Marit., 40 km westl. Dieppe
a) SP+⛴ Parkplatz am Kreisverkehr vor dem Verkehrsbüro, 50 m zum Strand. 48h. Die Euro-Relais-Säule (Versorgung/Entsorgung) ist direkt am Centre Nautique. Jetons/Münzen im Office de Tourisme, im Tabakladen, im Rathaus. Tagesfahrt zwei.
b) SP am chemin des Courses, nahe am Meer.
c) Camping***.

Vierville, Calvados, Omaha-Beach
SP am Parkplatz am Ortseingang. Baumbestand.

Vieux Port, Seine Maritime, 40 km ostw. Le Havre
SP an der Seine im Brotonne-Park, an der Kirche. Ruhig. Tische. Bänke. Herrliche Lage an der Seine. Vieux Port ist ein luxuriöses Zweitwohnsitz-Strohhüttendorf.

Villedieu-les-Poêles, Manche, 20 km n-o Avranches
a) SP am Camping du Musée. b) SP am Champ de Mars.

Villequier, Seine Maritime, 40 km ostw. Le Havre
SP+xx am Parkplatz an der Seine, Quai Victor Hugo, am Ortseingang aus Rtg Jumièges.

Villers-Bocage, Calvados, 20 km s-w Caen
SP am Parkplatz des Freibades/Piscine/Tennishalle, Place du Canada. Zufahrt über die D 675/Boulevard du 13 juin

1944/Durchgangsstraße Rtg Caumont-l'Éventé.

Villerville, Calvados, 12 km südl. Le Havre

a) SP am Platz/Place des Fossés Vieux. Bei den Tennisplätzen. Zufahrt über die D 513, Teilbereich Rue du Général Leclerc (Straße Honfleur - Trouville). Abzweigung Rue des Poilus. Der Platz ist direkt an der Abzweigung. Ca 1 km zum Strand. 48h.

b) Camping***.

Vimoutiers, Calvados, 50 km s-o Caen

a) SP am Rastplatz mit Tiger I (dt WK II Kampfpanzer) am Ortsrand Rtg Gacé nach Bahnunterführung an der D 979.

b) SP in der Ortsmitte.

Vire, Calvados, 45 km s-w Caen

a) SP+xx am Place Champs de Foire/Jahrmarktgelände. Ausgeschildert.

b) SP am Parkplatz des Freibades/piscine. c) Camping**.

Yport, Seine Maritime, 5 km s-o Fécamp

a) SP+ nur am Parkplatz an der rue Charles de Gaulle, an der Kirche, Ortsmitte. Dort ist mittwochs Markt und keine Parkmöglichkeit. Die Gemeindepolizei ist in der Saison recht streng, vor allem gegenüber Wohnmobil-Parkern am Meer unter den Felsen. b) 2 Camping***.

Hundemüde

Was man nicht weiß, das eben brauchte man,
Und was man weiß, kann man nicht brauchen.
Goethe, Faust Erster Teil

Die **Camping-Plätze** in der Normandie erlauben eine **nahezu unbegrenzte Beweglichkeit.** In der unmittelbaren Umgebung sind meist Einkaufsmöglichkeiten für Lebensmittel und Haushaltswaren, teils auch Restaurants.

Campingplätze mit 2 und 3 Sternen bieten gute Sanitäranlagen. Bei 4 Sternen etc kommen ggf Einkauf, Unterhaltung etc dazu. Die Campingplätze werden von der Präfektur überwacht. Die Präfekturen setzen die Zahl der Qualitätssterne fest.

Die Normandie-Plätze sind jedoch durch Vorbestellung häufig von Ende Juli bis Mitte August belegt, vor allem in der Nähe der Strände und an Wochenenden.

Telefonische Vorbestellungen werden gar nicht oder ungern entgegengenommen. Grund: Zahlreiche französische Zeitgenossen melden sich an mehreren Plätzen für dieselbe Nacht telefonisch an, und erscheinen nicht.

Camping Les Andelys mit Burgruine

Grundsätzlich soll man bis zum Spätnachmittag auf dem Campingplatz eintreffen. Da ist die Auswahl der Stellplätze am größten.

Mal was anderes ist **Camping auf dem Bauernhof,** camping à la ferme. Billiger ist es dort nicht. Einige Bauersleut haben über Jahre ihre Stammgäste. Da mancher französischer Landwirt mit Subventionen auf gerade 600.- Euro mtl. kommt, ist ein solches Zubrot nicht unerwünscht.

Empfehlenswert sind die kostenlosen, - auch **deutschsprachigen - Prospekte „Normandie campings“,** auch für jedes Département wie "Calvados campings" etc, erhältlich bei jedem Office du Tourisme. Sie enthalten ein genaues, aktuelles Verzeichnis mit allen notwendigen Angaben + Karte. Informationen auch in Internet: www.normandy-tourism.org.

Das freie Camping ist in Frankreich nicht gestattet. Das bedeutet nicht, dass es nicht geschieht. In den Naturparks, in der Nähe von Waldgebieten und im Wald jedoch wird dieses Verbot vcon der Polizei sehr ernstgenommen.

Reisen Sie, sonst tun es Ihre Erben.

HINWEISE alphabetisch. Alle Angaben ohne Gewähr.

- Ablaufphasen - wider das Chaos
  - Anschriften - wer weiß was?
  - Autobahn - Gebühren und (fast) freie Fahrt.
  - Brot
  - Diebstahl
  - Einreise - wie nach Thüringen
  - Fährbetrieb
  - Filme - teuer in Gallien
  - Gas - Fehler sind lebensgefährlich!
  - Hilfsdienste
  - Karten - wer kennt die Wege?
  - Krankenversicherung
  - Kreditkarte, Verlust/Diebstahl
  - Medikamente
  - Öffnungszeiten
  - Packliste - da vergißt keiner was.
  - Parken - oft problemlos
  - Stell-Plätze im Weinberg u. beim Bauern
  - Telefon - auch ohne Handy möglich!!
  - Unfall – nicht nur Blondinen werden gerettet
  - Verkehr
  - Wetter
  - Wohnwagen - in Ruhe starten. Wohnwagen gekippt!
  - Wortschatz - wenige Worte für viel Urlaub.
  - Wortschatz bio - nicht allein für Latzhosen.
  - Zahlungsweise– wie kriege ich mein Geld endlich los?

ABLAUF - PHASEN

oder: Planung ersetzt Zufall durch Irrtum.

s. auch: www. daubner.de/pack.htm oder: www. wohnmobil-tips.de

1) 7 Monate vor Abfahrt

• Mietvertrag über Wohnmobil oder Wohnwagen (mit Ersatzrad!) abschließen, nachfolgenden Ablaufplan an eigene Bedürfnisse anpassen. Kostenlose Campingverzeichnisse Calvados, Manche, Eure, Orne, Seine-Maritime, Stadtpläne, Prospekte bei Office du Tourisme - Ort und Postleitzahl genügt - ggf per Fax/Tel anfordern (s. Anschriften, Anmerkung Stell-Plätze, Infoteil Tagesstrecken). Ggf Camping reservieren. Ähnliches gilt für Ferienwohnungen/résidences de tourisme/locations de vacances.

2) 3 Monate

• Festlegung des Termines (2 Wochen vor der Abfahrt) der technischen Überprüfung von Kfz und Wohnwagen bzw Wohnmobil bei der Werkstatt. TÜV-Termin prüfen.

3) 8 Wochen

• Zusammenstellen oder Überprüfen der Packliste, Anpassung an den aktuellen Bedarf, „nötige" Käufe tätigen.

4) 7 Wochen

• Papiere überprüfen / besorgen / kopieren: Personalausweis, Campingcarnet, Grüne Versicherungskarte empfehlenswert, Schutzbrief, Kreditkarte.

5) 4 Wochen

• Zeitungen abbestellen, ggf Auslandskrankenschein E 111 + „Merkblatt für Versicherte, die sich vorübergehend im Ausland / Frankreich aufhalten" bei der Krankenkasse besorgen, ggf Impfungen vornehmen lassen bzw mit dem Arzt absprechen, Anfrage an Krankenkasse, über Leistungen der Kasse und Abrechnungsmodalitäten bei Krankenhausaufenthalt in Frankreich, Karten, Formularsatz „Europäischer Unfallbericht" (beim ADAC erhältlich), Informationsmaterial über das Reiseziel zusammenstellen bzw besorgen, Kopien der Personalpapiere anfertigen lassen – jeweils zwei Exemplare, davon eines zu Hause lassen, Nachbarn wegen Haus- und Wohnungsbetreuung ansprechen, falls zum ersten Mal, sollte dies früher geschehen.

6) 2 Wochen

• Werkstatt-Termine für Wohnmobil, Kfz und Wohnwagen wahrnehmen, Herstellen der Fahrtüchtigkeit von Wohnmobil oder Wohnwagen. Restliche Aufgaben verteilen bzw zuteilen. Wichtige Tel / Faxnummern zusammenstellen (Bank, Angehörige etc).

7) 1 Woche

• Wohnwagen bzw Wohnmobil reinigen.

8) 4 bis 2 Tage

• Wohnwagen, Kfz bzw Wohnmobil technisch aufrüsten und nach Packliste - Achtung auf Gewicht - einräumen. Erneut Ablaufplan und Packliste in Ruhe durchlesen, ob etwas fehlt oder unterlassen wurde. Erledigtes streichen. Beim Beladen auf Gewichtsverteilung achten. Schweres über die Achse rutschfest lagern. Die Ladung erhöht massiv (proportional) mit der Entfernung zur Achse, besonders im Heck, die Schlingergefahr.

Achtung Zuladung: Wenn ein 1.200 kg Wohnwagen mit Gasflasche, Ersatzrad, Frischwasser beladen ist, hat er in der Regel nur noch ca 130 kg Zuladungskapazität frei! Das Auto hat bei 4 Personen 50 kg - 200 kg Zuladungskapazität.

Stützlast feststellen (meist 75 kg Höchstlast): Deichsel waagrecht in Höhe der Anhängerkupplung - ca 40 cm, Waage mit Rohr oder Holzstab am Kupplungsmaul ansetzen.

9) ein Tag vor der Abfahrt

• Tanken, Wasser einfüllen, Mülleimer leeren, Haustier abgeben, Blumen versorgen, Antennen herausziehen, dringendste Rechnungen bezahlen. Nächste Anverwandte ggf informieren.

10) **Abfahrtstag**

• Packliste Abfahrtstag ausführen, Wasser abstellen, Kühlschrank abstellen, Netzstecker, Antennenstecker raus, Türen von Terrassen und Balkon verschließen, Fenster verschließen, ggf Zeitschaltuhr für Lampen einschalten, alle elektrischen Geräte abstellen, Gas abstellen, Haus- / Wohnungstüre verschließen, Schlüssel dem Nachbarn geben und sich mit Übergabe eines Papiers mit Reiseziel, Rückkehrdatum, Autokennzeichen und eventueller Erreichbarkeit (Handynummer) verabschieden. Checkliste Ankuppeln (s. Wohnwagen) sorgfältig ausführen. Im Auto nochmal Packliste Abfahrtstag, Checkliste Haus / Wohnung, Checkliste Ankuppeln überprüfen. Erledigtes streichen.

Die Fahrt langsam und in Ruhe beginnen! Das heißt, keiner hat das Recht, aus Lust und Tollerei auf Kosten der Nerven der Mitfahrer verrückt zu spielen. Nach 10 km soll man halten und das Gespann und das Innere des Wohnwagens kontrollieren. (s. auch Kontrolle unterwegs)

• Der Urlaub beginnt mit dem ersten Meter – für alle.

ABSCHLEPPEN s. HILFSDIENSTE

ANGELN

Angelscheine (permission de pêche) können in jedem Tabak- und Zeitungsladen erworben werden.

ANSCHRIFTEN s. auch Infoteil/ Tagesfahrten und Anmerkung Stell-Plätze.

• Deutsches Atlantikwall-Archiv: www.atlantikwall.info. Schmittgasse 151, D-51143 Köln-Zündorf

• Französisches Fremdenverkehrsamt, Tel. 069/7560830, Fax 752187, Postfach 1001 28/Westendstraße 47, D-660325 Frankfurt, www.franceguide.com; franceinfo@mdlf.de

• Französisches Fremdenverkehrsamt (Tel. 0222/7062) Postfach 11, A-1033 Wien

• Französisches Verkehrsbüro (Tel. 022 328610) 2 rue Thalberg, CH 1201 Genf

• Frankreich: www.tourisme.fr

• Normandie: a) www.normandy-tourism.org/al/

index.html -b) paris-normandie.com -c) http://perso inscription.francité.com- d) Comité Régional de Tourisme de Normandie: fax 0033 (0)2.32.31.19.04, www.normandy-tourism.org; normandy @imaginet.fr

• ....**Wichtig:** Bei dieser Internetadresse sind links/liens und Kontaktmöglichkeit zu den Verkehrsbüros/comité du Département der Départements und Gemeinden/office du tourisme, sowie zu Hotels, Camping, Ferienwohnungen usw.

Bei brieflichen Anfragen reicht als örtliche Postleitzahl die Départementsnummer.

• Museen Normandie: Internet: www.Normandie-musee.fr

• Routen + Stadtpläne: www.reiseplanung.de

Comité Départemental de Tourisme:

• Département Eure (27): e-mail: cdt-eure@wanadoo.fr
  Fax 0033-2.32.31.05.98. F-27003 Évreux B.P. 367

• Département Seine-Maritime (76): e-mail: seine-maritime.tourisme @wanadoo.fr; Fax 0033.-2.35.59.86.04; F-76420 Bihorel-les-Rouen B.P.60

• Département Manche (50): e-mail manchetourisme@cg50fr.; Fax 0033-2.33.56.07.03; F-50008 Saint-Lo CEDEX.

• Département Calvados: e-mail: calvatour@mail.cpod.fr; Fax 0033-2.31.27.90.35; F-Caen CEDEX 4.

• Département Orne: e-mail orne.tourisme@wanadoo,fr; Fax 0033-2.33.29.81.60; F-61002 Alençon CEDEX.

Fürs Wetter: www.meteoconsult.fr

AUTOBAHNEN – wo's Geld kostet, fahren weniger.

Die Autobahnen in Frankreich, lange halbstaatlich, werden zunehmend privatisiert. Die Benutzung kostet Gebühren (péage), die an Mautstellen/barrières de péage oder gare de péage abkassiert werden; zu zahlen in bar oder mit Kreditkarte/carte bancaire (cb). Ratsam ist auf jeden Fall, den nötigen Betrag in bar bereitzuhalten, da die Kreditkartenautomaten der Mautstellen ab und zu ausfallen. Auch werden unnötige Kontogebühren eingespart. Die Preise werden im Rahmen der allgemeinen Inflationsrate angepasst. Gespanne/attelage/caravane fahren in der Preisklasse 2, Wohnmobile/Camping-Car in der Klasse 3. Im Großbereich PARIS sind die Autobahnen gebührenfrei.

Wer preiswert tanken will, soll sich von Supermarkt zu Supermarkt außerhalb der Autobahn durchtanken.

Ungefähr alle 2 km steht eine gelbe, nummerierte Notrufsäule. Der kostenlose Anruf führt zunächst zur Polizei, kann aber bei Bedarf das Rote Kreuz/Samu, die Feuerwehr/pompiers oder einen Abschleppdienst/dépanneur erreichen. Die Tarife für den Abschleppdienst sind weitgehend einheitlich.

Alle 10 bis 15 km sind großzügige Parkplätze eingerichtet. Diese verfügen über Wasser und saubere (!) Toiletten. An Parkplätzen sollte man jedoch nicht übernachten. Hier drohen Überfälle. Es kommt nicht pausenlos vor, aber es kommt vor! Die Autobahnauffahrten/ausfahrten sind nummeriert und liegen mitunter weit auseinander. Wenn eine Straße eine Autobahn kreuzt, muß dort noch lange nicht eine Auffahrt sein. Hier gilt es, sich genau auf der Karte zu informieren. Richtungsschilder zu Autobahnauffahrten sind bis zu 40 km davor bereits aufgestellt.

Herr und Geliebte

Die Raststätten/Aires an den Autobahnen (Achtung, mit "aire" wird in Frankreich alles angekündigt, von dem vergammelten Parkplatz an einer Provinzstraße bis zur besten Autobahnraststätte) sind aufwendiger als in Deutschland gebaut. Alle 30 bis 40 km ist eine Raststätte anzutreffen. Neben den Tankstellen werden Mini-Supermarkt, Werkstätte, Restaurant, Toiletten im Mini-Supermarkt + Restaurant, Spielplätze etc angeboten. In den Raststätten sind auch Abschleppunternehmen/Dépannage zu erreichen. Um den Reifendruck kostenlos zu überprüfen, stehen "gonflage"-Vorrichtungen zur Verfügung. Die Sicherheitslage für Übernachtungen ist günstiger.

Bei dreispurigen Autobahnen dürfen Gespanne nur die beiden rechten Spuren befahren.

BROT – Ladenhüter Baguette?

Das berühmteste Bäckerprodukt aus Bistro-Land ist die „baguette" (eingedeutscht: das Baguette/Pariser Brot/Stangenbrot), der wohl letzte Rest französischer Weltkulturmacht. Baguette wird zu 200 g und zu 250 g (mit dem Namen „flûte=Flöte") angeboten und zum staatlich verordneten Preis verkauft. Das Brot zu 600 g ist „le pain". Eine „Flöte" reicht für ein Frühstück mit zwei nicht allzu hungrigen Menschen aus. Die kleinste Einheit der Langbrote ist "la ficelle" bis 180 g. Das Weißbrot hat nur seinen Reiz, wenn es frisch ist. Nach einem halben Tag ist es allerdings noch gut essbar.

Was uns die Weckle, Schrippen, Semmeln oder Brötchen, sind für den Franzosen die "croissants". Dass der Verzehr des croissants/Halbmond zum Frühstück erst den Menschen zum Kulturwesen macht, ist ein Gerücht. Aber es stimmt.

Handwerklich hergestellte Baguettes tragen den Schutztitel "pain maison" oder "pain de tradition". Dieses Brot wird gänzlich dort hergestellt, wo es verkauft wird. Als Zutaten sind nur Weizenmehl (Type 405), Trinkwasser, Küchensalz und Hefe erlaubt. Das Brot darf zu keinem Zeitpunkt seiner handwerklichen Herstellung einem Tiefkühlprozeß unterzogen werden. Die Mikrowelle allerdings gibt es. Und die wärmt 25% der baguettes auf. Also, nichts mit Frische. Inzwischen bekam die Baguette ein Schwesterchen mit Roggen innen drin. Das heißt sinnigerweise baguette à l'ancienne und schmeckt entsprechend knackfrei. Baguette adieu!

Nur Weißbrot? Zu haben ist auch das rundliche pain de campagne/pain de seigle/pain gris, ein herzhaftes Roggenbrot!

DIEBSTAHL – Tatort Wohnmobil

Weder Wohnmobil noch Wohnwagen sind einbruchsicher - im Gegenteil. Die Haupteinbruchsgefahr herrscht in den Küstengebieten, vor allem Côte d'Azur und Provence, wo man ein Wohnmobil keine fünf Minuten allein lassen kann. Ein Wohnmobil zur Festung auszubauen, ist auch nicht unbedingt der Königsweg. Da kann durch Einbrecher viel Sachschaden am Wohnmobil entstehen. Zielobjekte der Einbrecher sind vor allem Bargeld, Kameras, Hifi-Geräte, Handys. Diese gilt es, unauffindbar zu machen. Die beste Abschreckung soll ein kräftiger Hund sein. Bei Diebstahl wg Versicherung Anzeige bei der Polizei erstatten

FÄHRBETRIEB

Fähren gehen von Dieppe, Le Havre, Ouistreham, Cherbourg nach England und zurück.

EINREISE fast wie nach Thüringen und Meuselwitz

Trotz Schengener Abkommen müssen Personalausweis + ggf Führerschein + Kfz-Schein mitgeführt werden. Grüne Versicherungskarte ist empfehlenswert. Kindereintrag im Elternpass oder Kinderausweis für Jugendliche unter 16 Jahre. Dinge des täglichen Bedarfs sind zollfrei, Tabakwaren und Alkoholika in kleinen Mengen ebenso. Für Haustiere muss eine Tollschutzimpfzeugnis von mindestens 1 Monat und höchstens 12 Monaten Geltungsdauer vorliegen. Rottweiler, Staffordshire Terrier, American Staffordshire Maulkorb+-Leinenzwang. Keine Einreise für Pitbul, Boerbull, Tosa. Die Ausreise ist antragsfrei.

GAS

Mit manchen Dingen läßt sich nicht spaßen. Dazu gehört das Gas. Preiswert und sicher soll der Gesamtbedarf zu Hause eingekauft werden. Schätzen Sie Ihren Bedarf. Drei Kilogramm reichen einer 4köpfigen Familie mit Kühlschrankbetrieb und gelegentlicher Heizung eine Woche im Sommer. Im Winter kann das für einen Tag reichen.Hier einige Verbrauchszahlen pro Stunde: Gaslicht 35-55g, Kochstelle 135 g, Heizung (12.600 kJ) 30-290g, Kühlschrank 7-10g.

In den kleinen Flaschen befinden sich knapp 5 kg, in den großen knapp 11 kg Propangas. Unser- nicht unbedingt übertragbarer - Erfahrungswert besagt: Zwei 5 kg-Flaschen bzw eine 11 kg-Flasche reichen für 3 Wochen im Sommer allemal.

Während der Fahrt ist der Gasbetrieb, zum Beispiel Kühlschrank, verboten.

Zur Sicherheit soll das Behälterventil an der Flasche bei Nichtbedarf immer geschlossen bleiben. Wir schalten nachts und bei längerem Verlassen des Wohnwagens das Gas ab. Der Kühlschrank läuft je nach Witterung gar nicht oder auf 220 Volt. Tip für Kühlschrank, Kochstelle und Heizung: Bedienungsanleitung in unmittelbarer Nähe ankleben.

Umfassende Vorschriften für den Gasbetrieb - wie Kochen nur bei offenem Küchenfenster etc - sind beim Gasprüfer, der alle zwei Jahre die Gasanlagen überprüfen muß und bei Ihrer Werkstätte erhältlich, ebenso bei der Bedienungsanleitung für Wohnwagen und Wohnmobil zu finden. Es lohnt sich, diese durchzulesen.

In Frankreich werden ausländische Gasflaschen nicht befüllt noch ausgetauscht. Französische Flaschen mit Euro-Anschluss-Sets / Adapter Nr. 4 nutzbar. Erhältlich: camping gaz bleu international / blaue Campinggasflaschen.

HILFSDIENSTE

- **Europäischer Notruf: 112 - Anruf kostenlos**
- **Polizeiruf (police secours): 17 -** Anruf kostenlos
  Feuerwehr (pompiers): 18 - Anruf kostenlos

Tel. Auskunft (renseignement): 12 - Anruf kostenlos
•**Rotes Kreuz (SAMU): 15** - Anruf kostenlos
•AIT-Fipa-Assistance (ähnlich dem ADAC): 05 10 61 06
•ADAC-MÜNCHEN + Arzt: 0049-89/22 22 22
•**Pannenhilfe in deutscher Sprache: 05.10.61.06 oder 04.72.17.12.22**
•Deutsche Botschaft in PARIS: 01 42 99 78 00
Generalkonsulate in NANCY, BORDEAUX, LILLE, LYON, MARSEILLE

Der ADAC hat einen deutschsprachigen Notrufdienst in Frankrech eingerichtet:

PARIS 01 45 00 42 95, AVIGNON 04 90 8616 09. Von Juni bis September: BORDEAUX 05 56 44 46 81, PERPIGNAN 05 68 35 64

Wikingernachwuchs

66
Schweizer Botschaft PARIS: 01 55 03 4 46
Österreichische Botschaft PARIS: 01 55 59 5 66
ADAC-Arzt: 0049-89/22 22 22

Ein Auslandsschutzbrief ist ratsam. Eine Liste der Vertragswerkstätten sollte man sich beim Autohersteller besorgen.

KARTEN - über Umwege zum Ziel

Die im Handel erhältlichen Karten des ADAC, des französischen Institut Géographique National und die Michelin-Karten entsprechen den notwendigen Anforderungen. Die Fülle der Informationen der Michelin-Karten gehen auf Kosten der Übersicht und der Klarheit.

Für die Anfahrt und den großen Überblick empfehlen sich Karten im Maßstab 1 : 800.000 oder 1 : 1 Mio. Für die einzelne Region, so für die Normandie, sind Karten im Maßstab 1: 250.000 notwendig. Das Institut Géographique National **(ign)** hält Karten in diesem Maßstab für die Normandie und von 1: 100.000, 1: 50.000, 1: 25.000 (Wanderkarten, blaue Serie) für bereit. Die Karte 1 : 250.000 hat ein ausführliches Ortsregister, ein Verzeichnis aller größeren Museen und -wichtig- **Stadtpläne** der Innenbereiche.

Die Karten sind an Tankstellen und an allen Zeitschriftkiosken, maison de la Presse in Frankreich erhältlich - in Deutschland über den Buchhandel.

KRANKENVERSICHERUNG

Für **Privatpatienten** läuft es wie in Deutschland. Nur mit dem kleinen Unterschied, der Doktor will sein Geld gleich haben. Seine Rechnung heißt „feuille de soins". Für Krankenhausaufenthalte ist sicher die Klinikkarte nützlich. Doch soll vor Reiseantritt bei der jeweiligen Krankenkasse die mit einem eventuellen Krankenhausaufenthalt zusammenhängenden Leistungen der Kasse erfragt werden. Die Kosten werden bei der Kasse eingereicht.

Alle **Kassenpatienten** können bei ihrer Versicherung den europäischen Krankenschein / Auslandskrankenschein E 111 + „Merkblatt für Versicherte, die sich vorübergehend im Ausland / Frankreich aufhalten" anfordern (Österreich SE 11007). Damit können Sie in Frankreich - nach Bezahlung des Arztes oder des Rezeptes (ordonnance) - zur nächsten Geschäftsstelle der Caisse Primaire d'Assurance Maladie gehen (Anschrift beim Rathaus - mairie erfragen). Die zahlt ca 70% zurück. Der Rest ist zu Hause bei der Kasse einzureichen.

Der Krankenschein kann auch direkt bei Ihrer Kasse in Deutschland eingereicht werden.

Eine Zusatzversicherung mit eventuellem Rücktransport ist zu empfehlen. Die Zustände in den französischen Krankenhäusern sollen nicht immer unserem Niveau entsprechen.

KREDITKARTE – Verlust/Diebstahl

Sofortige Sperrung der Kreditkarte, sonst haftet keine Bank

für die Schäden. Anforderung einer neuen Karte an den Urlaubsort. Wichtige Tel.-Nr.: Zentrale Tel. Nr.: +49 1805 021021, oder: 116-116; Eurocard: +49 1805 021021; Diner's Club: 069/661 23; American Express: 069/979 777 77 oder 0130/3750; Visa-Card: 0800 8149100; Bahncard: 0130/ 838888. ADAC-Visa: +49 30 2455 5522. Info: www.sperr-notruf.de.

MÄRKTE:

Wochenmärkte werden in der Regel von 8h00 bis 13h/9h-12h30 abgehalten. Sie waren früher Treff- und Höhepunkte des sozialen Lebens in der Normandie. Vor allem bei den Viehmärkten konnte sich der Mann beweisen.

Département Orne: Mo-mo: BRIOUZE (Viehmarkt), RÉMALARD, TINCHEBRAY; MO-MO: VIMOUTIERS.Di-mo: L'AIGLE (Vieh-

Qualität auf dem Markt in Ste-Mére-les-Église:
Fische und Muscheln aus Barfleur

markt), ALENÇON, ARGENTAN, ATHIS, BAGNOLES-DE-L'ORNE, NOCÉ, PASSAIS-LA-CONCEPTION, PERSEIGNE, PERVENCHÈRES, LE SAP. Di: SOLIGNY-LA-TRAPPE (Uhrenmarkt). Mi-mo: CARROUGES, FLERS, LONGNY-AU-PERCHE, LE-MÊLE-SUR-SARTHE, LE THEIL-SUR-HUISNES, STE-GAUBURGE/STE-COLOMBE, BAGNOLES-DE-L'ORNE. Do-mo: ALENÇON, BELLÊME, BRETONCELLES, CÉAUCÉ, LA FERTÉ-MACÉ, LA FERTÉ-FRESNEL, LE MERLERAULT, MOULINS-LA-MARCHE, PUTANGES-PONT-ECREPIN, TRUN. Fr-Mo: ARGEN-

TAN, CONDÉ-SUR-HUISNE, COURTOMER, DOMFRONT, ECOUCHÉ, LA CHAPELLE-D'ANDAINE, BAGNOLES-DE-L'ORNE, TOUROUVRE, VIMOUTIERS. Sa-mo: L'AIGLE, ALENÇON, BAGNOLES-DE-L'ORNE, BRETONCELLES, FLERS, GACÉ, MORTAGNE-AU-PERCHE, RÂNES, STE-GAUBURGE/STE-COLOMBE, SÉES. Sa-na: Gacé, Mortagne-au-Perche; So-mo: ALENÇON, ARGENTAN, CETON, COURTOMER, MONTILLY-SUR-NOIREAU, MORTRÉE, CRULAI.

Département Seine-Maritime: Mo-mo: BOLBEC, BUCHY, CANY-BARVILLE, Di-mo: BELLENCOMBRE, Goderville, Le Tréport (auch Sa-mo), Mi-mo: BOSC-LE-HARD, BACQUEVILLE-EN-CAUX, CRIEL-SUR-MER (auch Do-mo, So-mo), LA BOUILLE, LILLEBONNE, VEULES-LES-ROSES, YPORT, YVETOT, Mi-na: LES-GRANDES-VENTES, Mi-na/So-mo: DARNETAL, Do/So-mo: FORGES-LES-EAUX, Di/Fr/So-mo: GOURNAY-EN-BRAY, Fr-mo: LA FEUILLIE, Do-mo: FONTAINE-LE-DUN, ETRETAT, MONTIVILLIERS, PAVILLY, SAINT-SAENS, Do-na: LONDINIÈRES, NEUFCHÂTEL-EN-BRAY, BARENTIN, FR-mo: AUFFAY, BONSECOURS, Criquetot l'Esneval, Eu, Fauville-en-Caux, Offranville, Fr-na: Clères, Sa-mo: AUMALE, CAUDEBEC-EN-CAUX, DIEPPE, DOUDEVILLE, ENVERMEU, ELBEUF, MONTVILLE, RY, Sa-na: LE TRAIT, Sa: FÉCAMP, Fr/So: SAINT VALÉRY-EN-CAUX. So-mo: BLANGY-SUR-BRESLE, CAUDEBEC-LÈS-ELBEUF, HARFLEUR, LUNERAY. ROUEN: place Saint-Marc: Di, Fr, Sa, So-mo; place du Vieux Marché: täglich außer Mo; place des Emmurées: Di, Do, Sa. LE HAVRE: tägliche Märkte.

Emanzipation - per Sehrohr eingeparkt.

Direktverkauf: Bei Märkten/marché de pays, die nur Juli/Aug abgehalten werden, bieten landwirtschaftliche, regionale Erzeuger ihre Produkte direkt an. Sie finden meist ab 17h oder 18h statt.

NOTRUF s. HILFSDIENSTE

ÖFFNUNGSZEITEN

•Einzelhandel

Verbindliche Ladenschlußzeiten wie in Deutschland sind in Frankreich nicht üblich. Der Ladenbesitzer entscheidet selbst, wann er öffnet und schließt. Sonntags dürfen vormittags nur Lebensmittelgeschäfte öffnen.

•Lebensmittelläden in der Normandie öffnen morgens zwischen 8 und 9 Uhr oder 14.30 Uhr ist Mittagspause. Gegen 19.30 Uhr ist Schluß. Wenn nach 19.00 Uhr niemand mehr kommt, kann auch zugemacht werden. Das gilt für

Montag bis Samstag. Einzelhandel und zuweilen auch Supermärkte haben Sonntagvormittag auf. Montags oder am Samstagnachmittag haben einzelne Geschäfte geschlossen.

• Gastronomie

Restaurants öffnen meist nur um die Mittagszeit (12-14 Uhr) und gegen Abend (ab 19 Uhr). Das sind auch die Essenszeiten in Bar/Cafés. Sonst sind Cafés ebenso wie die Geschäfte den Tag über geöffnet. Manches Gasthaus ist schon am 23 Uhr dicht.

PANNE. s.Unfall oder Hilfsdienste

POLIZEI siehe HILFSDIENSTE

Stell-Plätze im Weinberg und auf dem Bauernhof

Seit 1992 gibt es France Passion (Leidenschaft Frankreich), eine Aktion mit wachsendem Erfolg von Weingärtnern. Die bieten für ganz Frankreich in ihren Anwesen kostenlose Stellplätze/étape France Passion von 20x10 m ohne Versorgung/Entsorgung an, Die Plätze sind in einen 5-sprachigen Führer mit knapp 300 Anschriften von Weingärtnern und Bauern, Lage, Anfahrt, Wegweiser ausführlich beschrieben. Mit Erwerb des Führers (ca 25.- Eur) darf man das Angebot für das laufende Jahr von Ostern bis Ostern nutzen und pro Platz 24h bleiben. Dazu werden noch 250 Restaurants in der Nähe der Plätze angegeben.

Auskunft/Erwerb bei "France Passion", BP 57, F-84202 CARPENTRAS Cedex (Fax 0033(0)490604869). Auf Anfrage bekommt man sofort ein kleines Bestellformular/demande. Nach Zahlung werden Führer (carnet des invitations), Jahresvignette für's Auto und persönlicher Ausweis (carte d'invité) zugesandt.

TANKEN – billiger am Supermarkt

An Autobahnen, Nationalstraßen, Supermärkten werden Kreditkarten akzeptiert. Billiger sind Supermarkttankstellen (z. B. intermarché, champion, stoc, etc bis 19h geöffnet). Dort sind oft Tankstellen mit 24-Stunden-Service – außerhalb der Geschäftszeiten nur mit Kreditkarten oder speziellen Tankkarten nutzbar. Diesel = Diesel/gazole/gasoil, Normal bleifrei = (essence) sans plomb 95, Super bleifrei = (super) sans plomb 98, Super mit Bleigehalt = super. Faites-le plein s'il-vous-plaît = bitte volltanken.

TELEFON - nur das Handy ist teurer

Wie bei uns ist die Telefonkarte / télécarte in Frankreich voll im Durchmarsch. Der Münzfernsprecher ist die seltene Ausnahme. Die télécarte (50 und 120 Einheiten) ist in Tabakgeschäften (tabacs), bei der Post, an Bahnschaltern, teils auch an Campingplätzen zu kaufen. Dort hängt das Schild: Télécarte en vente ici.

Vor der indivuellen Telefonnummer steht für PARIS und die Pariser Region die Ziffer 01, für den Nordwesten die 02, den Nordosten die 03, den Südosten die 04, den Südwesten die 05. Mobilfunkanschlüssen wird die 06 vorangestellt. Bei Telefonaten aus dem Ausland nach Frankreich fällt nach der Frankreichvorwahl 0033 die erste Null vor der weg, also Paris (1) statt (01).Beispiel: Nach Deutschland 0049, dann die Ortsvorwahl ohne Null.

Telefonzellennummer (außen und innen angegeben). Auskunft (renseignements) 12, **Polizei (police) 17**. etc s. HILFSDIENSTE.

UNFALL

Gleich zu Anfang: Eine Rechtsschutzversicherung, die Verkehrsrechtsschutz gewährleistet, sollte schon sein. Bei Bagatellschäden taucht in Frankreich die Polizei nicht auf. Das Wichtigste ist, herauszubekommen, mit wem man es zu tun hat. Dazu genügt ein ausführlicher Blick auf die Windschutzscheibe. Dort finden sich Versicherungsgesellschaft und Versicherungsnummer. Aufschreiben! Zur Unfallaufnahme sind Fotoapparat, Skizze und ein Aufnahmevordruck (Formularsatz „Europäischer Unfallbericht" beim ADAC erhältlich) empfehlenswert. Der französische Halter ist laut Gesetz mindestens bei Personenschäden mit 750.000 Eur und bei Sachschäden bis 450.000 Eur versichert. In Frankreich gibt es auch die Möglichkeit, ein gemeinsame Unfallaufnahme zu machen, das constat amiable d'accident automobile. Vorsicht bei der Unterschrift. Die Ansprüche an den Unfallgegner sind bis heute nur über einen französischen Rechtsanwalt durchzusetzen. Der Unschuldige muß seinen Anwalt selbst bezahlen, nicht der schuldige Gegner. Kosten für ein Gutachten werden - so liest man - ersetzt. Mietwagenanspruch besteht nur bei beruflicher Nutzung.

Schwundstufe der Leidenschaft

Ein gemeinsames Unfallprotokoll / constat amiable d'accident automobile ist empfehlenswert. Der ADAC hält dafür mehrsprachige Vordrucke bereit. Jeder Unfallpartner sollte ein solches Unfallblatt ausfüllen. Die Zeichnung sollte zweifach angefertigt werden und - falls alles einvernehmlich verläuft - müssen die Unfallgegner jeweils auch beim Blatt des Gegners unterschreiben.

Tel-Gespräch Unfall/Panne: Sprechvorbereitung: 1.) wer bin: ich je suis Monsieur. Mme .. touriste allemand, 2.) Standortbestimmung. Wo bin ich: je suis à X près de X, , 3.) Was ist kaputt: .. ne marche pas: Was brauche ich: il me faut dépannage/Abschlepp.

VERANSTALTUNGEN

Aktuelle Informationen gibt es in der örtlichen Presse und im Verkehrsbüro. Die einzelnen Gemeinden überschlagen sich im Sommer mit Veranstaltungen. Es lohnt sich!!

VERKEHR

gesehen an einer HH-U-Bahn-Station. Zum Abschied wird, nach einer Untersuchung, länger und kreativer geküsst als bei der Begrüßung.

Wohnmobile müssen im Kreisverkehr die rechte Spur benutzen. Die Normandie ist verkehrsmäßig gut erschlossen, da sie wirtschaftlich und touristisch im Nahbereich der Pariser Region liegt. Der durch kurze Streckenabschnitte unterbrochene, allgegenwärtige Kreisverkehr sorgt für defensive Fortbewegung. Die Normannen fahren zivilisiert.

Auf den gebührenpflichtigen Autobahnen gelten 130 km/h, bei Regen 110 km/h; auf Landstraßen 90 km/h, bei Regen 80 km/h und in Ortschaften 50 km/h, bisweilen 30km/h Höchstgeschwindigkeit für PKW, Gespanne und Wohnmobile unter 3,5 t. Fahrzeuge 3.5 t dürfen auf Landstraßen 80 km/h und auf Autobahnen und Schnellstraßen 100 km/h nicht überschreiten.

Achtung: **Die Franzosen haben in puncto Radarfallen kräftig nachgerüstet.** Und tun dies weiter. Böse Zunge behaupten, das diene zur Auffrischung der Öffentlichen Kassen.

Am Straßenrand tauchen mal mehr mal weniger folgende Hinweise auf: accident/Unfall, accotement dangereux/nicht befestigter Fahrbahnrand, aire de service/Raststätte+Tankstelle, bouchon/Stau, chantier/Baustelle, file/Spur, gravillons/Rollsplit, interdiction de doubler/Überholen verboten, priorité/Vorfahrt, rappel/Wiederholung eines Verkehrszeichens, rond-point/Kreisverkehr, déviation/Umleitung, échangeur/Autobahnkreuz, sens unique/Einbahnstraße.

sans plomb/Normalbenzin bleifrei, Super sans plomb/ Super bleifrei, Gazole/Diesel.

WETTER

Aktuelle Info: www.meteoconsult.fr. Für Gezeiten-Info Suchwort marées. Regen, Wind, Nebel können die Regel sein, auch im Sommer, müssen es aber nicht in der Normandie.

WOHNMOBIL, WOHNWAGEN marsch!

Am besten: Einen Tag zuvor eine kleine Probefahrt unternehmen. Für Abfahrt und Fahrt soll für Wohnmobil und Gespann eine Checkliste angelegt werden. Die ist nach jeder Rast sehr nützlich. Am besten wird die Liste an die Innenseite der Wohnmobil-wagentüre angeheftet und vor **jeder** Abfahrt danach verfahren.

Zu überprüfen:

Dachluke schließen, Fenster schließen, Tische herunterlegen, Hängelampen abnehmen, Schranktüre verschließen, Gas schließen, Gasflaschen festmachen, Kühlschrank verriegeln, ggf Antenne einziehen, Ersatzzündschlüssel in den Wohnwagen, alles sonst rutschfest? Tür schließen. Zettel mit Wohnmobilhöhe am Armaturenbrett sichtbar anbringen.

Ankuppeln: Stützen hoch, ankuppeln,
Kupplung sichern, Bremsseil anlegen,
Handrad hoch, Elektrokabel einstecken,
Handbremse lösen, ggf Stabilisatoren anlegen,

Zugfahrzeug: Außenspiegel einstellen, Beleuchtungsprobe

alle Mann/Frau an Bord ?? Sicherheitsgurten anlegen. Auf zehn zählen und starten.

– aber zur Vorsicht eine Pressemeldung, wie sie jeden Sommer in der Zeitung zu lesen ist:

Wohnwagen gekippt

Ein Autofahrer hat am Samstag auf der Autobahn A 8 sein Wohnwagengespann zum Kippen gebracht. Er hatte überholt und war abrupt wieder eingeschert. Dabei schaukelte sich der Caravan auf und kippte. Der Anhänger schleuderte über drei Fahrstreifen und stürzte um. Der Wohnwagen wurde aufgerissen. Verletzt wurde niemand, Der Sachschaden wird auf 6 000 Eur geschätzt.

Als Unfallursache gilt Überladung des Anhängers.

Zum Start in die Ferienzeit kontrollierte die Autobahnpolizei Fahrzeuge mit Wohnanhängern. Von sieben gewogenen Wohnwagen waren fünf überladen. Ein Caravanbesitzer hatte seinen Anhänger gar um 25 Prozent überladen.

Unterwegs: Vorsicht bei Felsüberhängen, bei Durchfahrten in kleinen - sonst romantischen - Orten. Ab und zu rechts ran fahren für die Überholer. Alle zwei Stunden Pause, ggf Fahrerwechsel. Abendlicher Stellplatz bei Tage anfahren - s. auch "Stellpätze".

WORTSCHATZ für Gallien – am Wege aufgelesen
accôtement meublé (m) aufgeschütteter Straßenrand
aire de camping-cars / de loisir / municipal Stellplatz
aire de pique-nique (m) Rastplatz
aire de service Platz mit Versorgungs / Entsorgungssäule
attention aux chiens Warnung vor den Hunden
autres directions übrige Richtungen

Sonderkraftfahrzeug 275, 7,5 cm-Pak 40 L/48

bac (m) Fähre
bacs à linge Wäschebecken
bacs à vaisselle Geschirrbecken
bande (f) Straßenrand
bande (f) d'arrêt d'urgence Notspur auf der Autobahn
barrage Staudamm
berge (f) steile Böschung
bison futé schlauer Büffel: Hinweis auf Ausschilderung einer ruhigen Nebenstrecke (grüne Pfeile)
bords (m) de l' Orne Ufer der Orne
borne (f) Ver / Entsorgunsgsäule
bouchon (m) Stau
camping municipal (m) Gemeinde-campingplatz
camping-car (m) (auch autocaravane) Wohnmobil
carburant (m) Benzin
carte bancaire Kreditkarte
cartouche (f) Stange Zigaretten
cédez le passage Vorfahrt achten
centrale nucléaire (m) Kernkraftwerk
charbon (m) de bois Holzkohle
chariot (m) Einkaufswagen im Supermarkt
chasse gardée (f) privates Jagdgebiet
chasse (f) Jagd
circulation alternée (f) Wechselverkehr
créneau(x) de dépassement Überholabschnitt(e)
défense d'entrer Betreten verboten
descente longue et dangereuse lange und gefährliche Abfahrt
dir. = direction (f) Richtung

dispositif expérimental probeweise angelegte Hindernisse
disque obligatoire (m) Parkscheibe erforderlich
distributeur de billets Geldautomat
distributeur de tickets Parkautomat
eau potable (f) Trinkwasser
eaux usées (f) Abwasser
échangeur (m) Autobahnkreuz, A-Anschlussstelle,
écrévisse (f) Krebs
emplacement (m) Stellplatz
en service (f) im Betrieb
entrée (f) Vorspeise, entrée d'autoroute Autobahneinfahrt
essence (f) Normalbenzin
éteignez vos phares Scheinwerfer ausschalten
fauchage (m) Mähen
feu du salage Feuer des Reifungsprozesses bei Käsefabrikation
feux interdits Feuer verboten
fin (f) de chantier Ende der Baustelle
fin de doubler Ende der Überholstrecke
forêt (f) Wald
forfait (m) Pauschale
gazole, gasoil Diesel
gens (m) de voyage Landfahrer

reife Sturmtruppe aufgesessen

glaçon (m) Eiswürfel
gonflage (m) Reifendruckdienst
graissage (m) Schmierdienst
guichet automatique (m) Geldautomat
horodateur (m) Parkautomat
hors gabarit, Übergröße (bei Fahrzeugen) Hinweis vor Brücken, Tunnel und Unterführungen
hypermarché (m) Supermarkt
intermarché (Eigenname) Supermarkt
itinéraire conseillé (m) empfohlene Strecke
des jours fériés (m) arbeitsfreie Tage
lac (m) See
laissez libre la bande d´arrêt d´urgence Notspur freihalten
libre frei
hors service außer Betrieb
livraisons réglementées Zulieferung eingeschränkt

gestattet
maison (f) de la presse Geschäft für Zeitungen etc
mascaret (m) Springflut
mont (m) Berg
obligation de stationner en marche arrière nach vorn einparken
occupé besetzt
office (m) de (du) tourisme Verkehrsbüro

passage protégé Fußgängerüberweg
péage (m) Maut, Mautstelle
piscine (f) Freibad, piscine couverte Hallenbad
point d'eau Wasserstelle
prière de ne pas stationner Parken verboten
priorité (f) Vorfahrt
propriété privée (f) Privateigentum
rappel Erinnerungsschild an ein vorausgehendes, noch geltendes Verkehrsschild
refuge (m) Not-Haltebucht mit Telefon an der Autobahn
rond point (m) Kreuzung, runder Platz, Kreisverkehr
roulez au pas Schrittfahren
sans plomb bleifrei
sauf rivérains außer Anlieger
serrez à gauche links einordnen
sortie de voitures Ausfahrt für Kraftfahrzeuge
stationnement en épi Schrägparken
stationnement payant gebührenpflichtiger Parkplatz
super carburant Superbenzin
syndicat d´initiative Verkehrsbüro (Abk. S.I.)
télécarte Telefonkarte
temple protestant (m) evangelische Kirche
toboggan nautique (m) Wasserrutschbahn
toutes directions (f) alle Richtungen
trafic ralenti (m) Geschwindigkeitsbegrenzung

un train peut en cacher un autre Vorsicht, ein Zug kann einenweiteren verdecken.
utilisez votre frein moteur Motorbremse benutzen
vedette (f) panoramique Ausflugsschiff
véhicules lents (m) langsame Fahrzeuge
vent latéral (m) Seitenwind
vente de fromage de chèvre Verkauf von Ziegenkäse
vidange (f) Entsorgung, Entleeren
voie express (f) Schnellstraße
voie piétonne (f) Fußgängerzone
vous n'avez la priorité Vorfahrt achten
biologisch-dynamisch bio-dynamique
Bioabteilung rayon(m) biologique
Biokost aliments(m) de l'agriculture biologique
Bioprodukte écoproduit(m), produit(m) allégé
Butter, fettarm beurre(m) allégé
Fettgehalt teneur (m) en lipides
Heilkräuter herbes(f) médicinales
Milch, fettarm lait (m) écremé, Müsli muesli(m)
Obst, unbehandeltes fruits(m) non-traités
Reformprodukt spécialité(f) diététique
Sechskornbrot pain(m) aux six céréales
Sonnenblumenkernbrot pain(m) au tourne-sol
Süßstoff, künstlicher édulcorant(m) de synthèse
Umweltschutzpapier papier(m) recyclable
Vollwertroggenmehl farine(f) complète de seigle
Vollkorn céréale(f) complète
Vollkornweizen grain(m) de blé entier

ZAHLUNGSWEISE – Wie kriege ich mein Geld los?

Zahlung mit Kreditkarte ist an den meisten Tankstellen, im Einzelhandel, in den Supermärkten, Restaurants, an allen Autobahnzahlstellen möglich. Geld abheben mit ec-Karte am Automat wie zu Hause (distributeur de billets mit dt Gebrauchsanweisung). Achtung: Falls der Automat die Kreditkarte vermutlich wg falscher Code-Zahl nicht mehr herausgibt, wird die Karte an die ausstellende Bank zurückgeschickt!

Das Postsparbuch ist praktisch unbrauchbar. Die Angestellten der Post und Banken haben damit Probleme und lehnen eine Auszahlung oft sogar ab.

Bei Kartenverlust anrufen: EC-/Bankkarten +49(0)1805 021021; Euro-/Mastercard +49(0)800 819 1040; Visa +49(0)800 8149100; American Express +49(0)69 979 777 77; Diner's Club 069 661 23.

Einheitliche Rufnummer für Kreditinstitute, Krankenkasse, Mobilfunk: 116 -116. Info: **www.sperr-notruf.de**

Papiere etc
•Pässe
•Personalausweise
•Führerscheine
•Grüne Versicherungskarte (Auto, Wohnwagen)
•Kfz-Schein
•Fahrzeugschein Wohnwagen
•Vignette
•Impfpaß
•Tierpaß
•Reservierungsbestätigung von Campingplätzen
•Kopien der Papiere
•Bargeld, Brustbeutel
•möglichst 2 Kreditkarten
•Auslandskrankenscheine
•Klinikkarte
•Schutzbrief
•Zusatzversicherung
•Schreibmaterial
•Bedienungsanleitungen (Wohnmobil, Wohnwagen)
•Autohandbuch
•Campingführer
•Reiseführer
•Fremdsprachenlexikon
•Fahrtentagebuch
•Kompaß, •Karten
•Informationsmaterial über Reiseziel
•neues Werkstätten-verzeichnis
•neues Campingcarnet
•Reserveschlüssel für Auto und Wohnwagen
•Checkliste Urlaubsgrüße

Haushalt (ca 25 kg)
•Wecker
•Einkaufstasche
•Kaffee-, Teekanne
•Geschirr, •Gläser
•Vesperbrettchen
•Bestecke
•Brotmesser
•Schöpflöffel
•Schneebesen,
•Töpfe, •Pfanne
•Sieb,•Topflappen
•Butterdose,
•Flaschentrage,
•Thermoskanne
•Eierbehälter, •Küchenpapier
•Alufolie, •Nähzeug,
•Schere
•Wäscheleine, •Klammern
•Waschpulver,
•Plastikschüsseln
•Schuhabtreter, •Handfeger,
•Putzlappen, • Zündhölzer,
•Taschenlampen, •Kerzen,
•Insektenspray, Insektenlampe
•Moskitogaze (Fenster/Türe)
•Packung Klopapierrollen
•Toilettenchemikalien (formaldehydfrei)
•Spülmittel, •Bürste
•Scheuerpulver,
•Geschirrtücher
•Wasserentkeimungsmittel
•Müllbeutel, •Mülleimer
•Tischtuch, •Trichter
•Rechaud, •Meßbecher,
•Flaschenöffner für Bier- und Weinflaschen
•Wasserkanister, •Windlichter
•Plastikwanne zum Spülen
•Wachstischtuch, Sieb
•Salatschleuder
•Gießkanne

Technik (ca 35 kg)
•Kabeltrommel
•Verbindungskabel
•CEE-Stecker
•Schuko-Stecker mit Loch
•Klappspaten
•Taschenmesser
•Ersatzbirnen 12V, 220V

•Ersatzsicherungen
•Leim, 10 m Schnur
•gefüllter Werkzeugkasten
•Gasflaschen für 11 kg
•Holzblöcke, Trittstufe
•ggf Beil, • Säge
•Wasserwaage
•Scherenwagenheber für Wohnwagen
•Radkreuz
•Kupplungsabdeckplane
•Kupplungsfett, •Draht
•Pannenband
•Luftpumpe für Reifen mit Druckmeßgerät
•Abwasserbehälter
•Ladegerät für Zweitbatterie im Wohnmobil oder Wohnwagen
•4xUnterlegbrettchen für Wohnwagenräder
•Ersatzrad (Auto, Wohnmobil, Wohnwagen)

Toilette (ca 5 kg)
•Hand, Badetücher
•Waschlappen
•Tempo-Taschentücher
•Kämme, Bürsten
•Rasierzeug
•Hygieneartikel
•Empfängnisverhütung
•Seife, Handwaschmittel
•Sonnencreme
•Labello
•Zahnbürste, -pasta
•Haarwaschmittel
•Fön

Kleidung (ca 30 kg)
•warme Jacke
•Turnschuhe
•Jeans, •Unterwäsche
•Badezeug
•Gummistiefel, Wanderstiefel
•sonstige Schuhe
•Sportanzug
•Socken, Strümpfe
•Kleider, Röcke
•Hemden, T-Shirts
•Pullover

Für die Nacht
•Schlafanzüge
•Schlafsäcke,
•Bettzeug

Campingartikel (ohne Boot ca 60 - 70 kg)
•Sonnensegel/ Vorzelt
•Stühle, •Tische,
•Grill, •Grillzubehör
•Holzkohle
•Sonnenschirm
•Luftmatratze, Luftpumpe
•Schlauchboot

Und Hanna wünscht eine Gute Fahrt

Unterhaltung (ca 30 kg)
•Foto/Film/Videoausrüstung, •Filme
•Kinderspielzeug
•Spiele für Erwachsene
•Lektüre, •Cassetten, CD
•Kassetten/CD-Recorder
•Fahrräder
•Federball etc

Apotheke (ca 2 kg)

•Mittel gegen Insektenstiche
•Husten- und Schnupfmittel
•Fieberzäpfchen
•Mittel gegen Durchfall, Verstopfung, Kopfweh
•Ohropax
•Nasen- und Brandsalbe
•Wunddesinfektionsmittel
•Sprühpflaster

- Elastikbinden
- Salbe gegen Prellungen
- Fieberthermometer
- Pinzette
- Autoverbandskasten o.k.?

Auto (ca ab 20 kg)
- Wörterbuch
- Camping/Reiseführer
- Karte auf DIN A 4 (!) gefaltet
- Karten, Navigation CD
- Zwei Außenspiegel
- Pannenausrüstung
- Handy, Ladegerät
- gefüllter Reservekanister
- Brille, Ersatzbrille
- Sonnenbrille
- ggf. 1-2 Liter Reserveöl {HD 20W 50)
- Abschleppseil
- Feuerlöscher
- Wagenheber für Auto und Wohnwagen
- Arbeitshandschuhe
- Warnweste
- Warntafel/Panello

Lebensmittel (ohne Wasser ca 10 kg pro Person)
- Getränke
- Wurst-, Fischdosen
- Fertiggerichte, Suppen
- Tee, Kaffee
- Butter, Margarine
- Brot, Dosenbrot
- Reis, Nudeln
- Essig, Öl, Zwiebel, Knoblauch
- Gewürze, Zucker, Salz
- Kartoffeln etc

Wandern (ca 25 kg pro Person:
- Gutes Schuhwerk, Regenschutz, Teleskopstangen, Rucksack, robuste Kleidung, Sonnenschutz, Wanderkarten/führer etc

Packen am Tag der Abfahrt

- Papiere
- Geld, etc
- Wertsachen
- Reserveschlüssel

Ins Auto:
- Karten
- Reiseführer
- Streckenkarten
- Bordverpflegung
- Mülltüte
- Brillen
- Personalausweis
- Führerschein
- Fahrzeugschein
- Tagesgeld
- Handy
- Bedienungsanleitungen
- Außenspiegel anbringen
- Wasser auffüllen

Ergänzungen:

*Und was brauchte Diogenes von Sinope am Schwarzen Meer, gestorben 323 v. Ch. in Korinth, griechischer Philosoph und Anhänger der Bedürfnislosigkeit?
Ein Fass, den passenden Stellplatz und gutes Sonnenlicht.*

Da die Stell-Plätze im Stellplatzverzeichnis, alphabetisch geordnet sind, wurden sie nicht in das Stichwortverzeichnis aufgenommen.

"Hildaburg, die Leute sind da, denen du im Urlaub gesagt hast, dass sie uns mal besuchen sollen."